湖南大学出版社图书出版基金资助项目

近现代湖南人才群体育思想研究

张子沙 马纯英 姜自立 著

湖南大学出版社 · 长沙

内 容 简 介

本书从区域体育文化思想研究的视角出发，力图阐明近现代湖南人才群的体育认知状况，汲取先辈群体的体育思想营养，从而达到推动当下"建设健康中国"和"全民健身运动"的目标。第一编至第五编，分别对湘系经世派人才群、湘军集团人才群、资产阶级维新派人才群、资产阶级革命派人才群以及无产阶级革命派人才群的体育思想内容、特征、成因、历史作用及局限性等方面进行了全面厘清与分析；第六编从整体上对上述五个人才群体的体育思想演进轨迹、代际比较与当代启示等方面进行了深入阐述。

本书既可作为体育专业院校大学生进行体育史学习的参考书籍，也可作为广大体育爱好者了解湖南体育文化思想发展史的读本。

图书在版编目（CIP）数据

近现代湖南人才群体育思想研究/张子沙，马纯英，姜自立著. —长沙：湖南大学出版社，2020.6

　　ISBN 978-7-5667-1727-6

Ⅰ.①近… Ⅱ.①张… ②马… ③姜… Ⅲ.①体育理论—思想史—研究—中国—近现代 Ⅳ.①G812.95

中国版本图书馆 CIP 数据核字（2019）第 014818 号

近现代湖南人才群体育思想研究
JIN-XIANDAI HUNAN RENCAI QUN TIYU SIXIANG YANJIU

著　　者：	张子沙　马纯英　姜自立
责任编辑：	饶红霞　王桂贞
印　　装：	长沙市宏发印刷有限公司
开　　本：	710 mm×1000 mm　1/16　印张：13.25　字数：253 千
版　　次：	2020 年 6 月第 1 版　印次：2020 年 6 月第 1 次印刷
书　　号：	ISBN 978-7-5667-1727-6
定　　价：	58.00 元

出 版 人：李文邦
出版发行：湖南大学出版社
社　　址：湖南·长沙·岳麓山　　邮　　编：410082
电　　话：0731-88822559(发行部)，88821594(编辑室)，88821006(出版部)
传　　真：0731-88649312(发行部)，88822264(总编室)
网　　址：http://www.hnupress.com
电子邮箱：749901404@qq.com

目　次

第一编　近代湖南第一个人才群的体育思想

第二编　近代湖南第二个人才群的体育思想

第三编　近代湖南第三个人才群的体育思想

第四编　近代湖南第四个人才群的体育思想

绪　论

一、近现代湖南人才群体育思想研究缘起及相关界定

（一）研究缘起

近现代湖南，风云际会，人才辈出。在湖南这块神奇的土地上不断涌现出一批批杰出人物及其人才群。这些杰出人物及其群体对当时社会政治与经济、军事与文化、教育与体育的发展都做出了卓越贡献，其成就为时人所瞩目，令后人敬仰。"一部中国近代史，半部由湘人写就"，以至"湖南人才现象"成为 20 世纪 50 年代以来我国学术界许多学者的研究热点。

有关近现代湖南杰出人士的个案研究可谓硕果累累。道光年间的陶澍、贺长龄、魏源等，同治年间的曾国藩、左宗棠、郭嵩焘等，光绪年间的谭嗣同、唐才常、熊希龄等，民国初年的黄兴、宋教仁、蔡锷等，新民主主义革命时期的毛泽东、蔡和森、刘少奇、贺龙、徐特立等的生平、思想及历史贡献一直是我国学者深入研究的对象。相关学术论文和著作数量惊人，内容专深。

有关近现代湖南人才群的研究起步较晚。对该方面的研究，20 世纪初有两本专著问世。一为陶用舒教授的《近代湖南人才群体研究》，该书在区域人才理论指导下，将研究目光聚焦于湖南人才群，并全面揭示了近现代湖南人才群形成与发展的历史状况。这本著作不仅记录了近现代湖南人才群的丰功伟业，而且探讨了这些人才群的思想局限；不仅揭示了近现代湖南人才群的演进源流，而且描绘了这些群体的时空分布：堪称宏观与微观结合、人物与群体结合的佳作。另一本是易永卿与陶用舒合著的《现代湖南人才群体研究》。这是一本全景式地考察新民主主义时期活跃在我国历史舞台上的湖南人才群的专著，阐述了现代湖南人才群的成因及其历史功勋。

20 世纪初，有关湖南人才群的研究论文也不断出现。《论曾国藩人才群的形成及其特点》（陶新，1996）、《近现代湖南人才群地理研究》（朱翔，1998）、《论湖南维新人才群体的爱国主义》（陶用舒，1999）、《20 世纪湖南人才群与民主革命思潮的兴起》（陶用舒，2000）、《论湖南近代人才群体及其

形成的原因》（陈先枢，2000）、《湖湘文化对湖南人才群的影响》（林之，2002）、《论现代湖南人才及其地理分布》（陶用舒，2002）、《近代湖南的人才群体现象及其原因》（周秋光，2003）、《近现代湖南人才群体形成原因浅析》（蒋颖，欧阳勇锋，邓群，2005）、《湖南人才群体与百年中国近代化》（易永卿，2005）等。上述这些与湖南人才群有关的研究，或是通过文献研究探究早期湖南精英分子如何学习西方先进思想，在国内进行革命活动，掀起民主革命高潮；或是进行成因分析，探究湖南人才群产生的兴起机制；或是运用人才地理学的方法分析湖南人才分布状况；或是讨论湖南人才与中国近代化的内在关系；等等。这些论文的研究视角具有创新性，其成果可为进一步开展近现代湖南人才群的体育思想研究奠定良好的基础。

20世纪90年代，陶用舒教授提出人才群的划分方法，从道光年间陶澍、贺长龄、魏源等湘系经世派的崛起开始，依次还有同治时期以曾国藩、左宗棠、郭嵩焘为代表的湘军人才群，维新变法时期以谭嗣同、唐长常、熊希龄为代表的资产阶级维新派人才群，辛亥革命时期以黄兴、宋教仁、蔡锷为代表的资产阶级革命派人才群，新民主主义时期以毛泽东、蔡和森、刘少奇、彭德怀、贺龙、徐特立为代表的无产阶级革命派人才群。这种依据各人才群所处的历史时期、政治主张及重大历史事件的划分方法得到了史学界的普遍认同，成为当下人才群研究的主要划分依据。由上可见，我国史学界和文化界众多专家学者围绕湖南人才群现象这一主题开展了深入研究，使湖南人才群研究成为当下学界的一个新的研究热点，从而开拓了区域性人才群研究的新领域。

然而，以往的相关研究存在着以下两方面的明显不足。一是在独立人物研究方面，除毛泽东、贺龙等以外，其他众多湖南杰出人物的体育思想探究被忽略，鲜有文献记载。这对于全面揭示这些重要历史人物的思想概貌不能不说是一种不足。此外，不同人物思想之间的联系缺乏相互作用的深层揭示，以致难以厘清不同人物的思想是如何实现对上代传承、对同代作用、对后代影响的。二是在人才群研究方面，以往有关湖南人才群的研究大多聚焦于群体的政治思想、军事思想、经济思想、文化思想及教育思想等方面，尚未见有关人才群的体育思想研究。这是关于湖南人才群思想研究的一种体育缺失。因此，开展近现代湖南人才群体育思想研究势在必行。

（二）相关界定

与近现代湖南人才群体育思想研究有关的核心概念主要有以下四组，即"近代与现代""湖南与湖湘文化""人才与人才群"以及"思想与体育思想"。所谓核心概念，一般是指在一特定研究中出现频率最高、影响和作用最大的主要概念。把握这些概念的准确含义，对于研究的开展和成果的推广具有重要意义。

1. 近代与现代

从世界史的分期理论看，19 世纪属于世界近代史范畴。在此期间，工业革命在欧美主要国家完成或迅速发展，使得西方大工业生产方式向全球传播。西方工业产品销往世界各地，国际市场进一步形成，经济相对落后的国家也开始发展本国的资本主义经济。到 19 世纪末，整个世界已经基本进入了资本主义时代。从中国史的分期角度看，中国近代的时间划分有两种方法。一种是从 1840 年鸦片战争到 1949 年中华人民共和国成立前，此时期中国处在半殖民地半封建社会。另一种是从鸦片战争前后到 1919 年五四运动前夕，是旧民主主义革命阶段。鉴于湖南人才群研究的历史传统，本研究中所指的"近代"采取了后一种划分方法，即从鸦片战争前后至 1919 年五四运动前夕。所以湖南人才群中前四个人才群被冠之"近代湖南人才群"。

"现代"通常在历史学上是指无产阶级取得社会主义革命胜利的时代，其发端以 1917 年俄国十月革命为标志。一般认为，中国现代史始于 1919 年五四运动，此时中国开始进入新民主主义革命时期，所以"现代"即我国新民主主义时期，长达三十年，历史跨度为五四运动到中华人民共和国成立。这个时期的中国仍处于半殖民地半封建社会。从湖南五个人才群所处的年代来看，第五个人才群的形成与兴起正处在这一时期，所以该人才群也被称为"现代湖南人才群"。

2. 湖南与湖湘文化

湖南省因其地域大部分处于洞庭湖以南而被称为"湖南"，因湘江贯穿境内而简称"湘"，长沙市为省会。湖南省地处我国中部、长江中下游，北邻湖北，南接广东、广西，东连江西，西接重庆、贵州。因自古盛产植物芙蓉，又被称为"芙蓉国"。湖南自古有"惟楚有材，于斯为盛"之誉。近现代以来，先后涌现了近代经济改革先驱陶澍、启蒙思想家魏源，中兴名臣曾国藩、左宗棠，维新志士谭嗣同、唐才常，辛亥元勋黄兴、蔡锷、宋教仁，新民主主义革命时期的毛泽东、刘少奇、任弼时、彭德怀等无产阶级革命家。湖湘人才辈出，灿若星河。

湖湘文化源远流长，特色鲜明，是灿烂的中华文化中的一朵绚丽的花。湖湘文化是一种相对稳定的历史文化形态，它与先秦楚文化和宋明中原文化有传承关系，可以说楚文化与中原文化是湖湘文化的两个重要源头。先秦、两汉时期的楚文化孕育了早期的湖湘文化。南北朝及唐代以后，特别是宋元明时期中原人口南迁，将中原文化与早期湖湘文化结合，使湖南的人口数量、风俗习惯、文化观念等都发生了重大变化，湖湘文化逐步成型。湖南先后出现了"理学鼻祖"周敦颐、主张"经世致用"的王夫之、提出"师夷长技以制夷"的魏源等一批杰出思想家，形成了极具特色的湖湘文化。"湖湘人才半国中"就是对近代以来湖南人才辈出现象的生动写照。"淳朴重义""勇敢尚武""经世致用""自强不息"是湖湘文化的基本精神。"淳朴重义"是指敦厚雄浑并具有正义感与向群性。"勇敢尚武"是指临危不惧、视死如归的英雄主义精神。"经世致用"是指务实精神与参与意识。一旦这种经世致用思想与勇敢尚武精神结合，就会形成"敢为天下先"的湖湘文化特色。"自强不息"是"天行健"的宇宙精神，它使湖湘文化具备"人极"的品格。近现代湖南多个人才群正是在湖湘文化的熏陶下形成、凝聚、崛起的，因此开展这方面的研究必须对湖南与湖湘文化有全面的认识与了解。

3. 人才与人才群

随着社会的发展，人才的重要作用日渐突出，现代人才学应运而生。人才学理论中对"人才"这一概念的定义有两个要点：第一是人才必须具有一定的专业知识或专门技能；第二是"人才必须能够进行创造性工作或劳动，对社会做出贡献即有成果、有业绩。所以，人才是人力资源中能力较强素质较高的劳动者，人才是经济社会发展的第一要素"①。如：企业的人才包括经营人才、管理人才、技术人才等。在社会改革与发展领域，人才特指那些运用自身具备的知识能力优势，以创造性的工作或活动对社会发展做出重要贡献的优秀人士。如：推动社会发展的政治人才、经济人才、革命人才、军事人才、教育人才、文化人才等。近现代湖南杰出人才就属于"对社会发展做出卓越贡献"的人才。

群体是个体的共同体。不同个体结合在一起，进行共同活动，就形成了群体。所谓人才群是指由具有某一共同行为目标的人才个体按一定结构方式组合而成的、对社会发展和人类进步做出整体的创造性贡献的社会群体。它是一个根据不同的时空环境组建而成的社会系统，具有多序列、多层次、多因素相结合的特点。它与人才个体之间的关系是系统和要素的关系。人才个体的优化构成了人才群优化的基础，但人才群并不是人才个体的机械拼凑，而是按一定规律和一定方式组合而成的有机整体。一般来说，人才群有别于其他社会群体的心理特征在于：其成员具有强烈的追求社会尊重和自我实现的心理需求，具有较强烈的独立意识。这些心理特征影响和支配着人才群的创造性活动，决定着

---

① 潘宏峰，张玉凤. 地方高校参与农村实用人才培养问题研究 [J]. 河北工程技术高等专科学校学报，2012（2）：70.

其行为的基本走向。近现代湖南五个人才群具有群体或人才群体的基本特征，群体成员具有共同的群体目标与利益，各个成员都具有群体意识，能够密切协作和配合；同时，群体能满足各成员的归属感需要。所以，近现代湖南各个人才群才能对各个时期的社会进步做出各自重大的贡献。

4. 思想与体育思想

思想一般也称"观念"，它属于认知范畴，是客观存在反映在人的意识中经过思维活动产生的结果。认识分为理性认识和感性认识。毛泽东在《人的正确思想是从哪里来的?》一文中指出，感性认识的材料积累到一定程度，人的认识就会产生一个飞跃，变成理性认识即思想。可见，在毛泽东看来，思想即理性认识的结果，感性认识在其中也发挥了重要作用。思想必须建立在实践之上，并通过实践来检验。凡是符合实践的就是正确的思想，反之就是错误的思想。思想的形成要通过概念的关联分析并说明现象的本质或规律，它可以是观点、观念的综合。思想既来源于实践，又对实践具有反作用。一旦群众掌握了正确的思想，就会获得改造世界的巨大力量。

体育思想是人们对"体育"这一客观存在及其内在发展规律的理性认识的结果，是人们经过长期的体育实践及理性思考而形成的认识、观点或观念，是一种比较自觉的、系统的、理性的认识。它对体育的发展具有导向和规范作用，是一种内在的驱动力。体育思想也可称为"体育观念"。体育观念是人们对"体育"这一客观存在的主观与客观认识的系统化之集合体。人们会根据自身形成的体育观念进行各种体育活动，利用观念系统对体育进行决策、计划、实践、总结等。在本书中，体育思想是最为重要的核心概念，也是力图深入揭示的核心对象。由于处于近现代不同时期各个人才群在社会与民众中具有崇高地位及重大影响，他们的体育思想对近现代中国的政治、文化、教育及体育发展具有强大的推动或引领作用。

二、近现代湖南人才群体育思想研究依据、观点及价值

（一）学科依据

与湖南人才群体育思想研究相关的学科门类众多，主要的学科理论依据有哲学、史学、社会学、文化学与人才学等五大学科。综合运用多学科的理论方法进行湖南人才群体育思想研究，是当代社会科学研究的必然要求之一。

1. 哲学

哲学一词源于希腊语，按照词源，它有"热爱智慧"的意思。一般认为，哲学是关于自然、社会和思维的学问。它既涉及世界观、价值观，也涉及方法论。哲学的形成基础是各门具体的学科知识理论，因此它既具有概括性与批判性，又具有普遍性与反思性。对于哲学的定义，学术界的认识并不统一，至今没有一个大家共同认可的经典定义，所以关于哲学的界定仍然会一直争论下去。西方哲学界有一种观点认为，早期的哲学派生出科学。随着科学的成熟，科学成为独立于哲学之外的学科。哲学从广义上看是对世界上诸多基本或普遍的问题进行定性或具体的研究，诸如存在、价值、知识、理性、思维、语言等都可以成为哲学研究的具体对象。对于湖南人才群体育思想研究而言，唯物主义哲学无疑是保障该研究得以顺利进行的指导学科。

2. 史学

史学亦称为"历史学"，在科学史研究中被认为是古老学科之一。从学科属性上看，史学属于社会科学的一个重要分支，它的研究对象主要是人类社会发展的具体过程及其规律。马克思主义哲学认为史学是社会意识形态的组成之一，具有一定的阶级性。人类社会自古以来，就有大量的历史记载，亦出现过不少著名的历史学家，如我国早期著名历史学家司马迁等。他们为人类社会留下了许多珍贵的历史文献和著作。这些史学家的治史思想、观点著作，不仅是对人类历史进程的宝贵记录，而且是人类文明的宝贵遗产之一。对于湖南人才群体育思想研究而言，其具体对象和研究性质在本质上主要属于史学研究，因此必须充分运用史学的理论与方法，根据历史事实与真相，客观评价近现代湖南各个人才群体育思想的发展轨迹。

3. 社会学

社会学是系统地研究社会行为与人类群体的学科，其起源被认为是从社会哲学中独立演化而成，所以早期哲学是现代社会学的母学科之一。社会学注重方法论的运用，其研究方式具有多重性，主要的方法有科学实证的定量分析法与辩证理解的定性分析法。这两种方法既相互独立又相互联系，成为共同阐释

人类社会结构与活动的方法论工具，运用这种工具可以去寻找完善社会的途径。社会学的研究对象极为广泛，涉及社会分层、社会流动、社会结构、阶级、宗教、法律、越轨行为、从众行为等。现代社会学的研究范围既包括微观层面的问题，如人际流动等，又涵盖宏观层面的问题，如社会系统等。此外，社会学研究一般都与其他社会学科，如政治学、经济学、社会心理学、历史学等相结合共同开展研究。这一方面凸显了综合研究的优势，另一方面也表明社会学具有的高度学科融合性特质。鉴于湖南人才群体育思想的演化与社会系统密不可分，社会学的基本理论与方法是开展此方面研究的一个重要理论依托。

4. 文化学

文化学的研究对象主要涉及"文化的本质、文化的起源与演化、文化的结构与功能、文化发展的一般规律与特殊规律等问题"[①]。"文化"一词被界定为人类社会在历史长河中所积累和创造的知识、经验和技能等。按照不同逻辑标准可将文化分为多种类型：中国文化与世界文化、国家文化与地域文化、中原文化与湖湘文化、早期文化与现代文化等。从一定意义上而言，文化学就是研究文化的一门学科。文化具有整体性，所以文化学研究亦具有整体性，涵盖不同民族、种族的文化。文化具有典型性，所以文化学研究也具有典型性，其所研究的对象一般是具有典型意义的文化类型。文化具有跨界性，所以文化学研究可以跨越民族之界、国家之界来进行。鉴于湖南人才群体育思想的形成与文化演变息息相关，文化学的主要理论与研究方法亦是开展该方面研究的一个重要理论拐杖。

5. 人才学

人才学是一门新兴的社会学科，它主要研究人才现象及人才成长规律。学界也有人认为，人才学是以人和人才问题为研究对象，综合自然科学和社会科学而形成的一门新兴的综合性学科。发现人才成长规律并利用这些规律来选拔、培养、使用人才，是人才学研究的主要目标之一。人才学不仅有其独有的研究对象，亦有其特有的研究范围和研究视角。人才学涉及的研究领域主要有：人才的本质及特征、人才学的基本理论、人才的构成与类别、人才结构、人才素养、人才制度、人才规划、人才培养方略、人才思想史等。对于近现代湖南人才群体育思想研究而言，人才是该研究的一个核心概念，人才学亦是该研究的核心理论之一。

综上，除上述五大学科依据以外，政治学、逻辑学、教育学、系统科学、思维科学及人才地理学等学科理论亦为开展近现代湖南人才群体育思想研究提

---

① 耿美云. 城市公共空间特色景观衍续的研究 [D]. 哈尔滨：东北农业大学, 2009.

供了重要的理论依据。

（二）基本观点

依据对本研究核心概念的分析和对学科依据的阐释，开展近现代湖南人才群体育思想研究的学术视角和基本观点可以概括为以下七个方面。

第一，湖南人才群是一个客观的历史存在。人才群是指由若干德才兼备的人组成的具有共同目标与情感联系的团体，具有同集合、同年代、同地域、同目标，公认的领袖，后世影响等重要特征。近现代湖南五个人才群具备上述人才群体的特点。鉴于他们在历史上的重要地位与影响，他们对体育的认知于近现代国人体育观的形成和体育的发展，有着极为重要的广泛影响。

第二，湖南人才群体育思想的内容构建是一个自然渐进、反复沉淀、不断发展的过程。近现代湖南第一个人才群的体育思想主要体现为养身认识、教育认识与武备认识等。第二人才群的体育认知主要聚集于养生、育才、强军、报国等。第三个人才群的体育思想主要集中于尚武救国、体育强军、体育教育、体育健身等。第四个人才群的体育认知主要聚集于体育强身、体育育才、尚武强军、尚武救国等。第五个人才群的体育思想则主要集中于体育强身、体育教育、体育强军、民众体育、体育兴国等。从第一个人才群到第五个人才群，不同年代人才群对体育本质的认知逐渐深入、归真，对体育功能的认识不断强化、扩大。由此，湖湘文化实现了由"无兵文化"进入到重振尚武精神的时期，湖南体育也走进了近代化进程，实现了由传统体育向近现代体育的转型。

第三，湖南人才群体育思想的内容具有同一性与差异性、传承性与发展性、自然性与社会性的特征。同一性主要体现在人才群对体育的共同认识上，这亦是本研究揭示不同人才群体育思想概貌的切入点。差异性既体现在同一人才群的不同个体对体育的认知存在着深度与广度的差别，也体现在不同年代人才群对体育的认知存在差异上。传承性主要反映于不同年代人才群体育思想对上代的继承与对后代的传递上。发展性主要反映于下一代人才群对体育的认知相对于上一代在功能认知上逐步扩大，在本质认知上逐步加深。自然性主要表现在不同人才群对体育强身这一本质功能和自然属性具有天然且自省的共同体察上。社会性则主要表现在不同人才群体育思想受到其特殊时代背景的影响而对体育的政治、军事等社会功能不断强化和放大上。

第四，湖南人才群体育思想的成因可运用"缘分析"方法进行，归因为时代缘（共同的时代背景）、文化缘（相近的文化影响）、学缘（相似的教育背景）、业缘（共同的奋斗事业）、情缘（深厚的交往情谊）、地缘（共同的生活空间）等。

第五，湖南人才群体育思想的作用分析既不能盲目夸大也不能随意抹杀，可以从其对当时社会政治发展、军事发展、教育发展与体育发展的影响进行客观评价。

第六，湖南人才群体育思想的局限分析应充分考虑其时社会发展的实际情况，一方面切勿用今人的眼光去苛求先人，另一方面也应实事求是地揭示存在的不足。这些局限因依不同时期人才群而有所不同。早期人才群的体育思想存在体育功能开拓不全、体育活动较为单一、宗教色彩较为突出等历史局限。晚期人才群的体育思想存在体育政治化、体育军事化、体育工具化等异化现象。

第七，湖南人才群之体育思想的当代意义应站在中国体育发展创新的立场上，从传承体育强身观关注人的发展回归生命生活，传承体育教育观倡导"健康第一"强化学校体育，传承体育强军观发展军事体育推动国防建设，传承民众体育观实施全民健身发展群众体育，传承体育兴国观构筑体育强国实现中国梦等方面进行阐述。

（三）研究价值

当下，"以人为本"的理念深入人心，"人"的研究成为新世纪科学研究的一个重点领域。针对近现代湖南人才辈出的历史事实，深入探索近现代湖南人才群的体育思想概貌，是一项具有重要学术价值和现实意义的研究工作，对于湖南区域体育文化的深度挖掘，区域体育历史的全面揭示，区域人才地理的整体把握，区域体育发展的现实推动均具有重要意义，其研究价值涵盖以下四方面内容。

第一，湖南人才群体育思想研究是对区域体育文化的深度挖掘。

文化的主体是人。湖南区域体育文化的创造与形成离不开近现代湖南五个人才群对体育的思考及贡献。因此，要开展区域体育文化的深层研究，就必须遵循体育文化的形成历史，寻觅所有对这一文化做出贡献的历史人物及其群体之思想影响。

第二，湖南人才群体育思想研究是对区域体育历史的有力揭示。

历史的主体是人。湖南区域体育历史实际上是由不同历史时期的杰出人物与广大民众共同编织的一幅历史画卷。因此，要进行区域体育历史的有力揭示，就必须研究在近现代这一重要时期中不同历史人物及其人才群在体育思想方面的相互传承与相互作用。

第三，湖南人才群体育思想研究是对区域人才地理的整体把握。

人才地理的核心是人。湖南人才群的形成与区域地理环境有着密切的联系。因此，要实现对区域人才地理的整体把握，就必须从湖南自然地理、文化地理、社会地理和政治地理的新视角，揭示近现代湖南人才群体育思想的形成与湖南地理环境之间的相互关系。

第四，湖南人才群体育思想研究是对区域体育发展的现实推动。

体育发展的主体是人。对近现代湖南人才群体育思想的研究既是一种对体育历史文化的传递，更是一种对体育现实发展的启迪。因此，要实现区域体育发展的现实推动，就必须明晰近现代湖南人才群体育思想的当代意义，从而推进当下湖南体育事业的和谐、健康发展。

第一编　近代湖南第一个人才群的体育思想

　　古代湖南偏居一隅，交通闭塞、风气保守、文化教育落后，在全国有影响的人才稀少，所以有"湖南人物罕见史传"之说。直至鸦片战争前后的道光年间，湖南人才才真正兴起，开始活跃在中国近代社会的舞台上。

　　近代湖南第一个人才群出现在鸦片战争前后的道光时期，即1821年到1850年近30年时间。此时，清王朝急剧衰败，西方列强以鸦片贩卖为手段，发动了鸦片战争，用武力打开了中国封闭的大门。长达两千多年的中国封建社会开始逐渐瓦解，中国进入半殖民地半封建社会。鸦片战争带来的空前社会危机，激发了一批有胆识的官僚、知识分子的爱国热情，从而形成了中国近代地主阶级改革派。这些人站在中华民族的立场上，睁开眼睛看世界，探索中国富强之路。湖南成为这种思潮的主要发祥地，以陶澍、贺长龄、魏源为代表的"湘系经世派"就是这一思潮的主要倡导者、宣传者与实践者。他们的学识、地位与贡献，使湖南人才的影响力在当时中国社会中居于前列，开启了湖南人才辈出的新时代，以陶澍为核心的"湘系经世派"成为近代湖南第一个人才群。

　　在这个群体中，陶澍是实质上的群体领袖。后人评价陶澍是中国近代经济改革的先驱，贺长龄是经世思想的倡导者与实践者，魏源是近代"睁眼看世界"的首批知识分子代表。湖南人才在此时期专注于两件大事：一是经世致用，推动改革；二是学习西方，富国强民。其结果一方面减缓了经济衰退和缓和了阶级矛盾，对清政府统治起到了巩固作用；另一方面，开启了向西方学习的历史通道，加速了中国近代化进程。他们对当时湖南乃至中国社会发展做出了积极努力，贡献甚大。

　　学界对近代湖南第一个人才群的思想研究主要集中于他们的经世致用思想、改革开放思想、爱国主义思想、政治经济思想、文化教育思想等方面，对他们的体育思想至今几乎无人问津。实际上，陶澍、贺长龄、魏源及其他群体成员大都注重养生，热爱体育锻炼，对体育有相当的认知。因此，研究整理该群体的体育思想，有助于弥补其体育思想的缺失，完整把握湖南第一个人才群的思想概貌。

第一章 近代湖南第一个人才群的构成、人物及思想

一、第一个人才群的构成

以陶澍、贺长龄、魏源为核心的近代湖南第一个人才群主要是由鸦片战争前后至道光（1821—1850）末年地主阶级改革人士组成的"湘系经世派"团体。表1-1介绍的是该群体的代表人物与重要骨干。

表1-1 第一个人才群的构成*

姓名	生卒年	字号		籍贯	主要官职	主要著作
陶澍	1779—1839	子霖	云汀	安化	巡抚 总督	《印心石屋诗抄》《陶文毅公全集》
贺长龄	1785—1848	耦耕	耐庵	善化	巡抚 总督	《耐庵诗文集》《孝经集注》
魏源	1794—1857	默深	良图	邵阳	知县 知州	《圣武记》《皇朝经世文编》《海国图志》
汤鹏	1801—1844	海秋	浮邱子	益阳	御史	《浮丘子》《明林》《七经补疏》
严如煜	1759—1826	乐园		溆浦	县令、知府	《三省边防备览》《洋务辑要》《乐园文钞》
彭浚	1769—1833	映旗	宝臣	衡山	文渊阁校理、内阁侍读	
何凌汉	1772—1840	云门	仙槎	道县	吏部尚书	《云腴山房文集》
聂铣敏	1775—1828	晋光	蓉峰	衡山	学政	《寄岳云斋诗稿》《蓉峰诗话》《玉堂存稿》
石承藻	不详	蕭庭		湘潭	御史	
胡达源	1777—1841	清甫	云阁	益阳	国子监司业	《文妙香轩诗古文集》

续表

姓名	生卒年	字号	籍贯	主要官职	主要著作
李星沅	1797—1851	子湘　石梧	湘阴	巡抚　总督	《李文恭公奏议》《李文恭公全集》《芋香山馆诗文集》
黄冕	不详	服周　南坡	长沙	知府	
邓显鹤	1777—1851	子立南村老人	新化	训导	《南村草堂诗钞》《沅湘耆旧集》
贺熙龄	1788—1846	光甫　蔗龙	善化	御史　学政	《寒香馆诗文钞》
袁名曜	1764—1835	岜岚　岘冈	宁乡	山长	《吾吾庐草存》
唐鉴	1778—1861	镜海　翕泽	善化	知府监察御史	《唐确慎公诗文集》《清学案小识》

*依陶用舒所著《近代湖南人才群体研究》（岳麓书社出版，2000 年）一书中相关资料改制

表 1-1 表明，陶澍是该群体的领袖人物，贺长龄、魏源是该群体的核心人物，其他人则为该群体的重要骨干成员。值得指出的是，该群体在名义上并没有明确的团体结社名字，但他们都以陶澍为中心密切交往、相互提携、一致行动，有着共同的目标、深厚的情谊，并取得了显著的成就。陶澍之所以能成为这个群体的领袖，与他的社会地位、学问人品、事业功绩有极大关系。陶澍与魏源的家乡都在资江旁。魏在诗社活动中开始与陶交往，陶对魏十分赏识。1825 年，陶任江苏巡抚，魏则担任江苏布政使贺长龄幕僚。三人是同乡，关系十分密切。后魏源转入陶澍幕，成为陶澍的主要助手之一，二人共事 14 年。贺长龄小陶澍五岁，二人先后师从岳麓书院山长罗典。二人均为京官，又都有经世之才，成为莫逆之交。汤鹏，字海秋，进士，益阳桃江人。陶澍为官返乡时，汤鹏常为座上客。陶对汤的经世思想、诗文才能评价甚高。严如熤长陶澍20 岁，与陶相识最早，官至知府。陶对严的著作甚为称赞，受严之经世之说的影响。彭浚、何凌汉、聂铣敏、石承藻等，曾与陶澍同为京官，既有同乡之谊，又有经世之志。胡达源以文学著称，以培养人才为己任。黄冕是长沙人，1825 年与陶相识，在陶的提携下，表现出出色才能，升两淮盐运使。邓显鹤与陶澍相交甚深，在陶的帮助下以整理湖南历史文献为己任。袁名曜是进士，岳麓书院山长，为陶澍所器重，被其称为"楚南人物"。唐鉴，善化人，进士，与陶澍交往密切，曾为陶澍诗集作序。此外，还有一批掌握相当权力的政治精英、中下层官吏、知识分子，甚至少数民族和农民起义首领也参加了

"湘系经世派"的活动，成为该群体的成员。

二、主要代表人物及其思想

（一）陶澍及其思想

陶澍，字子霖、号云汀，安化县小淹人，生于 1779 年 1 月 17 日。陶澍之父为塾师，少年时代他随父在各地读书。二十多岁离家北上，猎取功名中进士。三十岁，赴京任国史馆纂修，后在各处任职。1825 年，陶澍被调任江苏巡抚，后又升任为两江总督；次年，又兼任两淮盐政，到达了一生事业的顶峰。他任两江总督十年，直至 1839 年病逝于两江任所。陶澍一生成就斐然，其最大的成就是发动并领导了中国近代经济改革，被后人称为"中国近代经济改革之父"。陶澍的改革，促进了当时商品经济的发展。他采用了先进的科学技术与管理体制，取得了重大成功。除了在经济改革方面的成就外，陶澍在政治、外交、文化、教育诸多方面都做出了重要贡献，是一个为后人所景仰的近代思想家、政治家、改革家、教育家、诗人与学者。

陶澍一生勤于政务，学识渊博，留有不少著述。在政治思想方面，他是爱国主义思想和经世致用思想的坚定拥护者、宣传者与守望者。他爱国家爱民族，"为官一方，爱民如子"，深受百姓尊敬。他反对西方列强侵略，企望国泰民安，并为此付出了毕生努力。他批判时弊，求真务实，提倡实学、经世致用，为国家和民众做出了卓越实绩。在哲学思想方面，陶澍认为物生象，象生理，理生气，气就是一种物质，理气不可分，二者是一个统一体。因此在哲学上他具有一定的理学唯心主义倾向。在历史学研究方面，陶澍卓有成就，以地理学、方志学、谱学、考据学为专长。他特别了解地理，善于掌控地形地势，并用于生产和备战。在教育思想方面，他提出了"立志、植品、宗经、亲友"①的教育宗旨，提倡实学，强调通经，主张学以致用，这与他的经世致用思想是一致的。陶澍认为要培养人才，进行学院建设是十分必要的。他曾在湖南澧县澧阳书院主讲，培养人才。在体育方面，陶澍对养生、旅游等都有丰富的认知及实践，对体育与军事的关系亦给予了一定关注。

（二）贺长龄及其思想

贺长龄，字耦耕，晚年号耐庵，善化人，生于 1785 年，系唐代著名诗人贺知章的后人。贺的一生大致可以分为三个阶段。第一阶段从出生到 1808 年，

---

① 陶澍. 陶澍集：下 [M]. 长沙：岳麓书社，1998：277.

是贺长龄幼年和求学的时期。他从小聪慧好学、多思多问，以读书为乐，受到良好教育，二十岁时进入岳麓书院学习，师从教育家罗典山长。第二阶段从1808年至1835年，是贺长龄进入官场后，大力宣传经世思想，并开始建立经世事政的时期。二十三岁时，他北上京师，参加会试中进士，入翰林院，次年授编修。1816年，贺任山西学政，长达四年，多有建树。魏源曾到山西入幕，成为贺的得力助手。后贺在各地任职，1825年升任江苏布政使。第三阶段从1835年到1848年，贺长龄成为清王朝的督抚大员，登上一生仕途顶峰。其间，1845年，贺升任云南总督兼云南巡抚，因进剿不力受革职处分。1847年，贺长龄因病请假回籍调养，次年病逝于长沙。贺长龄一生最大的功绩就是积极倡导经世致用的思想。他关注现实、关心社会，主张兴利除弊。进入官场后，他利用手中的权力，大倡经世之学，他与魏源共同编辑刊印的《皇朝经世文编》是其最突出的成绩之一，给后人留下了中国近代经世学上具有划时代意义的文献。这本著作标志着嘉庆、道光年间经世思潮的形成。

贺长龄学问功底深厚，人品正派，吏治事功，为时人楷模。在政治思想方面，他的爱国主义思想十分强烈，他坚决反对西方列强侵略。他与陶澍、林则徐等积极支持禁止鸦片活动，并采取严格的措施，对吸食、制造、贩卖鸦片者一律治罪。鸦片战争爆发后，贺长龄带兵星夜驰援广州，参加抗英守城的战争。贺长龄对哲学思想亦有研究，曾指出"穷理尽性，以至于命之旨也"[1]，认为只有彻底推究事物的道理，才能了解人的天性，这是生命生活的法则与目标。贺长龄在教育思想及其实践上成就十分突出。他非常重视地方文化教育，把读书、教育当作"天下至乐之事"。他强调教育的目的是培养"真人才、真人品、真学问、真经济"的四真人才，即经世致用的人才。他大力建立书院与扩大书院规模，培养经世人才。贺长龄在经济思想上主张大力发展农业，解决好民众吃穿问题；同时他亦鼓励发展工商业，重视保护商人的利益，禁止侵害商人正当利益的行为。贺长龄的上述思想都和他一生倡导的经世思想有直接关系。后人把贺的经世事功归结于五个方面，即"淳民风、淳教化，振兴文教事业……除弊端、倡改革，主张漕粮海运……种棉桑、教纺织，关心生产生活……重疏导、倡安抚，调和社会矛盾……禁鸦片、改币制，反对西方侵略"[2]。在体育思想方面，贺长龄对于人体运动的动静关系、修身养性的目的方法、军队与体育的关系都有所论述。

---

① 贺长龄，贺熙龄. 贺长龄集 贺熙龄集 [M]. 长沙：岳麓书社，2010：462.
② 陶用舒. 近代湖南人才群体研究 [M]. 长沙：岳麓书社，2000：214-222.

（三）魏源及其思想

魏源，原名远达，字默深，号良图，邵阳县金潭人，生于 1794 年。其祖父曾帮助过陶澍。陶澍为江苏巡抚时，魏父邦鲁为原江苏嘉定县巡检、主簿。陶澍常"礼貌之"，可见魏源与陶澍有通家之谊。魏源从小勤学聪慧，十五岁考取秀才，二十岁求学岳麓书院，师从袁名曜。袁的经世之学对魏源影响极深。1822 年，魏源参加乡试，中举人。1825 年，魏源入江苏布政使贺长龄幕，编辑《皇朝经世文编》。1827 年，魏源入陶澍幕。1829 年，魏源著《诗古微》。1840 年，鸦片战争爆发，魏源满怀爱国热情参与抗英战争。1842 年，魏源撰成《圣武记》，又辑成《海国图志》100 卷。《海国图志》是一部由中国人自己编写的介绍世界的宏大著作，对中国乃至世界都产生了重大影响。1844 年，魏源五十岁，中进士，任东台、兴化知县。之后，在各地为官，仕途并不顺畅。晚年，他一心向佛，专心静养，于咸丰七年（1857）三月一日去世，终年六十三岁。

魏源是中国近代著名的思想家、政治家、改革家、文学家。他提出了"师夷长技以制夷"的著名口号。在政治思想方面，魏源在《海国图志》中对欧美国家政治制度的介绍，明显流露出对民主制度的仰慕和对封建专制制度的不满。在经济思想方面，他赞成工商兴国，要求逐步改变中国商业受歧视的状况，赞成学习西方尊重知识、发展科技的做法，认为西方国家有优于中国之长技。在教育思想方面，魏源认为西方教育与中国八股取士为官的教育不同，不以培养官吏为主要目的，而是面向社会培养各类专业人才。他认为这是中国教育应当学习的。在民主思想方面，魏源反对封建专制、纲常伦理、盲从忠君、男尊女卑等封建思想，认为应提倡公平、公正、民权、男女平等的民主思想。在体育方面，魏源对旅游、登山、养生方法与军事体育活动等都有自身的认识及较为丰富的实践。

第二章　近代湖南第一个人才群的
体育思想内容及特征

　　鸦片战争前后的道光年间，以陶澍、贺长龄、魏源等为核心的"湘系经世派"高举爱国主义大旗，反抗西方列强的侵略，呼喊"师夷长技以制夷"的口号，睁眼看世界，宣传经世治国思想，兴利除弊推动改革，取得了令时人瞩目的成就，从而使湖南人才群走上了中国的历史舞台。在他们勤劳执着的奋斗过程中，该群体不仅形成了共同的政治思想、经济思想、改革思想、军事思想、文化思想、教育思想，而且形成了他们相似的体育思想。

一、第一个人才群的体育思想内容

（一）"动静交相养"的养生观

　　陶澍、贺长龄、魏源等第一个人才群成员生长于中国近代社会的开始期，他们在青少年时期受到过的体育教育主要是中国古代传统体育中的养生教育，成人后先求取功名，走上仕途，功成名就后，更多一份儒雅与洒脱，养生体育成为他们的终身习惯，养生思想始得定型。表1-2综合概括了该群体的养生体育观及其实践。

表1-2　第一个人才群的养生体育观及其实践

代表人物	养生体育观及其实践
陶澍	·陶澍注重养生，认为"心宜静而不宜耗，身宜劳而不宜苦"① ·陶认为生命在于运动，强调动应有度，动应有节 ·他在诗中写道"学道愧浅步，爱身宜厚培"② ·陶从小做一些力所能及的劳动，从而对健身活动更有体会 ·他写下专文"动静交相养，得其养而两有所成"③ ·陶常去登山、旅游，说"九能之士，登高能赋"④ ·他在宜南诗社常与社友一起游玩 ·陶常参加投壶运动，以投壶为乐

---

① 陶澍. 陶澍集：上 ［M］. 长沙：岳麓书社，1998：137.
② 陶澍. 陶澍集：上 ［M］. 长沙：岳麓书社，1998：326.
③ 陶澍. 陶澍集：上 ［M］. 长沙：岳麓书社，1998：178.
④ 陶澍. 陶澍集：上 ［M］. 长沙：岳麓书社，1998：169.

续表

代表人物	养生体育观及其实践
贺长龄	· 贺长龄说"照得地之有水，犹人身之有血脉也，血脉壅滞则病必"① · 贺认为在动与静的关系上，"不可泊于动，又不可沦于静" · 贺认为"心定则气聚，气聚则精凝，精凝则神充"② · 贺非常注重养身、养德
魏源	· 魏源从小受佛教影响，强调"静以养神" · 他小时候帮助母亲干农活，体力得以锻炼 · 魏常去游玩，"他好读书，喜游览" · 登山是魏源进行锻炼的主要方式之一 · 魏游历过 16 个省，足迹遍布大半个中国 · 魏的养生方法之一是生活在优美环境之中 · 魏运用打坐来修身养性

从表 1-2 可见，以陶澍、贺长龄、魏源为代表的近代湖南第一个人才群成员在中国传统体育文化的影响下，对养生理论及其方法进行了深入思考及实践，形成了他们共同的养生体育观。由于他们在当时的社会地位比较高，其养生实践也较之一般民众要丰富与时尚。

陶澍、贺长龄、魏源等虽然在具体养生方法的采用上各有特点，但他们对养生理论却具有非常相似的看法。他们不仅传承着中国古代养生理论的精华，而且对养生理论进行了一定创新，形成了该群体独具特色的养生体育观。这些观点可概括为以下四个方面。一是动与静的关系。养生体育中的动与静的关系，是陶、贺、魏思考得最多、最全面，也最深刻的问题。陶澍曾说"天地之道，有始有终；庶物之则，为行为止。是谓动静之根，实寓循环之理。得其养而两有所成，失其养而无一可恃"③，将哲学意义上的动静关系引入到了养生体育，告诫人们只有掌握了处理动静关系的能力，才能取得养生上的成功。贺长龄认为"殆静中所得力，余谓心道流行静亦未尝不可，惟一循乎天理则动亦静也"④，讲的是动静是一个整体，动静之间可以相互转化，即动中有静，静中有动，只有这样才能深刻理解养生理论中动养与静养的关系。魏源认为动与静是人在生活中的两种常态，动可养形，静可养神。陶澍还专门写了一篇文章论述动静关系，提出了"动静交相养"的观点。可见他们对养生体育中的

① 贺长龄. 耐庵奏议存稿 ［M］. 台北：文海出版社，1969：1523.
② 贺长龄. 耐庵奏议存稿 ［M］. 台北：文海出版社，1969：1759.
③ 陶澍. 陶澍全集：六 ［M］. 长沙：岳麓书社，2010：332.
④ 贺长龄. 耐庵奏议存稿 ［M］. 台北：文海出版社，1969：1640.

动静关系考虑良多，研究专深。二是劳动与养生的关系。陶澍、魏源自小便参加劳动。陶澍自称"出自草茅，耕读相承"；魏源从小帮助母亲干活，由此他的体力得到锻炼。正是这种亲身经历，使他们认识到适度参加体力劳动是一种两全其美的养生方法，形成了"劳动有利养生，养生可促进劳动"的观点。三是娱乐与养生的关系。陶、贺、魏功成名就之后有了较多的社交娱乐活动，这些活动也包括一些娱乐体育内容。对于娱乐与养生的关系，他们认为娱乐是养生体育的构成因素，养生需要娱乐，娱乐有利于养生。四是环境与养生的关系。陶、贺、魏是文人雅士，对美好的大自然有一种天然的热爱。他们的家都安在风景优美的地方，表明他们很早就有注重养生环境的意识。

在该群体的养生思想引领下，陶澍、贺长龄、魏源等进行了大量养生实践活动，这些活动涉及的方式较多，择其主要分述如下。一是旅游或游历。陶澍自小随父游历省内各地，已有游历的早期经验。后来他离家北上求功名，"泛洞庭，过江汉，渡淮黄，历韩、魏、幽、燕之域"①。成名后到各地考察的机会颇多，后来他写下了不少相关的回忆文章。魏源一生几乎都在祖国的壮丽山河中游历，他到过十多个省，游览的名川大山、名胜古迹不计其数，其足迹遍布了大半个中国。可见旅游是该群体中许多成员的一种养生休闲方式。二是登山。陶澍、贺长龄、魏源等都喜爱登山活动，他们借用登山活动来锻炼身体、养心立志、开阔胸怀。三是散步。陶、贺、魏在闲暇时间喜欢散步。贺长龄认为散步是动静相宜的养生方式，并说养生"不可泊于动，又不可沦于静"。他常以步代车，散步锻炼。四是打坐静修。魏源自小受佛学中"善度众生"教义影响，特别喜欢"静以养神"，保持心情安静，使脏腑之气协调，真气充沛，身体强壮。陶澍、贺长龄也喜欢静坐养生，修身养性。五是雅歌投壶。投壶是当时由中国古代射箭演变而来的娱乐体育活动。把箭投入一定距离的壶中，计算投中的次数，多者为胜。此项活动在当时士大夫中非常流行。陶澍、贺长龄、魏源对投壶亦非常喜好，认为投壶是"张弛有度，文武之道也"，对娱乐身心、消除身体疲劳、强身健体都有好处。

由此可见，第一个人才群对养生体育有深入的思考及实践，特别是他们提出的养生的四个观点使其养生观更加深刻且丰富。他们对养生体育的认知是在中国古代养生论的基础上的进步与创新。

(二)"文武兼资"的育才观

陶澍、贺长龄、魏源等均是儒臣名士，都把办教育当作"天下至乐之

---

① 陶澍. 陶澍集：下 [M]. 长沙：岳麓书社，1998：40.

事"。虽然鸦片战争前后中国时局动荡，危机四伏，但他们仍将建设书院、兴办教育、发展地方文化事业摆在最为重要的位置，将培养与发现人才视作自己的神圣职责。陶澍、贺长龄、唐鉴等培养和推荐了一代英才林则徐、曾国藩等，使他们成为了影响全国的风云人物。他们在教育上建树卓越，具有经世思想的体育育才观。表1-3综合概述了该群体的体育育才的观点及其实践。

表1-3　第一个人才群的体育育才观及其实践

代表人物	体育育才观及其实践
陶澍	·陶澍被称为"晚清人才第一人"，以劝学造士为先务 ·陶曾在澧阳书院讲学三年 ·他多次强调当今之要，首在得人 ·陶为官时，每到一地"即饬各守令经理书院，以广我国家作人之化"① ·他强调"经国之道，文武兼资"② ·他认为书院是育才的摇篮，须提倡实学，强调通经 ·陶主张学以致用，因材施教 ·他提出了"立志、植品、宗经、亲友"③的教育方针 ·陶主张在书院教育中，要设骑、射、御课程
贺长龄	·贺长龄曾在长沙岳麓书院担任讲席 ·他一生将读书、教育当作至乐之事 ·贺提出"言教"重于"政教" ·他认为教育的目的是培养"真人才、真人品、真学问、真经济"的四真人才 ·贺在任期间大力兴办书院，兴办义学 ·他提倡经世致用的学风。深入书院考察，指导教学
魏源	·魏源批判封建教育制度，主张改革传统教育，对科举制度取其优点、弃其糟粕 ·他提出教育目标和人才培养模式要符合时代要求，培养经世改革人才 ·魏倡导文武并重，"而出其余艺如射、御之类，又足以备国家之用"④

① 陶澍. 陶澍全集：六［M］. 长沙：岳麓书社，2010：42.
② 陶澍. 陶澍全集：六［M］. 长沙：岳麓书社，2010：85.
③ 陶澍. 陶澍全集：六［M］. 长沙：岳麓书社，2010：309.
④ 魏源. 魏源全集：十六［M］. 长沙：岳麓书社，2004：199.

　　从表1-3可见,以陶澍、贺长龄、魏源为代表的湖南第一个人才群继承了中华民族历来重视教育的优良传统,以经世致用思想为指导,对当时的教育进行了大胆改革与全力推进,形成了该群体的教育思想和体育教育思想。在他们看来,体育是教育的组成部分之一,只有树立包括体育教育在内的新的教育观,才能实现其教育优先、人才第一的育才目标。

　　该群体的育才观是其教育观和体育教育观的综合体现,对当时的教育发展与体育教育发展起到了重要的推动作用,其主要内容涉及以下四个方面。一是教育优先、人才第一的思想。陶澍是"晚清人才第一人",一生都把发展教育、培养人才放在首位,以"劝学造士为先务"。陶在澧阳书院讲学三年,不仅教授学生书本知识,还教导学生锻炼身体,并走出书院关心民众的现实生活状况,致力于将学生培养成经世致用的人才。陶为官后,多次强调当今之要,首在得人,并说"余自出官蜀晋,官辙所至,虽未敢遽谓能化民成俗,而于劝学之道,每兢兢藉为先务"①。足见陶澍将办教育、育人才看作是为官一方的首要任务。贺长龄、魏源同样具有这一思想,他们看重教育、看重人才,以办教育为己任,以育人才为要务。二是"经国之道,文武兼资"②的思想。清末时期,内忧外患,以陶澍、贺长龄、魏源为代表的湖南第一个人才群体发起了经世改革运动,他们对当时科举与武举制度存在的问题提出批评,"臣惟圣神广运,必资乃文乃武"③,从而形成了"经国之道,文武兼资"的思想。陶、贺、魏等一致认为人才培养要面对社会现实问题,要通经以致用,所以文武兼备是对人才规格的必然要求。三是大兴教育、建设书院的思想。陶澍、贺长龄、魏源根据当时教育的发展现状提出了大兴教育,建设书院的观点,并将其付诸实践。陶澍每到一处即命令各地官员要负责办好书院。贺长龄任职贵州巡抚时,采取多种措施建设书院。四是改革课程,文武并重。陶澍、贺长龄、魏源等认为要改变当时受制于外国列强的状况,应当从抓好教育开始。对于如何办好书院教育,他们认为,首先要改变过去书院教育中重文轻武的传统,在课程设置上既要有传统文化知识科目,还要开设"骑、射、御"课程,以达到使学生"文武兼修,文武兼备"之目标。魏源说"我国家承平百四十年,所以教习八旗者,文武并用,盖古法也,北方之学者,以及边省文儒,犹或有兼习弓马者"④"现读书文童,能文者固多,而兼习骑射之武童,人材弓马可观

---

①　陶澍. 陶澍全集:六 [M]. 长沙:岳麓书社,2010:42.

②　陶澍. 陶澍全集:六 [M]. 长沙:岳麓书社,2010:85.

③　陶澍. 陶澍全集:六 [M]. 长沙:岳麓书社,2010:76.

④　魏源. 魏源全集:十六 [M]. 长沙:岳麓书社,2004:199.

者，亦复不乏"①。所以，他认为书院教育应将"武"与"文"并重，并将武学之内容纳入书院教育的课程之内。此外，魏源还将西方强国的教育教学体制及理论向国人进行介绍，对当时的教育改革和体育振兴起到一定作用。

该群体在上述育才思想支配下，围绕"经国之道，文武兼资"这一核心理念，在教育改革中进行了大量实践及努力。陶澍重视教育，对培养人才，有着重要的贡献，其标志性成果有：提出教育理念，促进书院建设与培养经世之才等。陶澍是道光年间湖南人才群的领袖，在培养政治精英和经世人才方面更为世人所赞许。经他培养和提携的著名精英人才有林则徐、曾国藩、姚莹、俞德渊、包世臣等一大批叱咤风云的改革派人士。贺长龄同样在教育改革上有卓越建树。他任贵州巡抚期间，对教育发展提出了许多看法与建议，改变了贵州教育的落后局面。主要功绩有：他提出了"言教"重于"政教"的思想，"言教"即教师教育，它比政府的教育更能传承文明，更有说服力；他提出了培养"真人才、真人品、真学问、真经济"的四真人才之培养目标，要求人才培养要经世致用、德才兼备；他大力发展书院建设，使省城书院成为全省书院的榜样；他提倡经世致用的学风，深入调查，倡导学生学习，并亲自讲课授教。魏源在教育改革中则积极倡导文武并重，主张书院教学应增加体育教学内容。陶澍支持魏源的观点，他在《重修金沙书院碑记》中写道："余维书院之设，非徒以为名而已。在乎守土者时与邑人士相见，劝之以孝、悌、忠、信，迪之以礼、乐、诗、书，经明行修，日新月盛，比户有弦歌之美，青衿无佻达之讥，斯风化成，而治绩茂焉。"② 其中的"礼、乐、书"是孔子提倡的"六艺之教"技能中的三种。而"六艺"之中，射、御是体育内容，乐亦有体育因素。

由上可见，以陶澍、贺长龄、魏源为代表的"湘系经世派"认为"文武兼资"既是当时人才培养的规格，也是人才培养的目标。他们的育才观正是在经世致用思想引导下定位的。该群体在体育育才思想上既做了大量理性思考，又做了卓有成就的积极实践。他们的这一教育理念影响着当时湖南教育改革的发展方向。

（三）"不可一日不厉"的武备观

"武备"是当时对军队建设的称谓，泛指和部队建设与发展有关的全部事务。当时，清朝军队在外国侵略者面前的败退和在农民起义队伍前的失利，彻

---

① 魏源. 魏源全集：十六 [M]. 长沙：岳麓书社，2004：215.
② 陶澍. 重修金沙书院碑记 [M] // 陶澍. 陶澍全集：六. 长沙：岳麓书社，2010：42.

底暴露出清军的严重弊端。陶澍、贺长龄等目睹这一切，深感耻辱与焦虑。他们虽是文官出身，但为政一方，亦对武备问题进行了研究并采取措施，以提高军队素质及其战斗力。魏源更是站在陶、贺这两位巨人的肩膀上"睁眼睛看世界"，提出了"师夷长技以制夷"的口号，编著了《圣武记》《明代兵食二政录》等军事著作，以期促使我国军事发展尽快步入近代化。在军事近代化进程中，以陶澍、贺长龄、魏源为代表的湖南第一个人才群深刻认识到体育之于武备的重要性，逐步形成了"不可一日不厉"的武备观。表1-4综合概述了该群体在武备观上的认知及其实践。

从表1-4可见，陶澍、贺长龄、魏源对军队建设十分重视，他们充分认识到国家的强大与独立自主必须依靠强大的军队来支撑。他们的"不可一日不厉"武备观建立在长期管理与军队建设的实践中，更建立在长期对武备、军事理论的研究与思考中。

表1-4　第一个人才群的武备观及其实践

代表人物	武备观及其实践
陶澍	·陶澍上任两江总督后，经常到各地检阅营伍训练、部队编制等 ·他调整各地方长官营地，加强管理 ·陶关心军队建设，提出"兵可百年不试，不可一日不厉"[1] ·他选择的士兵要身体强壮，又要技艺娴熟 ·陶详细制定了武举的测试项目 ·他认为练兵只有勤训练才能做到技精
贺长龄	·贺长龄提出"一在恤民，一在恤吏，一在育人才，一在讲武备"[2] ·他提出八条营规，其中有讲纪律、勤训练等 ·贺挑兵时最看重的是有无胆气，"挑兵必拣力强，力强则胆气自壮"[3] ·他提出"勤训练以振军威"的要求
魏源	·魏源提出"师夷长技以制夷"的著名口号 ·他认为，一个国家的强大，核心在军队的强大 ·魏撰有军事史著作《圣武记》《明代兵食二政录》，军事理论著作《海国图志·筹海篇》等 ·他在编纂《海国图志》时，推崇国外的各种选兵练兵的先进理念与方法

陶澍、贺长龄、魏源等"湘系经世派"代表人物确立的"不可一日不厉"

---

① 陶澍. 陶澍全集：六 [M]. 长沙：岳麓书社，2010：84.

② 贺长龄. 耐庵奏议存稿 [M]. 台北：文海出版社，1969：17.

③ 贺长龄. 耐庵奏议存稿 [M]. 台北：文海出版社，1969：534.

的武备观，是指"兵可百年不试，但不可一日不备"之意，包括选兵、训练、备战的方方面面，其思想内涵主要指武备与体育的关系，武备的训练思想，武备的士气提振和武备的理论更新等四个观点。关于武备与体育的关系，陶澍、贺长龄认为体育之于武备的作用是基础性或根本性的，既用于选兵择将，又用于军事训练。陶澍强调选兵要"身强力壮"，贺长龄强调挑选精兵"最重要是看是否有胆气"。这些都有赖于体育才能达成。军事训练中的项目"马箭、毡球、步箭、弓、刀、石"均来自军事体育内容，所以体育特别是军事体育活动是武备活动的主要方式，体育和武备的关系不仅密不可分而且对武备的作用十分突出。关于武备训练思想，陶澍、贺长龄等的观点是选精兵、择良将、勤训练、严要求，"不可一日不厉"。"厉"有经常的意思也有严格的含义。因此，他们制定了详细的选兵择将规则和严格的训练要求，以加强军队建设。关于军队士气的提振，陶澍、贺长龄等从尚武尚勇精神出发，不仅要求全体将士勇猛顽强，敢于流血牺牲，而且要求"师克在和"，上下同心、团结协作才能克敌制胜。关于武备理论的更新，魏源在该方面做出的贡献最为突出，他著有多部军事专著，认为中国军队应向西方强国学习先进的军事理论、军事战略技术和选兵择将方法，乃至先进的武器装备等，以尽快实现中国军队的近代化。陶澍、贺长龄等亦赞同魏源的这一观点，并在实践中大力推行。

在该群体的武备思想支配下，陶澍、贺长龄、魏源等进行了大量的相关实践。一是加强督军，巡查部队。陶澍任两江总督期间，经常去各地巡视，加强督军。他在重要地区增兵设官，保卫地方安全，检阅部队训练情况，督促武备。贺长龄在贵州任总督时亦重视督军检查，并提出了八条营规，即"严操守，讲纪律，恤兵丁，勤训练，勤缉捕和辑民夷，严禁洋烟，勤修军械"①。二是选将练兵。贺长龄认为要建设一支强大的军队必须选择好良将。陶澍在选拔士兵上既要求身体强壮，又要求技艺熟练。他说"此次考试，臣于马、步十三矢，多取全红。弓、刀、石三项，多取头号。而尤于硬弓拔取出号，以观其真实力量，不仅以头号十二力即拘为定格。其向例八力亦未合式者，则绝不入选"②。三是"勤训练以振军威"。陶澍等非常重视军队训练，认为"良由师出以律，勇且知方，训练讲求之有素也"③。因此，陶澍对个体的技艺训练和集体的阵法训练都同等重视。他在军训时奖罚分明，使士兵参加训练有动力，训练亦更加刻苦。四是"师克在和"，提振士气。陶澍、贺长龄等都有

① 贺长龄. 耐庵奏议存稿 [M]. 台北：文海出版社，1969：30.
② 陶澍. 陶澍集：六 [M]. 长沙：岳麓书社，2010：85.
③ 陶澍. 陶澍集：六 [M]. 长沙：岳麓书社，2010：77.

"师克在和而不在众"的思想。他们认为军队的士气提振和将士团结与"师克在和"有密切关系。要做到"师克在和",就必须节制分明。"师克在和,和非诡随之谓也,节制明则分定,分定则势顺,势顺则和矣"①。军队只有保持内部团结,才可以提振士气,以少胜多。五是研习军事理论,推进武备改革。魏源、陶澍、贺长龄等对军事理论的研究与创新都十分关注。魏源在研究军事理论方面更是卓有建树,他编著了《圣武记》《明代兵食二政录》等一批军事著作,对推动当时军事改革与发展具有重要作用。

由上可见,以陶澍、贺长龄、魏源为代表的湖南第一个人才群对体育之于武备的作用、军队的训练思想、士气提振、军事理论的创新等有着较为全面而深刻的认识,构成了一个相对独立的武备观。该观点是其体育思想系统中的一个重要组成部分。

二、第一个人才群的体育思想特征

纵观以陶澍、贺长龄、魏源为代表的近代湖南第一个人才群之体育思想,其主要内容由养生观、育才观和武备观三大观点组成,较之其先辈之体育思想,具有凸现伦理、优先育才及厉行武备等三个特征。

(一) 凸现伦理

以陶澍、贺长龄、魏源为代表的湖南第一个人才群是由一批开明官僚和地主阶级改革分子组成的团体,他们所实施的改革既受爱国主义思想和经世致用思想的影响,亦有儒家思想与忠君保皇封建思想的制约。他们受儒家思想的影响至深,在体育实践活动中强调以礼、仁为核心,讲究军政分明、秩序井然,反映出明显的儒家伦理倾向。他们在体育养生中的"雅歌投壶""静修打坐"、在武备训练中的"忠君报国"、在体育育才中的"服务皇权"等无一不与他们的传统伦理观念有直接关系,因此该群体的体育观具有伦理特征。

(二) 优先育才

陶澍、贺长龄、魏源等对教育和体育之育才功能有深刻的认知,无论时局如何发展,他们始终将培养人才、发展教育放在最为重要的位置。他们为官一方,每到一处必大兴书院,推动当地教育发展,并在书院教学课程中要求增加与体育相关的科目,认为只有这样才能培养国家需要的"文武兼资"的人才。陶澍要求书院课程应包括武事斋,其内容主要是军事体育内容,如射、御等,

---

① 贺长龄. 耐庵奏议存稿 [M]. 台北:文海出版社,1969:26.

可见他对体育之于人才培养的作用有足够的认同。此外，他们倡导的养生思想亦着眼于强身强心，促进成才。因此，该群体的体育思想具有育才特征。

（三）厉行武备

晚清时代，外强侵略，政府腐败，军队无能，人心涣散，民众贫困。为挽救清王朝的统治和抵御外强入侵，陶澍、贺长龄、魏源等"湘系经世派"发动了经世致用的改革运动，其中推动军事改革是这场改革运动的重要目标之一。他们以强化体育锻炼，加强军事训练，提高将兵士气，更新军事理论为中心，大力推动军队建设，使当时辖区内武备状况有所改观。因此该群体的体育思想具有厉行武备的特点。

第三章　近代湖南第一个人才群的体育思想成因

以通经济世著称于近代中国社会的"湘系经世派"在推行政治、经济、军事、文化与教育改革的过程中，逐步树立了与他们的人生价值观相匹配的体育观。这一观念系统主要包括"动静交相养"的养生观、"文武兼资"的育才观和"不可一日不厉"的武备观。该群体体育观之成因可以归纳为时代、环境、教育与文化等四个因素。

一、时代因素

陶澍、贺长龄、魏源等"湘系经世派"在鸦片战争前后面临的社会时局是中国社会正处于急剧的变化之中，清王朝的封建统治危机四伏，民族矛盾急剧上升，具体可概括为对外、对内两大方面。

从对外关系上看，早在 16 世纪时葡萄牙、西班牙等欧洲殖民者就在闽粤沿海进行海盗活动；17 世纪沙俄从东北入侵中国；18 世纪英国将对外扩张的触角伸向中国，开始采取卑劣手段大量向中国输出鸦片。鸦片开始在中国泛滥，给中国带来空前严重的后果。特别是道光二十年（1840），英国发动了鸦片战争；中国失败，被迫签订不平等条约，割地，赔款。从此，清政府处于挨打地位，天朝颜面无存，民众生活在屈辱、贫困之中。中国沦为半殖民地半封建社会。

从国内情况看，危机更加严重，矛盾尖锐复杂，主要体现在以下四个方面：一是吏治腐败。各级官吏欺上压下，因循守旧，腐朽蒙昧，贪财营私。贪官污吏过着穷奢极欲、荒淫无耻的生活，整个官场腐败堕落。二是财政危机。此时，全国出现了严重的财政危机，白银大量外流、银贵钱贱、银粮亏空、税款拖欠，清王朝财源枯竭、国库空虚。三是军队腐化。清朝军队主要是"八旗"和"绿营"两部分。"八旗"是清入关前打天下的满族主力，"绿营"是收降改编的汉族军队。"八旗"军队长期养尊处优，享有特权，日益腐败，逐渐失去战斗力。道光年间的清军更是腐化成风，早已无法担负保卫封建统治的大任。四是农民起义。由于广大农民对清王朝的统治极端不满，农民起义此起彼伏、声势浩大。道光年间各地发生的农民反抗斗争二百五十次以上，其中最著名的有广东洪秀全领导的拜上帝会会众在金田的起义，建号"太平天国"。农民起义极大地动摇了清王朝的统治，使中国社会陷入极度的动荡之中。陶澍、贺长龄、魏源等湖南地主阶级改革人士目睹鸦片战争的惨败、清政府的无能、中国社会的动荡、军队的腐化、国力的孱弱、人民生活的痛苦及国民体质的下滑等现实状况，心中极度愤慨与不满，决心积极探寻救国保民的道路。他们在爱国经世思想的引领下，开始了经国通世的改革行程。在这一过程中，该群体的体育观亦伴随其政治、经济、军事、文化与教育思想得以形成。

由此可见，社会时局是导致该群体之体育思想形成的主要因素之一。

二、环境因素

"环境"这一概念可因其指代的不同而有不同的内涵，其中自然环境、家庭环境与人际环境对人的思想形成具有不可小觑的影响。以陶澍、贺长龄、魏源为代表的湖南第一人才群成员在其体育思想形成过程中，受到上述三个环境因素的制约。

从自然环境来看，当时湖南虽处内陆，交通不便，但湖南是一个山水环绕，风景秀美的省份，省内河湖众多、土地肥沃、物产丰富、自然环境优美。陶澍、贺长龄、魏源等自幼就生活在这依山傍水的自然环境之中，对大自然有着天然的热爱。他们喜欢爬山、游泳、旅游，欣赏大自然的美景。这种生活习惯一直陪伴他们的一生。魏源一生盖过三所家居房子，每所房子都盖在依山傍水的自然环境之中。优美的自然环境对其身心及其体育认知的形成，无疑有着良好的促进作用。

从家庭环境来看，陶澍生于湖南安化县。虽然家庭贫寒，但父亲陶必铨以学问名于地方，历来重视诗书，又设馆授徒为业，可称诗礼之家。其父母非常重视对陶澍的教育，教授陶澍读书识字、做人品德与劳动锻炼。陶少时需从事一些力所能及的劳作，如砍柴、牧牛等。贺长龄出身于湖南善化（今长沙）的一个书香门第，从小受到良好的教育，学习程朱理学，对儒家教育思想有所了解。魏源出身于湖南邵阳金潭的一个地主家庭。父亲魏邦鲁生性豪爽，结交了不少豪杰之士。后家道中落，但魏源反而更加艰苦奋斗。魏源十六岁考取秀才，开始研究王阳明的学说，其经世致用思想自此萌芽，对体育亦开始思考。

从人际环境来看，人际关系在封建社会中对功名仕途有相当重要的作用。道光初年，四川总督蒋攸铦举荐能员陶澍，两江总督孙玉庭举荐贤臣贺长龄，使他们走上了仕途高峰，得到道光皇帝重用，位高权重，政绩斐然。陶澍后来也以自身的学问品格在身边聚集了不少各界名人，成为"湘系经世派"的领袖人物。在他的人际圈中，政治、军事、文化、教育乃至体育等都成为他们聚会讨论的中心话题。在这一过程中，该群体的体育观念也逐渐得到统一。

由此可见，自然环境、家庭环境与人际环境对近代湖南第一个人才群之体育思想形成具有影响作用。所以环境是该群体之体育观形成的一个重要因素。

三、教育因素

陶澍、贺长龄、魏源的思想无疑与教育有直接关系。从教育思想的角度看，该群体成员所受到的程朱理学教育与清末大儒经世致用思想对他们的政治、经济、军事、文化、教育思想形成具有十分重要的作用，这种作用亦影响到该群体之体育观念的形成。

从程朱理学教育影响看，陶、贺、魏等都是受程朱理学教育而成长起来的一代英才。他们在早期教育和猎取功名的过程中，程朱理学的学习与阐释是他们必须掌握的学问。程朱理学是对宋、元、明、清历代儒家哲学思想的泛称，一直被历代封建王朝奉为正统儒学。清朝将程朱理学定为官方学说，也将之作为教育的主要内容和招纳人才的手段与标准。对于程朱理学，陶、贺、魏等开始是全盘接受，并努力实践的。但随着学习的深入，他们认识到程朱理学固然对国家政治制度、伦理制度、教育制度等提供了意识形态方面的重要支撑，但对传统体育却是一种沉重打击，致使中国古代体育兴盛的局面就此消失，传统体育被边缘化。该群体的这一认识，对其体育观的形成有重要影响。

从经世致用思想的影响来看，自清朝的考证学被称为"清学"后，部分清朝大儒开始注重思想实践，推崇经世致用，关心社会问题。在这些大儒中，有两位对陶澍等人经世致用思想形成影响最大。一位是被称为"清学开山"的顾炎武，他是清初崇实致用学风的践行者。顾著述丰富，涉及领域广泛，对地理、农学、边防等都有深入考察与研究。他对武学也进行了认真研究，认为人才要"文武兼备"，批判了武勇受到文人歧视的现象，并主张建武学、立武举，教以兵史、兵法等，使武举亦"文武兼资"。另一位是被称为"五百年来第一人"的王夫之。王夫之的思想非常新颖，具有唯物主义倾向。生命在于运动，人的生命无论是先天的或是后天的都要受到环境的影响。陶澍、贺长龄、魏源等深受两位大师的思想影响。他们早期在岳麓书院的求学实践和后来执政期间的社会考察，都帮助他们对体育的存在意义和功能作用等进行了深刻的思考，并予以充分的认可。

由此可见，以陶澍、贺长龄、魏源为代表的"湘系经世派"在体育思想传承方面具有独立思考的批判精神，在经世致用的思想引领下对当时社会

"文武分途""重文轻武"现象提出了质疑,对体育的功能地位予以了肯定。因此教育是他们的体育观形成的一个重要因素。

四、文化因素

陶澍、贺长龄、魏源等既深受中国传统文化的熏陶,又能与时俱进"睁眼看世界",受到西方先进文化的启迪,开创了他们"经国济世"的非凡事业,成为湖南第一个人才群的领袖人物和清末全国政坛上的风云人物。可见,中西文化的融汇在他们的思想中得以体现,是他们成名成家成事业取得良好综合效果的呈现。

从传统文化的影响看,湖湘文化是中华文化中的一朵奇葩,是源远流长的中华文化中的一种区域性地方文化。湖湘文化中的经世致用思想、尚武尚勇的精神、坚韧耐劳的品格和求真务实的作风,对生长于这一环境中的陶澍、贺长龄、魏源等有着相当深刻的影响。陶、贺、魏熟读儒家经典,兼通诸子百家,深得儒家文化之精髓。他们对儒家创始人孔子特别尊崇。孔子不仅学问渊博,开创"儒家孔学",而且有体育主张,尚武实践。孔子在教育上主张文武兼备,将"射御"定位为六艺科目中的必修科目,形成了仁武二者并行不悖的思想。陶澍等人深得孔学真谛,在育才上亦尊崇孔学,强调"文武兼资"。湖湘文化中的尚武尚勇的精神对陶澍、贺长龄、魏源等有重要影响,不仅对他们自身的体育养生有促进作用,而且对他们治理教育和强化武备有直接的帮助。

从外来文化的影响看,鸦片战争的失败极大地动摇了以天朝自居的清王朝统治,西方列强用武力打开了闭关自锁的中国社会大门,同时也加速了西方文化向中国的传入,其中包括西方体育文化在中国的传播。陶澍、贺长龄、魏源等湖南仁人志士,一方面高举爱国主义大旗,坚决主张反抗列强侵略,捍卫国家主权;另一方面苦苦寻找自强救国之道。他们认识到,必须向西方强国学习政治、经济、军事、文化、教育的强盛之道,亦应学习西方先进的体育文化。在陶澍、贺长龄的大力支持下,魏源对西方政治、经济、军事、文化与教育进行了大量研究,编著了《皇朝经世文编》《圣武记》《海国图志》等重要著作,提出了"师夷长技以制夷"这样振聋发聩的口号,成为"睁眼看世界"首批知识分子的代表。魏源认为中国落后于西方列强的一个重要原因是中国国民文弱、重文轻武、教育落后,西方列强却能以大兴教育与体育使本国强大。根据这一认识,以陶澍、贺长龄、魏源为代表的"湘系经世派"在主张学习西方政治经济与军事制度的同时,亦赞同学习西方的教育与体育的新思想与新方法,以经世致用的精神与态度推动中国社会的全方位改革。自此,西方先进的体育思想开始为中国教育界所认可。

　　由上可见，以陶澍、贺长龄、魏源为代表的湖南第一个人才群在传统文化与外来文化的双重影响下，不仅形成了"引入西学，经世致用"的政治观、经济观、军事观与文化教育观，而且形成了经世致用的体育观。因此文化亦是促使该群体之体育思想形成的一个重要因素。

第四章　近代湖南第一个人才群的
体育思想评述

以"经世致用的改革家"著称于世的陶澍、贺长龄、魏源等湘系经世改革派人士在时代因素、环境因素、教育因素与文化因素的影响与制约下，形成了具有经世特色的体育思想。这一思想虽然长期被他们的政治、经济、军事及文化教育上的非凡政绩掩盖，却是一个不可忽视的客观存在。仅从与体育关系紧密的领域看，该群体的体育思想对当时书院教育、近代军事和民众体育的发展具有积极的推动作用。当然，其也存在着一定的历史局限性。

一、第一个人才群体育思想的历史作用

（一）助推书院教育发展

书院是当时清朝政府官方支持的主要教育机构，是现代学校之雏形，是当时青年学子求学修身的主要场所。陶澍、贺长龄、魏源等都有在书院求学或施教的经历。所以，办好书院教育历来受到陶澍、贺长龄、魏源等的高度重视，具体体现在如下三个方面。

首先是大力兴办书院。陶、贺、魏等任职多地，每到一处新的任所，他们都将发展教育放在首位。在陶澍、贺长龄等人的督导下，各地都将建设或扩建书院当成头等任务来完成，先后创建或扩建了震川书院、敦善书院、金沙书院等。他们在书院建设上的努力及成就在当时社会上掀起了教育高潮。体育作为书院教育的新内容，吸引了具有"文武兼备"志向的青年学子进入书院学习。

其次是确立书院教育方针。陶澍、贺长龄、魏源等从探寻中国古代教育宗旨中发现，古代教育中的人才培养讲究"文武并重"，儒家始祖孔子早就提出了这一育才方针。同时，他们从西方列强的兴盛过程中也发现，西方国家兴盛的举措之一亦是重视体育强民与体育强国。所以，他们对宋以来中国社会重文轻武的风气持批评态度，认为应当在当时的书院教育中尽快予以摒弃。他们认为书院的培养目标不应是只读死书的体弱文人，而应是"文武兼资"的有志之士。他们对书院教育宗旨的定位，不仅符合儒家始祖孔子的思想传承，而且

符合西学中用的要求，对于具有经世特色的书院教育方针具有重要意义。

再次是加强书院课程改革。陶澍、贺长龄、魏源等认为书院教育要使学生"文武兼备"，养成独立的人格、深厚的学问和健壮的体魄，应对书院课程进行相关改革，因此他们在课程安排上增加"武学"内容和提高"武学"比例，将"武学"提升到与文学并重的位置，除了传统的四书五经课程外，还增设了"射御"课程。他们在经世致用的思想引导下，不仅要求各地书院增设"武学"课程，而且要求传统文化课程的开设要面向社会需求，尽量开设实学科目。不难理解，书院体育课程的开设对于书院教育改革具有重要意义，大力推动了当时书院教育的进步。

由上可见，以陶澍、贺长龄、魏源为代表的湖南第一个人才群之体育思想对当时的书院教育有着积极的推动作用，其改革成果亦影响后世。

（二）助推近代军事发展

清末时期，政府无能、清军腐化，无论是对付外国列强还是应对农民起义都是节节败退。陶澍、贺长龄、魏源认识到，要拯救国民必须有一支强大的军队，而强大军队的建设在很大程度上有赖于体育或军事体育的参与。通晓中国历史的陶、贺等人非常了解先秦时期尚武尚力之风，武力被推崇到极高的地位，习武在民间非常流行，并铸造出"尚武尚勇"的民族精神。只是到汉代以后，汉武帝"罢黜百家，独尊儒术"，儒家思想产生异化，"耻武"之风开始兴起，尚武之风遭遇打击。清朝晚期，社会上"重文轻武"风气愈重。对此情况，陶澍、贺长龄、魏源认为必须通过重拾"尚武尚勇"精神，加强部队建设；必须完善武举制度，抓好选兵选将；必须加强军事训练，提高部队战斗力；必须引进西方军械，实现装备更新。在重建军队的过程中，体育特别是军事体育对武备建设起到了关键作用。

首先是要树立"尚武尚勇"精神。陶澍、贺长龄、魏源认为军队建设首在士气。清军失败不仅在于军队腐化、素质低下、装备落后，而且在于贪生怕死、士气低落。所以，要在全社会大力扫荡"重文轻武"之陋习，要在军队中重新树立"尚武尚勇"的精神。他们以湖湘人尚武刚烈的性格与勇于担当的务实作风，在社会在书院在军队开展尚武尚力的宣传与教育，使当时"重文轻武"风气得到一定抑制，"尚武尚勇"精神得到重拾。

其次是完善武举制度。陶澍、贺长龄、魏源认为当时的武举制度存在诸多弊端，难以选出良将精兵，必须予以改革与完善。陶、贺等人对武举考试的科目和标准进行认真修正，使各科考试更加严格，既要身体强壮，又要军事技艺娴熟。只有这样才能为国家选出合格的士兵和将领。

再次是要加强军事训练。军队"不可一日不厉"是陶澍、贺长龄、魏源等对军事训练必须从严要求的共同看法。他们坚决要求消除清军中长久以来存在的养尊处优、不思进取、贪图享受的种种弊端，倡导"尚武尚勇"精神。在训练内容上，军事体育项目成为部队训练的主要内容之一。在具体做法上，他们既要求采用传统体育项目，也要求推行从西方军事强国引入的近代军事体育项目，从而使军训内容多样化与合理化。在军事训练方面，他们认为体育的参与度应是最大的，可见体育特别是军事体育对军队战斗力的提高意义重大。

最后是实现装备更新。陶澍、贺长龄、魏源非常重视军队装备的更新换代。他们认为鸦片战争的失败在军事上除了战斗力低下之外，落后的武器装备也是重要的因素之一。西方列强是坚船利炮，清军却是土枪土炮，战争一开，劣势就非常明显，岂有不败的道理。魏源对军事装备颇有研究，认为军队建设必须从军事装备的更新和军事理论的创新开始，实现军队装备的近代化。他编著了《圣武记》和《海国图志》等重要著作，大部分内容就是介绍西方军事强国的先进装备和先进的军事思想。陶澍等人对军械于军队战斗力的作用有清醒认识。贺长龄将"勤修军械"列入了部队的八条营规，足见他对军械更新的高度重视。魏源极力主张向西方强国学习，建造更多造船厂、兵器厂，用先进武器装备去武装军队。

由上可见，以陶澍、贺长龄、魏源为代表的湖南第一个人才群在其厉行武备的思想中，将体育特别是军事体育渗透在军队建设的各个环节，使体育成为提高军队战斗力的一个重要法宝，从而发挥出体育的军事功能。

（三）助推民众体育发展

陶澍、贺长龄、魏源等虽然贵为朝廷命官，但他们和当时许多官吏不同，他们勤于执政、爱护地方百姓、关心人民疾苦，在任上为辖区人民做了不少好事，深得当地百姓尊重。陶、贺、魏看到当时鸦片横行于市，百姓体质虚弱，心中十分担忧与痛苦，故他们多次上奏，主张严禁鸦片，保护民众身心免遭鸦片毒害与摧残。同时，他们对当时社会上"重文轻武"的不良风尚亦深恶痛绝，严加批驳，力倡文武并重。他们在助推民众体育发展方面做出了多方努力，其中较为突出的成就有鼓励民众"尚武尚勇"、倡导体育养生观念、介绍西方先进体育等。

首先是鼓励民众"尚武尚勇"。陶澍、贺长龄、魏源对当时"耻武举"的社会风气和做法十分不屑，他们不仅率先在军队和书院中大力倡导尚武尚力的精神，并取得实绩，而且将倡导"尚武尚勇"精神推广至社会。陶澍、贺长龄要求各地组织民间武术比赛，这在客观上对"重文轻武"的陋习起到了抑制作用。

其次是倡导体育养生。陶澍、贺长龄、魏源等一生热衷于传统养生，对养生理论和方法有深入的了解。他们认为，养生应"身宜劳而不宜苦"，锻炼要有节有度，主张中和。由于他们在民众心目中的地位及影响，体育养生在他们的倡导下收到了一定效果。

再次是介绍西方体育。陶澍、贺长龄、魏源是有开阔胸怀、开明思想的智者与大家。他们不仅对引入西方列强政治、经济、军事、文化教育的制度及方法抱有极大的兴趣，而且对引入西方体育文化的新思想与新内容也非常尽力。他们认为体育之于西方列强的兴盛有很大的关系，中国体育应当向西方体育学习。事实上，西方体育思想内容正是在陶澍、贺长龄、魏源等这批开明官员的推动下得以在中国社会、中国学校与中国军队中出现并传播开来的。魏源在其划时代的著作《海国图志》中不仅介绍了西方强国的政治、地理、历史、文化状况和先进的科学技术，也介绍了西方教育与体育的先进思想与内容。魏源所做的这些努力，正是该群体学习西方的一个重要标志。

由上可见，以陶澍、贺长龄、魏源为代表的"湘系经世派"采取鼓励民众尚武、倡导体育养生、引入西方体育等手段从思想上、方法上及途径上对当时民众体育发展进行了推动，既使中国古代的尚武风尚重回近代中国社会，又使广大民众的体质水平有所回升与增进，因此该群体的体育观对当时民众体育发展具有助推作用。

二、第一个人才群的体育思想局限

以陶澍、贺长龄、魏源为代表的湖南第一个人才群之体育思想在助推近代书院教育、近代军事和民众体育的发展上取得了较大的成功，但亦存在一定的不足和局限，这些局限概括起来体现在如下两个方面。

（一）封建倾向

陶澍、贺长龄、魏源等"湘系经世派"成员毕竟是生活在皇权庇佑下的达官贵人，他们虽然在主观上有爱国经世的思想及行动，但在客观上其体育思想仍然是为维护清王朝的统治而服务的。他们提倡养生有为个人追求功名，服务于封建王朝的成分；他们的武备观更是为了重振清军，保障封建皇权的延续；他们的体育育才观，客观上是为清王朝培养"文武兼资"的人才。因此，该群体的体育思想具有一定的封建主义倾向。

（二）系统初步

以陶澍、贺长龄、魏源为代表的湖南第一个人才群之体育思想虽然较之他们的前辈在系统性方面有了较大的提升，但在系统的完整性和系统的层级性上仍然处于发轫阶段，具有初步性和简单性。换言之，他们的体育观在思想指向上未能凸现体育的系统功能，在思想深度上更有浅显和初级特征。此外，他们的体育思想还具有自然成长的发散性，这亦是系统初步的一个表征。

综上，尽管以陶澍、贺长龄、魏源为代表的湖南第一个人才群之体育思想存在着一定的封建倾向和系统较为初步的局限，但是他们的体育观在当时的社会政治背景下能够得以形成，实属难能可贵。

第二编 近代湖南第二个人才群的体育思想

鸦片战争的失败，使中国社会各种矛盾进一步发展和激化。成同期间，清朝政府同时面临着内外两场战争：一是英法联军入侵北京的战争，加深了中国半殖民地化的程度；一是长达14年之久的太平天国农民起义，使中国内政陷入了长期的动荡不安之中。清王朝已经危机四伏，呈现出一片衰落景象。此时的清军"八旗""绿营"主力早已溃不成军，失去战斗力，难以支撑清王朝的统治。镇压太平天国运动、抵御西方列强侵略和维护大清皇权的重任，历史性地落到了以曾国藩、左宗棠、李鸿章等汉族官僚地主集团组织的武装力量上，湘军由此逐步成为全国最为重要的军事力量。随着湘军的兴起，湖南出现了近代第二个人才群，也是近代湖南最大的人才群。它兴起于咸丰初年，在同治初年形成高潮，因此又被称为"咸同时期的湖南人才群"。

以曾国藩、左宗棠、胡林翼、郭嵩焘为代表的湘军集团人才群是继鸦片战争时期的湖南人才群之后出现的第二个人才群。在这个群体中，曾国藩是公认的领袖，成员基本上都来自湘军，故多军事人才。虽然该群体因镇压太平天国运动而被时人诟病，称曾国藩等为"镇压农民起义的刽子手"，但他们在维护社会稳定，促进经济教育发展方面做出了非凡实绩。特别是曾、左、胡、郭首倡洋务运动对当时中国的进步贡献卓著、影响深远，而被后人赞赏。客观地看，这是一个由开明官僚地主阶级分子领导的既有强烈的封建忠君思想，又有爱国主义情怀的团体。他们是大儒也是大帅，其政治思想、洋务思想、军事思想、教育思想在中国近代思想史上占据相当重要的位置。曾国藩、左宗棠、胡林翼、郭嵩焘等对体育亦有相当深入的思考及实践，但学术界少有人对该群体的体育思想进行专门论述。所以，有必要对近代湖南第二个人才群之体育思想进行全面梳理与深入探讨。

第五章　近代湖南第二个人才群的构成、人物及思想

一、第二个人才群的构成

　　湘军是咸同年间由湖南地方团练发展起来的军事组织，其直接原因是为了满足镇压太平天国农民起义的需要。湘军的兴起促使湘军领袖曾国藩及其主要代表人物左宗棠、胡林翼、郭嵩焘等走上了湖南乃至全国的政治舞台，从而形成了近代湖南第二个人才群。该群体人才荟萃，其群体构成可用表 2-1 来揭示。

表 2-1　第二个人才群体的构成*

姓名	生卒年	字号	籍贯	官职或身份	主要著述
曾国藩	1811—1872	伯涵　涤生	湘乡	总督　大学士	《曾国藩家书》
左宗棠	1812—1885	季高 湘上农人	湘阴	总督	《左文襄公全集》
胡林翼	1812—1861	贶生　润芝	益阳	巡抚	《读史兵略》 《胡文忠公遗集》
郭嵩焘	1818—1891	筠仙　筠轩	湘阴	巡抚　使英大臣	《养知书屋遗集》 《使西纪程》
曾国荃	1824—1890	沅甫	湘乡	巡抚　总督	《湖南通志》
彭玉麟	1816—1890	雪琴 退省庵主人	衡阳	总督　兵部尚书	《彭玉麟集》《墨梅图》
杨岳斌	1822—1890	厚庵	善化	总督	《杨勇悫公遗集》
刘坤一	1830—1902	岘庄	新宁	巡抚　总督	《刘坤一集》
刘长佑	1818—1887	子默　印渠	新宁	巡抚　总督	《刘武慎公遗书》
刘岳昭	1824—1883	荩臣	涟源	巡抚　总督	
江忠源	1812—1854	岷樵	新宁	巡抚	《江忠烈公遗集》

续表

姓名	生卒年	字号	籍贯	官职或身份	主要著述
李续宾	1818—1858	如九　迪庵	涟源	布政使	《李忠武公遗书》
李续宜	1823—1863	克让　希庵	涟源	巡抚	
唐训方	1809—1876	义渠	常宁	布政使　巡抚	《唐中丞遗集》
江忠义	1835—1864	味根	新宁	提督　巡抚	
蒋益澧	1825—1874	芗泉	湘乡	巡抚	
田兴恕	1836—1877	忠善	凤凰	巡抚　提督	
刘典	1820—1879	伯敬　克庵	宁乡	巡抚	
刘锦棠	1844—1894	毅斋	湘乡	巡抚	
李兴锐	1827—1904	勉林	浏阳	巡抚　总督	
欧阳兆熊	不详	晓岑　匏道人	湘潭	举人	《水窗春呓》
丁善庆	1790—1869	养斋	衡阳	学政	《左氏兵论》
左宗植	1804—1872	仲基　珠岭樵夫	湘阴	内阁中书	《慎庵诗文钞》
杨昌浚	1825—1897	石泉　镜涵	湘乡	巡抚　总督	《平浙经略》

＊依陶用舒所著《近代湖南人才群体研究》（岳麓书社出版，2000 年）一书中相关资料改制

　　表 2-1 表明，曾国藩以其个人的学问、功名、事业和非凡的组织才能赢得了当时湖南众多人才特别是军事人才的尊重，成为第二个人才群的领袖。左宗棠为湘军二号人物，中兴名将，领导湘军，创立楚军，是杰出的爱国者和军事家。胡林翼 1854 年加入湘军，是中国近代杰出的政治家之一。郭嵩焘是湘军名将与高参，中兴名臣，位至封疆，后成为中国第一位驻外使节。曾国荃是曾国藩的九弟，湘军创始人之一，统领湘军主力，屡立战功，后官至两广总督、陕西巡抚、两江总督。彭玉麟为湘军名将，屡建奇功，官至总督、兵部尚书。彼时在湘军中，凡有军功者均可得到迅速升迁。仅在十多年时间中，湘军升至总督位置的人有：曾国藩、左宗棠、曾国荃、彭玉麟、杨岳斌、杨昌浚、李兴锐、刘长佑、刘岳昭等人；升至巡抚地位的有：胡林翼、江忠源、郭嵩焘、刘坤一、李续宜、唐训方、江忠义、蒋益澧、田兴恕、刘典、刘锦棠等人；升至总兵、提督及藩、臬二司的则多达一百多人。这些人都是湘军的重要将领或骨干，他们以曾国藩、左宗棠、胡林翼、郭嵩焘为核心形成了湘军集团人才群。值得注意的是，咸同年间的湖南人才群的主体是湘军人才群，但也包括从事科技文化工作的知识分子。如推崇经世致用理论并主持编辑刻印了

《船山遗书》62 种的湘潭人欧阳兆熊。在咸同年间，湖南人才对发展湖湘文化做出了重要贡献。衡山人丁善庆受聘为岳麓书院山长达 22 年，培养了大批经世致用的人才。湘阴人左宗植是左宗棠之兄，先后主讲于澧阳书院、石鼓书院。

二、主要代表人物及其思想

（一）曾国藩及其思想

曾国藩，字伯涵，号涤生，1811 年 11 月 26 日出生于湘乡荷叶乡。道光十八年（1838）中进士后改名国藩，意为"国之屏藩"。他出身于普通耕读家庭。曾国藩为家中长子。曾国藩儿时在其父私塾读书，打下了扎实的基础。1834 年曾进入岳麓书院学习，师从欧阳厚均。1838 年，中进士，开始官场生活，任闲职。1843 年，被任命为四川乡试正考官，生平第一次干实事。1844 年后，曾青云直上，一跃而成朝廷二品大员。1853 年，被任命为帮办湖南团练大臣，创建湘军。1860 年，曾国藩升任兵部尚书、两江总督并加钦差大臣名号。攻克天京后，曾被清廷封一等侯爵，并加太子太保衔，位极人臣，成就其事业顶峰。1872 年 3 月 12 日于两江官署逝世，享年六十二岁。所著有《曾文正公全集》《为学之道》《冰鉴》《挺经》等。

曾国藩的一生，功过鲜明，成就极广，是咸同期间中国政治舞台上的风云人物。他为维护封建统治立下了汗马功劳：镇压太平天国等起义、发动洋务运动，又为中国走向近代、走向世界做出了重大贡献。他在政治、军事、教育、文化、理学等方面都造诣极深，是可垂后世的典范。曾国藩的政治思想主要包括以下内容：一是强调承袭儒家特别是程朱理学，继承传统文化的学术成果；二是强调发挥经世思想的求实精神，针砭时弊，革旧图新；三是倡导学习西洋，冲破中国传统文化心理模式和政治思维习惯，打通向西方学习的道路。所以，他的政治思想既有守成性又有维新性，折射出"执两用中、刚柔互济"的中庸性。曾国藩的洋务思想是其思想体系中的最大亮点，主要内容涉及：一是在军事上自强、在经济上自富的思想，提倡创办中国近代工业，主要是军事工业；二是引进西方先进科学技术的思想；三是派遣学生留学西洋的观点；四是建立中国近代海军的观点。曾国藩在洋务运动中具有特殊地位。较之魏源的"师夷"，他是第一个把"师夷"变为实际行动的人。曾国藩的军事思想概括起来有如下内容：一是以"忠义"为准则的军事战略思想；二是以"礼、诚"为要义的治军思想；三是"以主待客""奇正互用"的作战思想等。曾国藩的教育思想在中国近代史上产生了深远影响，其内容主要包括伦理道德教育观、西学为用教育观、知行并重教育观等。在体育思想方面，曾国藩对体育养生、家庭体育、体育育才、军事体育等都有较为深入的思考及论述。

（二）左宗棠及其思想

左宗棠，字季高，又字朴存，1812 年 11 月 10 日出生在湘阴县东乡左家塅。家境贫寒，却是书香门第，父亲教书维持生计。左宗棠早年潜心理学。1833 年，左赴京会试落第，在京结识胡林翼，成为至交。1836 年，左应聘主讲醴陵渌江书院，会见陶澍，后与陶结成儿女亲家。1849 年，左在长沙设馆收徒，1850 年，会见林则徐，为林所重。1852 年，在胡林翼、郭嵩焘的劝说下，左宗棠应湖南巡抚张亮基之聘，入幕策划兵事，后在长沙会见曾国藩。1860 年，左奉命襄办曾国藩军务，在曾的支持下建立楚军。后左因战功，由四品升至二品大员，1863 年升闽浙总督。1864 年，加太子少保衔，封二等恪靖伯。1877 年，左宗棠率六七万兵力克复除伊犁地区外新疆全境。中法战争爆发后，左以钦差大臣督办福建军务，严惩入侵者。1885 年 9 月 5 日因病逝于福州。左宗棠一生爱国勤政，被后人称为中国近代最为杰出的爱国者。著有《左文襄公全集》存世。

左宗棠的政治思想主要涉及两个方面：一是整饬吏治的思想。左宗棠通过对吏治的整肃扭转了甘肃乃至西北的政风。二是新疆建省的思想。左宗棠不仅收复了新疆大部分地区，而且对新疆建省提出了具体建议，并做了大量筹备工作，是新疆建省的发起者。左宗棠的洋务思想在他的思想中占有重要位置，其内容主要有：一是主张向西方学习；二是认为发展资本主义是近代中国争取独立和谋求进步的途径之一。左宗棠的军事思想主要有：一是"多算胜少算"的克敌制胜的思想，认为战争必须首先去掉对敌人的恐惧，树立战胜敌人的勇气；二是要求战前全面准备，战时随机应变。左宗棠的教育思想主要有：一是尊崇儒学，服膺程朱的兴学劝学思想，主张通过大力兴学劝学振兴传统的封建教育；二是主张"经世致用"，正视西学东渐，倡导西学为用，培养新式人才；三是强调家庭教育的作用，认为保持"耕读家风""读书非为功名计"。在体育思想方面，左宗棠对养生体育、家庭体育、体育育才、军事体育等都有深入的思索与论述。

（三）胡林翼及其思想

胡林翼，字贶生，号润芝，益阳泉交河人，生于 1812 年 7 月 14 日。胡家为富裕的地主家庭，书香门第。父亲胡达源，进士，官至詹事府少詹事。胡19 岁与陶澍之女结为夫妻。1833 年赴京，会见左宗棠。1835 年，师从贺熙龄。1836 年，中进士，步入仕途。1854 年至 1861 年是胡林翼一生的顶峰时期，胡林翼加入湘军，转战各地。1855 年由道员擢升巡抚。胡林翼是湘军的实际领袖之一，后于 1861 年 8 月 30 日病逝于武昌，终年 50 岁。他是近代中国杰出的政治家之一，著有《读史兵略》46 卷，辑有《胡文忠公遗集》留世。

胡林翼的政治思想可概括为以下两方面：一是整顿政风思想。他教导属下要为官清廉，警惕腐败。他大力整饬吏治，惩治腐败官员，视清明正大为国家存亡之关键。二是"安内攘外"思想，认为安内重于攘外，攘外必先安内，对当时清朝政府政治决策产生了一定影响。胡林翼的军事思想被后人高度评价，主要内容有：一是战术思想，他采用"以主待客，以静制动"① 的战术，强调重防守戒攻坚，灵活用兵进行合围。他采取这一战略领导湘军最后战胜了太平天国军队；二是吏治与军务相结合的思想，他要求地方官员大办团练配合湘军作战，为湘军作战胜利提供了后援支持。胡林翼的教育思想集中地体现在重视人才的思想及实践上。他对人才的重要性进行了广泛而深入的论述，认为选拔人才、举贤拔能是治国的首要任务。他在发现人才、荐举人才、培养扶植人才等方面做了大量工作，使他周围聚集了一大批当时的杰出人才。在体育思想方面，胡林翼对体育养生、体育强军等方面有着较为深入的研究，形成了自己的观点。

（四）郭嵩焘及其思想

郭嵩焘，字筠仙，籍贯湘阴，出生于嘉庆二十三年（1818）正月初七。他出身于地主家庭，且是"读书世家"，十八岁考中秀才，开始自立。郭嵩焘于 1840 年初入官场，加入浙江学政罗文俊幕。此时正值鸦片战争发生，郭参与浙江防务事宜。1847 年，郭第五次入京会试，终中进士。郭嵩焘加入湘军，成为曾国藩的第一幕宾，为建设湘军竭尽所能，获湘军高参美誉，并成为曾国藩的知己。他于 1862 年升两淮盐运使，1863 任广东巡抚，位至封疆。郭主张积极向西方学习，参与推动洋务运动。1875 年，清廷任命郭嵩焘为出使英国钦差大臣，成为中国外交使节第一人。郭晚年凄凉，于光绪十七年（1891）六月十三日病逝，终年 73 岁。著有《郭嵩焘日记》《养知书屋遗集》《礼记质疑》《使西纪程》等存世。

郭嵩焘的政治思想主要体现在：一是对外开放思想，他认为向西方学习应

---

① 刘国习，余建明. 胡林翼战术思想探略［J］. 安庆师范学院学报：社会科学版，2002（3）：97.

当实行整体引进的原则，不仅要求实用而且应超前和坚定，其对外开放思想超过推动洋务运动的许多有志之士；二是民族意识，郭嵩焘既是有环视世界的眼光又是有民族危机意识的爱国主义者，他爱国家爱民族，却被朝廷内一些大员攻击。郭嵩焘得不到朝廷信任，郁郁寡欢而亡。郭嵩焘的洋务思想与他的政治思想相一致，其主要内容有：一是主张全面学习西方，批评单纯学习军事的做法；二是主张发展近代工商业；三是主张大力发展教育，培养社会所需人才。郭嵩焘在军事思想方面主要体现在坚持以和为主、努力避战的思想上。郭认为西方各国是军事强国，中国则是弱国。"以和为主"是从实际出发，对中国是有利的，亦有可能实现。郭嵩焘的教育思想主要有：一是主张实行教育改革，以实用之学取代八股、废除科举；二是主张用资产阶级的新式教育取代封建主义的传统教育；三是主张开展留学教育，完善相关政策，培养有用人才。在体育思想方面，郭嵩焘对西方体育、传统养生与军事体育亦有深入思考，具有较为先进的体育观。

综上所述，曾国藩、左宗棠、胡林翼、郭嵩焘等湘军人才群的代表人物是当时的湘军统帅，中兴名臣。他们在政治思想、洋务思想、军事思想与教育思想上都有深入的思考，这些思考为他们体育思想的产生与发展奠定了基础。

第六章　近代湖南第二个人才群的
体育思想内容及特征

　　咸同年间湘军兴起前后的湖南人才群是由一批兼有文人学士才情和骁勇将领风范的官僚、地主阶级杰出人士组成的团体，其主要代表人物为曾国藩、左宗棠、胡林翼、郭嵩焘等。他们既是封建皇权的卫道士，又是通经济世的改革家；既在镇压太平天国起义中充当了刽子手一角，又在洋务运动中担当了发起者与践行者的责任。他们勤于理政，善于思考，形成了共同的政治观、军事观、文化观与教育观，其中亦包括该群体的体育观。

一、第二个人才群的体育思想内容

（一）"身勤则强"的养生观

　　曾国藩、左宗棠、胡林翼、郭嵩焘等自幼接受的体育教育主要是中国古代的传统养生方法和传统武学。彼时，近代西方体育对于处于中国内陆、封闭守旧的湖南仍然距离遥远，影响甚微。他们从长辈处或书院习得的养生方法是其进行身体锻炼的主要方式之一，多年的养生活动不仅使他们的身体健康得到提高，而且使他们形成了"身勤则强"的养生思想。表2-2综合概述了该群体的养生观及其实践。

表 2-2　第二个人才群的养生观及其实践

代表人物	养生观及其实践
曾国藩	·曾国藩对于养生，认为首在养性 ·他认为养生应强调主静功夫，提出"内而专静纯一"① ·曾强调"身勤则强，逸则病"② ·他对静养有深刻的理解，静坐成了每日的必修课 ·曾认为静坐养生要做到"三寡"，即"寡言养气，寡视养神，寡欲养精" ·静养始终是曾国藩的平日涵养之道 ·练习书法，和朋友下棋，成为曾的休闲活动 ·曾的养生强调八件事：眠食有恒，热水洗脚，节欲，惩忿戒怒，习射，散步，静坐，不轻服药 ·曾主张习劳和参加体育活动结合，如干农活等 ·他认为学习射箭，最能保养身体 ·曾经常饭后散步，每日饭后走数千步 ·他主张动静结合，在给其弟的家信中写道"弟病后虽体弱，然回家养息两月，尽可以复元。一张一弛，精神自可提振得起"③ ·曾主张"主敬则身强"的养生理论，身体以磨炼而强
左宗棠	·左宗棠注重养生 ·他致书家中教育子女注意锻炼身体 ·左说"读书亦可养身，只要有恒无间，不在功课之外"④ ·他告诫子女"保养之方，以节思虑，慎起居为最要，饮食寒暑又其次也"⑤ ·左认为在养生活动中要"勤苦力学"
胡林翼	·胡林翼在养生方面主张"古今人才之要，必以气骨为根本"⑥ ·他指出久逸则筋脉皆弛，心胆亦怯
郭嵩焘	·郭嵩焘主张"与天地气数争胜，当自求胜气质始"⑦ 的养生之道 ·他认为"读书办事，须以养全为主，气盛者养之使内敛，气虚者养之使外发"⑧ ·郭也颇重视西法养生，注意卫生、散步，常做英式体操

① 刘默. 曾国藩全书 [M]. 北京：中国华侨出版社，2013：440.
② 曾国藩. 曾国藩全集：书信之三 [M]. 长沙：岳麓书社，2011：64.
③ 曾国藩. 曾国藩全集：家书之一 [M]. 长沙：岳麓书社，2011：371.
④ 左宗棠. 左宗棠家书 [M]. 北京：中国华侨出版社，1994：16.
⑤ 左宗棠. 左宗棠家书 [M]. 北京：中国华侨出版社，1994：215.
⑥ 胡林翼. 胡林翼全集（足本）：第二册 [M]. 上海：大东书局，1936：114.
⑦ 郭嵩焘. 郭嵩焘全集：日记一 [M]. 长沙：岳麓书社，2012：343.
⑧ 郭嵩焘. 郭嵩焘全集：日记一 [M]. 长沙：岳麓书社，1983：305.

　　从表 2-2 可见，在中国传统体育文化的影响下，曾国藩、左宗棠、胡林翼、郭嵩焘等对养生理论有着较为深刻的认知，即使在他们繁重而紧张的公务活动之余，仍不忘对身体的养护。常年的养生锻炼使他们对养生保健更加热爱，从而形成了他们"身勤则强"的养生观。

　　在养生理论方面，曾国藩的研究较为深入。他将养生理论归纳为三个方面：其一是强调修身养性。他认为养生活动必须"以礼为务""善其性也"，用礼来规范自己的行为。其二是重视主静养生。"主静"是一种养生修身手段，曾国藩认同老子"致虚极，守静笃"的观点，提出了"内而专静纯一"① 的养生理论，即要求在养生时身心保持虚静的状态。在给其弟的家书中，他进一步说道，"静则生明，动则多咎，自然之理也"②，可见曾国藩对主静养生有深刻的体认。其三是强调身勤则强，勤以治事。曾国藩认为"身勤则强，逸则病"③。只有保持勤劳，适度劳作，通过勤以治事，才能达到保持身心健康的目标。曾国藩所讲的"勤"就是勤劳工作和经常运动之意。左宗棠是曾国藩的至交，他的养生理论与曾的观点趋同。左认为，勤苦可以去奢淫，力学可以去懒惰，勤苦力学不仅可以提高人的学品，而且可以促进身心健康。可见左宗棠的养生同样体现了"身勤则强"的思想。胡林翼在养生理论上侧重于养生要与培养人的气节、气骨结合起来。他说，"古今人才之要，必以气骨为根本"④，认为养生的同时也应注重培养人的气节或气骨，这亦是养生的主要目标和任务之一。郭嵩焘认为养生应注重全面，获取"气盛"。又说"读书办事，须以养全为主"。这就是说在养生中必须全面，使人成为一个"气盛"者，养生、读书及办事才能获得更好的效果。由此可见，曾国藩等人的养生理论主要包括三方面内容：一是养生必须"身勤则强"的思想；二是养生必须讲究主静；三是养生必须讲究全面，并与修身结合。其中"身勤则强"是他们养生思想的核心内容。

　　在他们的养生观支配下，曾国藩、左宗棠、胡林翼、郭嵩焘等亦有大量的养生实践。曾国藩对静养非常注重，每日必修静坐，其要求是"三寡"，即寡言养气、寡视养神、寡欲养精。曾国藩在养生方法上注重八件事：眠食有恒、热水洗脚、节欲、惩忿戒怒、习射、散步、静坐、不轻服药，可见他的养生方法相当全面。曾国藩亦主张习劳与锻炼结合，经常干些农活。他在日常生活中，尽量少坐轿，多走路，平时学习射箭，饭后散步。曾国藩喜"弈而怡情，

---

① 刘默. 曾国藩全集 [M]. 北京：中国华侨出版社，2013：440.
② 曾国藩. 曾国藩全集：家书 [M]. 长沙：岳麓书社，2011：474.
③ 曾国藩. 曾国藩全集：书信之三 [M]. 长沙：岳麓书社，2011：64.
④ 胡林翼. 胡林翼全集（足本）：第二册 [M]. 上海：大东书局，1936：114.

临帖养心"，可见下棋、书法也是他的重要休闲养生方式。左宗棠注意养生，"时时与人围棋宴游""勤思保家保身之道"①。他认为读书也能养生，原因是"读书静坐，养气凝神"，这是左自创的一种养生方法。左宗棠说："读书要循序渐进，熟读深思，务在从容涵泳以博其义理之趣；不可只做苟且草率工夫。所以养心在此，所以养身在此。"② 这很好地说明了读书修身养性的道理所在。在饮食养生上，他强调"饮食宜淡泊"。在药物养生方面，他认为："燕窝清补不至发泄，宜常服之，乃有效验。"③ 对于养病，左宗棠认为主要在于"自己善于保爱，不在药饵"。胡林翼文武双全，习武是他的主要养生方式。郭嵩焘除采用传统方法养生外，还重视西法养生。他做英式体操，柔软运动，注意卫生，喜欢郊游、登高等。

由上可见，曾国藩、左宗棠、胡林翼、郭嵩焘对传统养生理论与方法既有传承又有创新，通过大量的养生实践形成了"身勤则强"的养生思想，并创造了一些独特的养生方法。因此，养生观是该群体之体育思想的重要构成之一。

（二）"文武兼备"的育才观

重视教育是中华民族的优良传统之一。客观地说，历代封建王朝对兴办教育都给予了高度重视，但在对待体育的态度上却经历了由汉代以前的重视和汉代以后的忽视这一曲折的演进轨迹。是培养饱读诗书的文弱书生还是培养文武双全的经世人才，成为当时教育的争论焦点。曾国藩、左宗棠、胡林翼、郭嵩焘等惜才、爱才，在湘军集团人才群中培养、提携了大批军事人才与经世人才，逐步形成了他们的"文武兼备"育才观。表2-3综合概述了该群体的体育育才观及其相关实践。

表2-3　第二个人才群的体育育才观及其实践

代表人物	体育育才观及其实践
曾国藩	·曾国藩认为国家之强，以得人为强 ·他十分重视伦理教育，强调西学为用、知行并重 ·曾认为人才培养的规格应是"文武兼备"，能"上马杀贼，下马讲经" ·曾大力兴办洋务学堂，"虑其或失文弱，授之枪" ·他领衔上奏朝廷，选派百余幼童出洋留学 ·曾特别重视家庭体育，在家书中多叮嘱子女、兄弟注重锻炼身体，做文武兼备的人

---

① 秦翰才. 左宗棠逸事汇编［M］. 长沙：岳麓书社，1986：61.
② 左宗棠. 左宗棠全集：家书 诗文［M］. 长沙：岳麓书社，1987：20.
③ 左宗棠. 左宗棠全集：家书 诗文［M］. 长沙：岳麓书社，1987：187.

续表

代表人物	体育育才观及其实践
左宗棠	·左在培养人才方面提出了经世致用的人才标准 ·他提出"敬教劝学，卫国以中兴"的口号，广育人才 ·左修复和兴办了许多书院，必设文武科
胡林翼	·胡林翼在建设湘军时提出"兵事以人才为根本" ·他认为"凡办事，首在得人"① ·胡强调"务世学"的教育方针 ·他在家乡创办箴言书院
郭嵩焘	·郭嵩焘呼吁"为政以来，人才为急务""天下之事以人才为根本" ·郭认同严复的观点，即中国人身体弱小的原因是缺乏体育体能锻炼 ·郭从国外回来，即上奏朝廷实施学堂体育，虽遭排挤仍坚持主张 ·他认为体育是培养人才的重要途径之一

从表 2-3 可见，以曾国藩、左宗棠、胡林翼、郭嵩焘为代表的湖南第二个人才群视教育与体育是国家求富求强的根本途径之一，视造就"文武兼备"的人才为自己的神圣职责。在湘军兴起及之后主政一方时，他们都大力发展教育，培养经世人才，取得了人才培养的突出成绩，形成了"文武兼备"的育人观。这一育人观是该群体的教育思想与体育思想的综合体现，亦可视之为该群体的体育教育之观念。

第二个人才群的育才观主要包括以下四方面内容：一是关于育才地位的思想。曾、左、胡、郭等都一致认为人才是国家之根本，凡事首得人才，特别是在国弱受侮的非常时期更是如此。曾国藩指出"国家之强，以得人为强"。胡林翼说"兵事以人才为根本"②。郭嵩焘疾呼"为政以来，人才为急务""天下之事以人才为根本"。这表明他们对人才培养的地位问题有清醒而正确的认识。二是关于人才规格的思想。曾、左、胡、郭都认为无论是从传承中国古代体育的尚武精神，还是从通经济世的现实需求上看，人才培养的规格必须定位于"文武兼备"之上。他们引以为自豪的湘军特色是"上马杀贼，下马讲经"，形象地描绘了"文武兼备"的人才特质。曾国藩对属下的要求是文武双全。胡林翼认为训练分为练心和练技。练心即文化素质教育和心理教育；练技则是练武与学习技能，仍然强调"文武兼备"。三是办学思想。曾、左、胡、郭都是士人出身而侧身行伍，后均成为朝廷重臣。他们对国家教育的落后及人

① 胡林翼. 胡林翼集：一 [M]. 长沙：岳麓书社，1999：24.
② 胡林翼. 胡林翼集：一 [M]. 长沙：岳麓书社，1999：290.

才稀缺感受甚深，对严复的中国人身体弱小的原因是缺乏体育体能锻炼的思想表示认同，因此他们大力推进兴学育才。曾国藩发起洋务运动，开办洋务学堂。郭嵩焘两度主讲城南书院，创设船山书舍。左宗棠兴办新书院，修复旧书院等。他们都将培养文武兼备、经世致用人才纳入了他们的办学思想之中，力图形成"敬教劝学，卫国以中兴"的新局面。四是家庭体育思想。曾、左、胡、郭是传统士人，其人生理想是修身、齐家、治国、平天下。他们对家庭体育格外重视。曾国藩在《家书》中多次提到养生与锻炼。他曾写道："看来吾兄弟寿年均难及上三代，惟当加意保养。弟于诸昆中劳苦独甚，尤宜静养耳。"① 左宗棠时常叮嘱儿子"读书静坐，养气凝神"，并要求家人"读书养生，及时为自立之计"②。可见他们在家庭体育方面是很有心得的。在他们看来，家庭体育亦是体育育才的一个重要组成部分。

在该群体的体育育才观引领下，曾、左、胡、郭等人进行了大量育人育才实践。这些实践主要集中在如下四个方面：其一是他们通过上奏朝廷、辖区宣传、任内督导等多种途径，呼吁"天下之事人才为本"的观点，取得了较大的成绩。其二是他们在湘军中发现与培养了一大批军事人才和经世人才，这些人才相当一部分得到朝廷的重用，成为总督、巡抚等高官。曾、左、胡、郭更成为当时中国政治舞台上的风云人物。其三是他们在兴体育才上进行了实践。左宗棠在军事人才的培养上要求严格，对那些"久不操练，并所习花法，所演阵式而忘之矣"③ 的将士予以痛斥。左宗棠在西北期间大力推进书院建设，要求在书院必设文武科。可见他们实施的教育都有体育的参与，兴体育才成为一种新的教育时尚。其四是重视家庭体育。曾、左、胡、郭等人对家庭体育格外重视。曾国藩存世的家书近一千五百封，内容涉及最多的是指导后人如何使身体康健，成为文武兼修的人才。曾国藩在致诸弟的信中专门附带课程表：一、主敬。二、静坐：每日不拘何时，静坐一会，体验静极生阳来复之仁心。正位凝命，如鼎之镇。三、早起。四、读书不二。五、读史。六、写日记。七、日知其所亡：每日记茶余偶谈一则。八、月无忘所能：每月作诗文数首。九、谨言：刻刻留心。十、养气：无不可对人言之事。气藏丹田。十一、保身：谨遵大人手谕，节欲、节劳、节饮食。十二、作字。十三、夜不出门：旷功疲神，切戒切戒！④ 从这个课程表可以看出，多项内容涉及身心养护，足见曾国藩对家庭体育是何等重视。左宗棠时常叮嘱儿子孝威"保养之方，以节

① 曾国藩. 曾国藩全集：家书之二 [M]. 长沙：岳麓书社，2011：286.
② 左宗棠. 左宗棠全集：家书 诗文 [M]. 长沙：岳麓书社，1987：85.
③ 左宗棠. 左宗棠全集：家书 诗文 [M]. 长沙：岳麓书社，1997：49.
④ 参见曾国藩全集：家书一 [M]. 长沙：岳麓书社，1995：49.

思虑，慎起居为最要"①，他在家教上重立志，重实学，重修身锻炼。

由上可见，以曾国藩、左宗棠、胡林翼、郭嵩焘为代表的第二个人才群对人才培养高度关注，形成了关于育才地位、人才规格、办学兴学和家庭教育的育才思想。他们亦在这一思想支配下进行了大量育才实践，取得了不少的实绩。因此，该群体的"文武兼备"育才观是其体育思想体系中的重要组成之一。

（三）"练心练技"的强军观

曾国藩、左宗棠、胡林翼、郭嵩焘在创建和治理湘军的过程中，对清代兵制进行了大胆改革：改世兵制为募兵制；改朝廷任命为官职私授；改国库发饷为军饷自筹；改革营制等。同时强调以封建礼教治军，效仿明朝戚继光"束武成法"，以法整治军队，使湘军很快由小变大、由弱变强，迅速成为全国战斗力最强的一支军队。在这一过程中，曾国藩等深切认识到体育特别是军事体育是他们统领与训练湘军一个强有力的工具，从而形成了以"练心练技"为核心的强军观。表2-4综合概述了该群体的体育强军观及其实践。

表2-4　第二个人才群的体育强军观及其实践

代表人物	体育强军观及其实践
曾国藩	·曾国藩提出以礼教治军的原则 ·他主张效法明代戚继光"束武成法"，从严治军 ·曾对军事操练非常重视，强调治军之道，必苦其心志，劳其筋骨 ·他认为军训要使士兵达到"进则同进，站则同站"的标准 ·曾亲定湘军训练日夜常课之规七条 ·他认为练技艺者，刀矛能保身，能刺人；炮枪能命中，能及远
左宗棠	·左宗棠练兵讲究"农隙讲武，勤以练兵" ·他一贯强调"治军先养气" ·左认为"练兵之要，首练心，次练胆"② ·他认为"兵不练与无兵同，练之不勤与不练同"③ ·左采用中西体育来提高将士身体素质，亦采用中西战法来提升将士军事素质

①　左宗棠. 左宗棠全集：家书 [M]. 长沙：岳麓书社，1987：183.
②　左宗棠. 左宗棠全集：书信 [M]. 长沙：岳麓书社，1988：488.
③　左宗棠. 左宗棠全集：奏稿 [M]. 长沙：岳麓书社，1988：124.

续表

代表人物	体育强军观及其实践
胡林翼	·胡林翼认为选将是关键 ·胡将军事训练分为"练心"和"练技"两大部分 ·他深得中西战法兼用要领，并把二者结合得炉火纯青
郭嵩焘	·郭嵩焘主张要从"勇、才、品"三方面选将 ·郭最早提出军事必须以政治、经济为基础的思想 ·他亦较早地主张学习西方国家的富国强兵之术

从表 2-4 可见，曾国藩、左宗棠、胡林翼、郭嵩焘等对体育之于强军的作用有深刻的认知。这主要体现在以下两点上：一是体育虽不是军事，但体育可以成为强大军事力量的一个强有力的工具；二是军事体育是军事活动的重要组成部分之一，开展军事体育可为提高将士的战斗力服务。所以他们的体育强军观主要涉及与体育关系密切的练心练技、选将练兵、兼用中西等三个方面。

该群体的体育强军观首先体现于练心练技思想。曾国藩是湘军统帅，对湘军将士的精神、体魄与军事技能培养特别重视，十分强调"练心、练胆与练技"。他认为练心、练胆事关士气，练技事关战法，二者不可偏废。如何能练好心胆，曾国藩认为要靠讲究忠义，要通过军事体育锻炼来提高。左宗棠认为"治军先养气"。他强调"勤以练兵，忠义以倡其勇敢之气而胆可壮"①。曾、左二人都认为无尚武之精神，无"祈战死"之决心，无必胜之士气，则军之为败军。其次是"选将练兵"的思想。一是选将。曾国藩认为将是军队的核心，选将是关键。胡林翼亦说"兵事之强弱，系于一将；将得其人，弱者可强；将不得人，虽强易弱"②。郭嵩焘主张从"勇、才、品"三方面选将。将才不仅要武功高超，身心素质超群，而且要有组织才干。他们认为要不拘一格选将才，"求将之道，在有良心，有血性，有勇气，有智略；举、贡、生、监、白丁，皆可不拘资格"。二是练兵。曾、左二人对于练兵尤其重视。湘军将领左宗棠主张"治军之道，必以苦其心志、劳其筋骨为典法"③。同时要求士兵做到"进则同进，站则同站；登山不乱，越水不杂"。左宗棠练兵讲究农隙讲武，勤以练兵。最后是兼用中西的思想。这一思想指的是要学习西方军事与体育方面的先进内容，并吸纳中国传统武学之精华，兼用中西手段来提高军队战斗力。左宗棠要求湘军士兵每日早晚做体操，练习的阵法是典型的仿英、法军

---

① 李晓峰. 左宗棠之忠介人生 [M]. 武汉：长江文艺出版社，2000：28.
② 胡林翼. 胡林翼全集（足本）：第二册 [M]. 上海：大东书局，1936：55.
③ 李晓峰. 左宗棠之忠介人生 [M]. 武汉：长江文艺出版社，2000：458.

队使用的阵法。左宗棠也运用西洋阵法去训练部队。所以中国功夫与西洋战法并用在湘军训练中的现象屡见不鲜。

曾、左、胡、郭率领湘军大力推行其练心练技、选将练兵和兼用中西的强军实践，加之以专门的军事战斗训练，使湘军的战斗力逐渐提升，取得了一系列战事的成功。在练心练技方面，湘军将士以忠君、礼教为信条，以艰苦锻炼为手段，树立"尚武尚勇"精神，提振官兵士气，从而达到练心的目标。他们不断学习军事技术，掌握战法战术，使用冷兵器、西洋炮枪，从而提高练技的水准。在选将练兵方面，湘军制定了严格而公正的选将标准和程序，使择将成功避免了当时不良风气的影响，取得了良好的效果。对于练兵，湘军形成了勤于训练的严格纪律。曾国藩亲自制定了湘军七条日夜训练课的规定，要求士兵每日夜须站墙子两次，点名一次，演操两次，长期勤练不辍。在兼用中西训练方法方面，曾国藩主张中国武艺与冷兵器不能丢，要保持；西洋炮枪，必须学，要掌握。当时湘军所采用的阵法训练是向英、法军队学习而来，"其法是将步兵分成每六个人一个组合，一个组合分三排，即六人中二人取卧姿、二人取跪姿、二人取立姿，然后六人同时放枪，构成立体式。放完后，左人左后转，右人右后转，至队末。第二组合六人前进一步，再放枪，以此类推。"①

由上可见，以曾国藩、左宗棠、胡林翼、郭嵩焘为代表的湖南第二个人才群充分利用体育手段为强大湘军服务，形成了以练心练技为核心的体育强军观。这一观点亦是该群体之体育思想的一个重要构成。

(四)"尚武尚勇"的报国观

曾国藩、左宗棠、胡林翼、郭嵩焘等是封建礼教与封建皇权的忠实守护者，也是具有爱国主义情怀的开明人士。他们一生最辉煌的时期是在咸同年间湘军兴起期间，他们人生最大的理想是"尽心报君国"。忠君国、卫礼教是曾国藩人才群显著的特点之一。所以当太平天国农民起义爆发后，他们从地主阶级的需要出发，率领湘军进行镇压，攻入天京取得胜利，此系忠君；当他们看到西方国家的强大，主张学习西方，使国家强大起来，发动了著名的洋务运动，此系爱国；他们认识到国家与人民之间的关系，倡导民本思想，倡导养民保民，此系安民。在他们的所有忠君、爱国、安民的活动中，都有"尚武尚勇"的体育因素的加入，从而形成了该群体的体育报国观。表2-5综合概括了他们的"尚武尚勇"报国观及其实践。

---

① 崔乐泉. 中国体育思想史·近代篇 [M]. 北京：首都师范大学出版社，2009：18.

表2-5　第二个人才群的体育报国观及其实践

代表人物	体育报国观及其实践
曾国藩	· 曾国藩认为"身体以磨炼而强",他锻炼身体不仅为修身而且为日后服务国家 · 他认为武艺是保家卫国的手段,写下《保守平安歌》 · 曾主张给人民以基本的生活条件,实行养民保民政策 · 他认为"国以民为本" · 曾为西方坚船利炮所折服,说"购买外洋船炮,则为今日救时之第一要务"① · 曾国藩面对西方列强的欺凌时说"使彼西洋人擅长之技,中国皆能谙悉,然后可以渐图自强"②
左宗棠	· 左宗棠以开展体育活动为媒介进行安民,设"武弁月课" · 左说"保民之道,必以养民为先"③ · 左善静养,等待时机"兼济天下" · 左宗棠不向俄国侵略者低头,拒斥和议
胡林翼	· 胡林翼说"未尝一息敢忘君国艰难"④ · 他讲到"吾辈做官,如仆之看家,若视主人之家如秦越之处,则不忠莫大焉"⑤ · 胡强调"国家之败,皆由官邪"⑥
郭嵩焘	· 郭嵩焘主张"其强兵富国之术,尚学兴艺之方,与其同民情而立国本者,实多可以取法"⑦ · 他认为"岂有百姓穷而国家自求富强之理"

从表2-5可见,以曾国藩、左宗棠、胡林翼、郭嵩焘等为代表的湘军人才群,是一个对清廷皇权和封建礼教绝对忠诚的军事集团,也是一个具有爱国主义精神和民本主义思想的人才团体。他们的"尚武尚勇"报国观集中地体现在"尚武尚勇"为忠君,"尚武尚勇"为爱国与"尚武尚勇"为安民等三个方面,从而形成了一个由尚武忠君、尚武护国、尚武保民思想共同组成的体育报国观。

① 曾国藩. 曾国藩全集:奏稿之三 [M]. 长沙:岳麓书社,1996:603.
② 曾国藩. 曾国藩全集:奏稿之十二 [M]. 长沙:岳麓书社,2011:402.
③ 罗正钧. 左宗棠年谱 [M]. 长沙:岳麓书社,1983:397.
④ 梅英杰. 湘军人物年谱 [M]. 长沙:岳麓书社,1987:199.
⑤ 胡林翼. 胡林翼集:卷2 [M]. 长沙:岳麓书社,1999:209.
⑥ 胡林翼. 胡林翼集:卷2 [M]. 长沙:岳麓书社,1999:3.
⑦ 郭嵩焘. 郭嵩焘诗文集 [M]. 杨坚,点校. 长沙:岳麓书社,1984:89.

从尚武忠君思想看，曾国藩等创建湘军武装镇压太平天国农民起义，其动机与目的直接指向为清朝皇室皇权服务，是最为鲜明的尚武忠君行动。曾国藩在统帅湘军之际，以捍卫礼教作为治军的原则，又以体育手段强化军队战斗力，使湘军迅速成为战胜太平天国农民起义的主力，说明他们的尚武与忠君之间具有紧密的因果关系。曾国藩说"身体以磨炼而强"，练身就是为了日后"尽忠君国"。左宗棠任闲职时喜静养，亦是为了等待时机，为朝廷服务"兼济天下"。胡林翼说"未尝一息敢忘君国艰难"①。可见护卫皇权、忠君报国既是他们人生的最大理想，也是他们参与体育的重要动机之一。

从尚武护国思想看，曾国藩、左宗棠、胡林翼、郭嵩焘受中国传统爱国主义思想的影响，具有爱国情怀。虽然他们常将忠君与爱国画等号，但他们爱祖国爱民族的初心不改。曾国藩发起洋务运动是为了国家"自强"。在洋务运动中，曾说"购买外洋船炮，则为今日救时之第一要务"②。左宗棠拒绝向俄国侵略者低头，痛斥俄国的无理要求，以军事体育提高军队战斗力，与俄国对峙。郭嵩焘看到鸦片对中国人的毒害，坚决主张戒烟，倡导体育锻炼等，表明尚武体育在他们护国行动中占有重要位置。

从尚武安民思想来看，曾国藩认为武艺是保家卫国的手段，他用通俗易懂的方式写下了《保守平安歌》，"读书子弟莫骄奢，学习武艺也保家。耕田人家图安静，学习武艺也不差。匠人若能学武艺，出门也有防身计。商贾若能学武艺，店中大胆做生意。雇工若能武艺全，又有声名又有钱"③，宣传习武的好处，动员民众学习武艺。曾国藩主张给人民基本的生活条件，实行养民保民的政策。他说"国以民为本""国贫不足患，惟民心涣散，则为患最大"④，可见曾对国家与人民的关系有正确的认识。左宗棠善于用开展武术活动来进行安民。他在攻克城池后，为了帮助当地民众安居乐业，设擂台比武。这"武弁月课"起到了安抚民众的良好效果。胡林翼在巡抚任内，通过整饬吏治达到安民保民。他说"国家之败，皆由官邪"⑤，必须对之整肃，人民才会安居乐业。郭嵩焘主张富国强民，他说："西人富强之业，诚不越矿务及汽轮舟车数者，然其致富强，固自有在。窃论富强者，秦汉以来治平之盛轨，其源由政教修明，风俗纯厚，百姓家给人足，以成国家磐石之基，而后富强可言也。岂

① 梅英杰. 湘军人物年谱［M］. 长沙：岳麓书社，1987：199.
② 曾国藩. 曾国藩全集：奏稿之三［M］. 长沙：岳麓书社，1996：603.
③ 曾国藩. 曾国藩全集：诗文［M］. 长沙：岳麓书社，2011：381.
④ 曾国藩. 曾国藩全集：奏稿之一［M］. 长沙：岳麓书社，2011：40.
⑤ 胡林翼. 胡林翼集：卷2［M］. 长沙：岳麓书社，1999：3.

有百姓穷困，而国家自求富强之理?"①

由上可见，以曾国藩、左宗棠、胡林翼、郭嵩焘为代表的第二个人才群通过对尚武忠君、尚武护国、尚武安民思想的实践推行，形成了他们的体育报国观。这一观念既体现了他们忠君保皇的封建意识，又体现了他们爱国安民的开阔情怀，是该群体之体育思想的重要构成之一。

二、第二个人才群的体育思想特征

以曾国藩、左宗棠、胡林翼、郭嵩焘为代表的湖南第二个人才群之体育思想主要由体育养生、体育育才、体育强军与体育报国等四个观点所组成，这些观点相互联系又彼此独立，形成一个较为完整的体育思想系统。对该群体的这一思想体系做进一步分析，可概括出其具有以下三个主要特征。

（一）弘扬传统

曾、左、胡、郭等自幼受到的是程朱理学的传统教育，成年后认同"教以穷理正心修己治人之道"，信奉"修身、齐家、治国、平天下"，追求功名，步入仕途，建功立业，成为传统社会的人生典范。在养生体育方面，他们受传统养生理论影响很深，对之不仅兴趣浓厚，而且坚持一生。在家庭体育方面，他们受传统伦理思想影响很大，对之不仅高度重视而且讨论专深。他们的体育育才观与传统教育思想关系密切，他们的体育强军观与中国古代尚武风尚息息相关，所以该群体的体育思想具有传统性。

（二）主张经世

曾、左、胡、郭等接受过湖湘文化中经世致用思想的教育，接受过王船山等清末大儒的经世思想熏陶，接受过陶澍、贺长龄、魏源等前一个人才群的通经济世思想的直接影响；同时，他们目睹了中国历经两次鸦片战争的悲惨现实，因此经世爱国成为主导他们思想走向的重要因素。他们发动洋务运动，寻求富国强民之道，在历史上留下了一笔珍贵财富。在体育方面，突出地表现为他们赞同引入西方体育，提倡兼容并蓄。他们将近代西方体育的先进思想、内容和方法引入中国军队、学堂和社会，并与中国传统武学相结合，促进了近代中国体育的发展。因此，该群体的体育思想具有经世性。

①　郭嵩焘. 郭嵩焘诗文集［M］. 杨坚，点校. 长沙：岳麓书社，1984：253.

（三）强调实用

　　曾、左、胡、郭等大力倡导经世致用思想，不仅在于他们的宣传鼓动，更在于他们强调取得实际效果。例如魏源、曾国藩都赞同"师夷长技以制夷"，前者是纸上谈兵仍停留在理论探究上，后者却重在实行，办起了一批洋务学堂与洋务工厂。他们在体育养生上不在乎有多少养生方法，而在乎有多大实际效果；他们在体育强军上不在乎参加训练的人数有多少，而在乎训练的质量有多高。由此可见，该群体的体育思想亦具有实用性。

　　综上所述，以曾国藩、左宗棠、胡林翼、郭嵩焘为代表的湘军集团人才群是中国近代史上最具特色、最具争议、最具传奇和最大规模的人才群。该群体活跃在中国近代历史舞台上的时间长达三十年，在中国近代史上占据极为重要的位置。他们因镇压太平天国起义而被后人批判，又因发起洋务运动而被今人推崇。他们以文人侧身于行伍，不仅对政治、军事、文化、教育等都有独立的见解，而且对体育亦有自己的看法，形成一个具有传统性和封建性、经世性和实用性特征的体育观念系统。对于该群体的体育思想，今人定可从中摄取精华。

第七章　近代湖南第二个人才群的
体育思想溯源

　　咸同年间太平天国起义时期的湘军集团人才群历经岁月洗礼和沉淀形成了该群体的体育思想，这一思想涵盖了体育养生、体育育才、体育强军与体育报国等四个观念。为了更深入地了解与把握这些观念，有必要溯历史长河而上，对该群体的体育思想从时代背景、文化熏陶、教育经历、共同事业、人际关系等五个方面进行追根溯源。

一、时代溯源：内忧外患

　　以曾国藩、左宗棠、胡林翼、郭嵩焘为代表的湖南第二个人才群成员生活在晚清咸同期间，其仕途起落基本上与湘军兴起及太平天国失败同起同落。他们所面临的时局是中国半殖民地半封建社会程度进一步加深，整个社会急剧变化、动荡不安，清朝政府内忧外患。概括起来可以从内部与外部环境两方面进行分析。

　　从内部环境看，一是清王朝政权岌岌可危，迅速走向衰落。政府无能，财政出现重大危机。朝廷中汉、满两族的官员力量出现消长，争权夺利更加激烈。二是吏治腐败，社会风气愈趋没落。清政府将因战争失败而造成的巨额赔款转嫁到下层民众身上；大地主肆意大量兼并土地，使中小地主的利益受到损害；从而引发社会民众不满，阶级矛盾日益激烈。三是军队腐化，失去战斗力。清政府的"八旗"与"绿营"主力长期养尊处优，贪生怕死，早已军不成军，急需建立新的军队取而代之。四是生活在水深火热之中的广大农民忍无可忍，终于揭竿而起，连续不断地爆发农民武装起义。这些农民起义在时间上并存，在空间上并列，相互支持，推波助澜，使清廷手忙脚乱、疲于奔命。太平天国金田起义是众多农民起义中影响最大、持续时间最长的农民起义。仅两年时间，太平军就从 1 万人发展到 50 万人，横扫半个中国，直取南京，建立太平天国政权，清朝半壁江山易主。正是在这种社会剧烈动荡的时局下，湘籍官员曾国藩受命组织与创建湘军，用以挽救摇摇欲坠的清廷政权。

　　从外部环境看，一是西方列强瓜分中国的欲望愈来愈大，侵略中国的步伐愈来愈快。自鸦片战争之后，外国列强又相继发动了第二次鸦片战争、中法战争、中俄战争、甲午中日战争，强迫清政府签订了一系列不平等的条约，割地与巨额赔款使中国半殖民地半封建社会程度加深，中国从此结束了自给自足的社会状态，丧失了独立自主的地位。二是爱国思潮涌动与反抗外侮斗争兴起。面对外国列强对中国的侵略与欺凌，中国社会的有识人士无不十分愤慨，爱国主义思潮开始在中国大地上涌动，反抗外国列强的斗争越来越激烈。为了反抗列强侵略，曾国藩认为应当"师夷长技以制夷"，向西方强国学习富国强兵之道，发动了著名的洋务运动。左宗棠则提出了一整套抵御外敌的用兵之策。虽然他们的努力并未取得完全成功，但是富国强兵、反抗外侮的爱国主义斗争自此拉开了序幕。直至腐朽的清政府在辛亥革命之中被充当革命主力的湖南第四个人才群与全国人民推翻。

由上可见，曾国藩、左宗棠、胡林翼、郭嵩焘等正是在这种内忧外患的社会乱局中通过创建湘军而登上了中国的政治舞台。在长期率军作战及官宦生涯中，形成了他们的政治观、军事观、文化观与教育观，亦形成了他们的体育观。所以，内忧外患的时代背景是该群体之体育思想形成的源头之一。

二、思想文化溯源：经世致用

以曾国藩、左宗棠、胡林翼、郭嵩焘为核心的湘军集团人才群之体育思想是多种文化交汇融合、激烈碰撞的产物。从思想文化源头上看，影响较大的有湖湘文化中的"尚武尚勇"的精神，中国传统的经世致用思想和西方先进的思想文化，其中起主导作用的是经世致用的思想文化。

从经世致用的思想影响上看，虽然这一思想在中国传统哲学中自古有之，但直至清末大儒王夫之时代才始成一种思潮，影响力越来越大。至魏源、贺长龄编辑《皇朝经世文编》，经世思想在中国思想史上取得主导地位。在湖南，经世致用思想成为了一面旗帜。曾国藩等人是接受通经济世的教育成长起来的，并将这种思想在他们后来的事业上发挥得淋漓尽致。"经世"是指"经国家"或"经邦国"，就是要用积极入世的态度，直面社会问题，追求立德、立功、立言的人生目标，实现治国平天下的人生理想。曾国藩、左宗棠、胡林翼、郭嵩焘等受前辈陶澍、贺长龄、魏源影响很大，把他们的经世作品《陶澍诗文集》《皇朝经世文编》《圣武记》《海国图志》奉为经典，反复诵读。曾国藩在日记中常常记载自己的读书心得。左宗棠非常爱读魏源的著作，他说之所以办洋务就是"魏子所谓师其长技以制之也"①。郭嵩焘对魏源思想也非常崇拜，说"魏氏此

---

① 左宗棠. 左宗棠全集：家书 [M]. 长沙：岳麓书社，1987：257.

书，征引浩繁亦间有参差失实，要其大旨在考览形势，通知详情，以为应敌制胜之资。其论以互市、议款夷言之如通商之曰，无不笑市且骇者，历十余年，而其言乃验"①。由此可见，曾、左、胡、郭等不仅在经世致用思想的传承上积极努力，而且以经世人才的典范行走于三湘大地和中国政治舞台上，创建了经世致用的伟业。

从"尚武尚勇"的精神来看，"尚武尚勇"既是湖湘文化的一个内容，也是湖南民风的一种特质。湖湘文化是中华文化中一种独特的地域文化，其源头是古代的楚文化和中原文化。湖湘文化的精髓是"心忧天下，敢为人先，百折不挠，兼容并蓄"，其品格包含"尚武尚勇"的精神、经世致用的作风、坚韧不拔的品质、刚烈强悍的民风等。湖南自古民风强悍，崇武事、有血性，乃至近代仍古风不改。曾、左、胡、郭自幼在湖湘文化的孕育下成长，受湖湘文化和湖南民风的影响颇深，养就了百折不挠、"尚武尚勇"的精神品格。他们创建湘军后，湖南尚武之风得以转盛，民间以从军习武为荣。可见，"尚武尚勇"精神对曾国藩这一人才群影响极大，是导致其体育思想形成的一个思想文化源头。

从西方先进思想文化上看，西方列强用坚船利炮打开了中国"闭关锁国"的大门之后，西方文化随之传入了中国。曾、左、胡、郭等地主阶级开明人士和知识分子通过自省自醒，深切认识到西方强国确实在思想文化上有高于封建文化的优点或长处，主张不仅要向西方国家学习先进的科学技术，而且要学习西方的先进思想文化。他们之所以勇于承认中国的积弱，直面现实，与他们具有的经世致用思想和兼容并蓄的理念有直接关联。事实上，西方文化特别是西方先进体育文化的传播与吸纳正是曾国藩人才群之体育思想得以形成的一个不可忽视的因素。

由上可见，以曾国藩、左宗棠、胡林翼、郭嵩焘为代表的湖南第二个人才群之体育思想在思想文化源头上主要指向中国传统的经世致用思想、自古有之的"尚武尚勇"精神和近代以来的西方体育思想文化。正是在这三种思想文化源流的交汇中，该群体的体育思想得以定型。

三、教育溯源：程朱理学

程朱理学是自宋以后中国封建王朝钦定的官方儒学，也是封建王朝教育的主要内容。从思想性质看，程朱理学所倡导的理念与经世致用思想在一定程度上是相悖的，其主要内容是忠君保皇、君权神授、封建礼教、礼仁为先、道德

---

① 郭嵩焘. 郭嵩焘诗文集［M］. 杨坚，点校. 长沙：岳麓书社，1984：94.

至上、三纲五常等，所以为历代朝廷维护其统治提供了理论依据，被他们认可与推崇。曾、左、胡、郭等出生于"诗书之家"，又接受过长期的封建教育，受程朱理学影响很深，"尽心报君国"成为他们的最高人生理想，三纲五常成为他们的道德规范，维护清王朝统治成为他们的神圣职责。由于程朱理学是一个系统化、逻辑化的儒家学派，其中亦含有不少合理内容和思想精华，例如坚持信念、道法约束、社会秩序等方面的思想，对人生理想塑造、个人道德促进和社会秩序稳定等都具有一定的积极作用。

在体育上，程朱理学对曾国藩人才群的影响具体体现在以下三个方面：一是坚持传统。曾、左、胡、郭等对中华传统养生做到了坚持一生，兴趣不减，特别是对传统养生中的"静养"，更是加以研究与创新。左宗棠甚至提出"读书亦可养生"的观点。曾国藩还认为静养之道重在"气"和"意念"。在曾、左等的军旅、官宦生涯中，他们一直保持静养的良好习惯。二是礼教治军。曾、左、胡、郭等在创建湘军之际，利用程朱理学在当时社会上的崇高地位和重大影响，适时地提出了以封建礼教治军的原则，这对于凝聚军心、提振士气起到了极为重要的作用，使湘军将士有了统一的人生理想，使湘军建设有了统一的兴军目标。礼教治军加上"束武成法"成为曾国藩治理湘军与整肃纪律的两大法宝，从而使湘军的战斗力不断提升。三是维持秩序，约束道德，为开展体育提供了适宜环境。程朱理学倡导的讲究等级秩序和封建道德虽然有封建糟粕，但对具有经世思想的曾国藩等人来说，却是其治理军队和维持社会道德秩序的一个有力的思想武器。他们在治军中严格地规定了等级制度，使湘军将领的号令得到及时而有效的执行。他们在维持社会秩序中不仅依靠整饬吏治来赢得民心，而且靠道德约束来规范民众的行为，使得当时在他们辖区范围的社会风气与社会秩序明显好转，体育环境得到优化。

由上可见，以程朱理学为宗的曾、左、胡、郭等人一生追求功名，笃信"修身、齐家、治国、平天下"的信条，建功立业，创立了属于自己的人生高峰。在体育方面，他们坚持养生传统、坚持礼教治军、坚持社会秩序与道法约束。因此，可将程朱理学视为曾国藩人才群之体育思想形成的教育源头之一。

四、事业溯源：忠君护国

曾、左、胡、郭等自幼受封建传统文化的影响，将"忠君爱国"作为自己的人生准则与信条，将为君为国效力作为自己的人生最高理想，所以他们既有浓厚的忠君意识亦有深厚的爱国情怀。这批封建士子深受朝廷恩泽，成为清廷命官，更将朝廷的兴败存亡与自己的命运紧紧联系在一起，成为清朝政权的坚定保卫者。曾国藩深知君子当建"内君外王之业"，必须为朝廷立下大功。

左宗棠"一介布衣"却"心怀天下"，亦是在等待建功立业的机会。当1851年太平天国农民起义爆发，迅速横扫半个中国时，他们知道建功立业的机会到了，为维护清王朝的统治，毫不犹豫地投身到镇压太平天国起义的武装斗争之中。

镇压太平军起义是曾国藩人才群面临的第一个重大事件，也是该群体最为重要的共同事业。彼时，曾国藩丁忧在家，受命办团练，从而创建湘军，左、胡、郭等先后加入，成为湘军统帅或高参。曾国藩以"舍命报国"自勉亦勉人。他说："自度才能浅薄，不足谋事，唯有'不要钱、不怕死'六字，时时自矢，以质鬼神，以对君父，即藉以号召吾乡之豪杰。"[1] 湘军统帅曾国藩与左、胡、郭等高层将领以"打脱牙和血吞"的精神，克服了建军初期的种种困难，终于使湘军成为当时清廷镇压太平军起义的主力。历经十余年战斗，曾国藩率领湘军于1864年攻克天京，太平军起义宣告失败。曾国藩人才群居功甚伟，声名远扬，有功者均擢升高官，达到了他们人生的事业顶峰。发动洋务运动是继镇压太平天国运动之后，曾国藩人才群所面临的第二件大事，也是该群体极为重要的共同事业之一。如果说他们镇压太平军起义的动机是出于"忠君"，那么发动洋务运动则是出自他们的"爱国""护国"。对于第一件事，历史上长存争论，诟病者居多；对于第二件事，史界却普遍加以推崇。洋务运动始于19世纪60年代，又被称为清朝"自强"运动，其核心思想是"师夷制夷""中体西用"；其内容主要有创办军事工业、创办民用工业、筹划海防、培养近代人才。在经世致用思想引领下，曾国藩、左宗棠等为富国强兵发动了举世闻名的洋务运动，他们开办工厂、发展商业、派遣留学生、建设海军，使中国社会加速了近代化的进程，其深远影响至今为世人所认同。

由上可见，镇压太平军起义和发动洋务运动是曾国藩人才群的两大共同事业。他们在这两大事业中不仅结下了深厚情谊，而且形成了相同的政治观、军事观、文化观、教育观与体育观。因此"忠君护国"是该群体之体育思想形成的事业源头。

五、情感溯源：人际团结

曾国藩、左宗棠、胡林翼、郭嵩焘等作为湘军统帅非常了解人际关系在湘军建设中的作用。他们不仅注重湘军高层之内的团结，亦非常注重将将之间的协调和官兵之间的关系。在他们看来，一个优秀的群体，除了有共同的事业，还必须有良好的人际关系和深厚的情感联系。

---

[1]　曾国藩. 曾国藩全集：书信之一 [M]. 长沙：岳麓书社，2011：101.

在中华"礼、仁、中、和"文化的影响下，曾国藩人才群在建设良好的人际关系过程中所做的主要实践可概括为如下四个方面：其一是确立群体领袖。虽然群体领袖的确立是一个自然发展的过程，但缺少领袖的集体势必带来人际关系的紧张甚至争斗。曾国藩能够成为湘军人才群的领袖是顺势而为的结果。曾氏品德高尚、志向远大、功业卓著，又善于发现与培养人才，组织才能非凡，受到当时的知识分子和官吏的称许，在湘军中享有极高威望。因此，不少士子师事之，追随其左右。其二是依"缘"结群。湘军初建时期，曾国藩最善于利用同乡、同学、同事、师生、兄弟、亲友的关系发现人才、凝聚人才。他利用血缘、地缘、情缘、事业缘等维持湘军团结和吸纳湘军人才，使湘军上下达到空前的团结。曾国藩的兄弟曾国荃、曾国华、曾国葆都加入了湘军，曾国荃成为统帅主力的将领。左宗棠与胡林翼是同乡、同学，又是世交、姻亲。李续宾兄弟、刘腾鸿兄弟、江忠源兄弟等都同在军中。此外联姻关系则更为普遍。这种血缘或亲缘关系，使湘军将士亲如兄弟，一人振臂，万人呼应，彼此关照，结为一体。其三是倡导"中""和"。湘军团结的另一个法宝是用封建礼教作为治军原则，讲究"中""和"。"中"要求军中事务尤其是立功受赏必须要做到公平公正、纪律严明、上下一致，防止由于私人关系影响军务公正。"和"则要求将士团结，防止嫉贤妒能、明争暗斗的事情发生。曾国藩等以身作则，身正示范，对自己对亲友一律严加要求，决不计较私利，赢得了将士广泛的尊重。胡林翼屡建奇功，却常推功让贤，亦受大家的称许。曾国藩等用道德约束部众，特别是用"礼、仁""中、和"的力量，使湘军内部团结、人心聚集、斗志昂扬，也使当时的清军主力"八旗"和"绿营"因难以望其项背而汗颜。

由上可见，以曾国藩、左宗棠、胡林翼、郭嵩焘为代表的湖南第二个人才群成员之间具有依"缘"结群的良好人际关系，有稳定且具权威的群体领袖和统帅班底；有讲究"中、和"的人际约束和道德认同；有相互之间建立的彼此协助的深厚友谊。他们在体育方面的交流和武艺方面的切磋使该群体的体育思想趋于同一。所以，人际团结是该群体之体育思想形成的情感源头之一。

第八章 近代湖南第二个人才群的
体育思想评述

以曾国藩、左宗棠、胡林翼、郭嵩焘为代表的湖南第二个人才群受到时代背景、思想文化、教育因素、共同事业、人际关系等多种因素的制约，形成了一个包含养生体育观、体育教育观、体育强军观与体育报国观在内的体育思想系统。鉴于他们在当时社会上的显赫地位，其体育思想对于近代社会政治、军事、教育和体育发展势必产生一定的影响。客观评价这些影响作用及其局限性，是深度把握该群体之体育思想内涵的一项重要任务。

一、第二个人才群体育思想的历史作用

（一）作用政治：功过并存

体育与音乐一样，就其本质而言是超越阶级和国度的，但体育的社会功能却使它在不同的使用者手中具有了阶级性与政治性。曾国藩、左宗棠、胡林翼、郭嵩焘是清廷高官又是湘军统帅，是军事家亦是政治家。体育成为他们手中的一块"敲门砖"，成为他们实现政治理想、夺取军事胜利的一个有力工具。该群体的体育思想对当时社会政治的影响体现出功过并存的特点，具体可概括为以下三个方面。

其一是镇压太平天国起义，维护皇权与封建礼教。曾国藩等一批人一生"忠君报国"，拼死维护清朝政权。为了维护清廷统治权，曾国藩等率领湘军历经多年征战镇压了太平天国运动，成功苟延了清王朝政权。他们以封建礼教为治军原则，以忠君思想统领湘军。后人评价曾国藩是"封建礼教的卫道士"是非常准确，符合历史事实的。曾国藩等将忠君看作爱国，爱国即是忠君，从而混淆了二者之间的关系，实属一种历史悲剧。他们创建湘军镇压太平天国农民起义与他们的"愚忠"有极大的关系。同样，体育亦悲剧性地充当了守护封建礼教、维持清朝政权的角色。

其二是助推洋务运动。尽管曾、左、胡、郭等在镇压农民起义和维护封建礼教方面有着在今人看来不光彩的记录，但他们毕竟是当时经世致用的杰出人

才。从目睹大清政权晚期的腐败到认识西方列强的过人之处，该群体意识到，学习西方、振兴中华是必由之路。由此，他们发动了中国近代史上具有进步意义的洋务运动，体现了该群体对国家与民族的热爱之情。曾、左等进行了大量洋务运动实践，办工厂、办学堂、派遣留学生、筹建中国海防，使西方科学技术成果在中国生根发芽，亦使中国社会加速了近代化进程。洋务运动前后持续约三十年，虽然实际效果不尽如人意，但影响广泛、意义深远，为史界所广泛认可与称赞。他们的体育思想在洋务运动过程中亦发挥了积极的助推作用。

其三是助推稳定秩序。虽然曾国藩人才群镇压太平天国农民起义是对社会变革大趋势的反动，但从当时广大民众的生存情况上来看，社会秩序得到了一定程度的稳定。体育亦作为稳定社会的一个因素加入其中。从这个意义上看，该群体的体育思想对当时社会秩序的稳定起到了积极作用。此外，洋务运动在当时大行其道，工商业开始得到发展，资本主义经济得到一定程度的发展，中国社会出现了短暂繁荣的景象。

由上可见，该群体的体育思想及其实践因助力镇压农民起义和维护封建礼教，对中国近代政治具有消极作用，但又因助推洋务运动而对中国近代政治具有积极影响，因此用"功过并存"来描述体育对当时社会政治发展的作用是比较客观的。

（二）作用军事："师夷制夷"

"师夷制夷"是魏源提出的著名口号，虽然这一口号体现的是"中体西用"的改革思路，并且"师夷"的对象是全方位的，不仅仅限于军事领域，但曾国藩发动的洋务运动却重点将"师夷制夷"发力于近代军事的发展上，并取得了较大的实际效果。体育因与军事的关系紧密，所以曾国藩人才群的体育强军思想及实践主要体现在"师"西方军事体育这一点上。

曾国藩等人是有远见卓识的军事家，自西方列强用坚船利炮打开中国大门，就很快意识到西方军队的强大除了军事装备的先进外，还有训练内容和方法的先进。因此，他们通过多种渠道将西方军事体育训练项目及方法引入湘军的训练之中，举重、跳远、跳高、攀爬、平衡木、游水、登山、各种兵操、阵法、战术演练出现在中国军队训练之中。曾国藩观看了"纯用洋人规矩"的军事操练后表示赞叹。说明军事体育的近代化给中国军队带来了实质上的改观。

由上可见，曾国藩人才群在"师夷制夷"的思想引导下，主要通过引入西方军事体育来促进中国军事体育的近代化。体育在这一过程中起到了积极的助推作用。因此，在军事体育方面的"师夷制夷"体现了体育特别是军事体育对当时中国军队发展具有的较大影响。

（三）作用教育：提振有方

曾国藩、左宗棠、胡林翼、郭嵩焘等以士人出身侧身行伍，虽为中兴名将，但亦是一代儒臣。他们在中国传统文化的影响下，对教育十分热衷且高度重视。在军营，他们大力推进军事教育；在地方，他们大力促进书院教育与社会教育。无论身处何处，教育与他们一生相随，发展教育、培养人才对他们而言既是责任也是义务。由于体育历来是教育的组成部分之一，曾国藩人才群的体育思想对近代教育的发展具有较大的积极作用，具体表现在他们"提振有方"的教育实践活动上。

其一是力主"文武兼备"方针。曾、左、胡、郭等受前辈陶澍、贺长龄、魏源的"文武兼资"教育思想影响，在军队教育与书院教育中都大力推行"文武兼备"的教育方针。在军队教育中，他们制定的选兵择将标准就是"文武兼备"，用通俗语言说就是要做到"上马杀贼，下马讲经"。在书院教育中，他们认为"文武兼备"应成为书院的教育宗旨，尚武课程应列入教育科目。在该群体的体育思想影响下，军队教育与书院教育都有了长足进步。

其二是学习西方教育。曾、左、胡、郭等在"师夷制夷"的思想支配下，不仅主张向西方强国学习先进的军事理论与技术，而且还力推向西方学习先进的教育与内容。他们认为要以日新月异的科学技术作为教学的主要课程，要以近代体育项目充实体育教学的内容，其目的是要通过实用知识、理论学习，使所培养的人才达到经世致用的标准。

其三是大兴学堂教育。曾国藩、左宗棠、胡林翼、郭嵩焘等对当时书院或学堂数量少、人才匮乏的现象十分担忧。曾国藩于公务极繁忙的情况下，创办了中国第一所近代化的机械学校。即使是这样的洋务学堂，曾国藩仍对体育未敢有忘。左宗棠在西北期间修复和建设了许多书院，除必设文武科外，还兼学外国之长技。郭嵩焘认为培养人才的根本途径在教育，并多次上奏主张学习西方教育的体制与内容。该群体在兴学办学方面所做的实践获得了不少成果。

其四是派遣留学生。曾国藩等认为当时的教育改革并不能局限于国内，应将人才培养的视野投向西方强国。他领衔上奏朝廷，选派聪慧幼童 120 名出洋留学，学习的主要专业多为当时中国奇缺又急需的近代科学技术。这批留学生学成归国后，都成了国家各方面建设的栋梁之材。同时他们亦带回了西方先进的体育文化及新颖的体育运动项目。

由上可见，以曾国藩、左宗棠、胡林翼、郭嵩焘为代表的湖南第二个人才群，其主要成员不仅是当时风光无限的政治家与军事家，而且是具有开阔视野的教育家。他们秉承先辈的教育理念，用开放的眼光、用自己的实践、用手中的权力为近代中国教育的发展做出了重要贡献，体育亦在其中发挥了重要作用。因此可以用"提振有方"来标记该群体在教育领域取得的这一成就。

（四）作用体育：步入近代

以曾国藩、左宗棠、胡林翼、郭嵩焘为代表的湖南第二个人才群之体育思想对于体育自身发展而言其最大的作用是促进体育步入近代化。"步入近代化"的主要标志有：一是体育开始以独立的形态与教育或军事并行，形成自身的独立运作系统；二是西方近代体育与中国传统体育开始了思想和内容上的碰撞与融合。而这两个标志可以从中国近代体育发展现状中较为容易地被发现。

"步入近代"的第一个标志是体育的独立。传统养生活动在此时期成为近代体育的一个组成部分，使中国近代体育的外延得以扩大。在古人看来传统养生主要与修身、保健相关，虽与强身健体有联系，但并未将其归于体育之名下。随着时间的推移，人们对养生理论的认知不断加深，养生的强身健体作用日渐凸显，终将养生理论与方法纳入到了体育之中，成为体育的一个重要组成部分。曾国藩等通过实践认识到体育应包含养生，因而养生观在他们的体育思想体系中占据了一席之地。同样的情况亦发生在军事体育、书院或学堂体育、家庭体育上。这些不同的体育形式在传统上被认为是军事体育的组成部分或书院、学堂教育和家庭教育的组成部分，不能从相应的社会活动中脱离。但随着军事体育、书院或学堂体育、家庭体育的不断壮大与完善，第二个人才群终于以独立的体育形态加盟"体育"旗下，成为近代体育的组成部分之一。这种大分化与大整合的直接结果是体育成为与教育、军事等并行不悖的独立系统，使近代体育的社会地位与学科地位都得到了很大提升。

"步入近代"的第二个标志是西方体育的引入。曾国藩等人是具有开阔胸怀和经世思想的改革家，在学习西方先进体育文化和创新中国传统体育文化上具有远见卓识并积极实践。在传统养生体育上，他们提出了"静坐养生""饮食养生""药物养生"等创新方法，力图增加传统养生的科学成分。在军事体育上，他们大量引进西方军事体育项目，如队列、兵操、刺杀、击剑、阵法演练、负重行军、跑步、跳高、跳远、单双杠、木马、器械体操、登山、露营、游泳、攀岩等，并运用于军事训练，使中国军队的军训内容得以扩展，军训质量得以提升。在学堂体育方面，他们在新式学堂中设有体育课，亦引入大量西方学校的新兴体育项目，使当时学堂体育开展得有声有色，吸引无数求学者。在家庭体育方面，他们除了嘱咐家人要注重保养之外，亦会向他们介绍简单实用的西方体育项目，如郊游、爬山等。

由上可见，以曾国藩、左宗棠、胡林翼、郭嵩焘为代表的湖南第二个人才群之体育思想对当时的中国体育发展起到了积极的推进作用。他们在体育方面的实践有助于体育成为社会活动中的一个独立系统，有助于吸纳西方先进体育文化，亦有助于促进当时的体育步入近代化。

二、第二个人才群的体育思想局限

通过对以曾国藩为核心的湖南第二个人才群之体育思想进行概貌揭示、成因溯源及作用分析，可进一步发现该群体的体育思想存在着忠君封建与功利色彩等两个缺陷或局限。

（一）忠君封建

"忠君"是曾国藩等一生追求的人生最高理想，封建礼教是他们一生恪守的最高道德原则。他们创建湘军靠的是忠君封建思想引领，镇压太平军起义更是源于忠君封建。在该群体的体育思想中，他们提出的体育强军观和体育报国观从根本目的上看，亦是为了忠实捍卫清王朝的君王统治和守卫腐朽不堪的封建礼教制度。因此，该群体的体育思想具有忠君封建的特征。

（二）功利色彩

曾国藩等受传统封建文化影响，一生追求建功立业，做大事、成大名、做大官，极富功利色彩。他们倡导养生体育，既有健康身心的愿望，又有为日后追求功名做好准备的动机；他们倡导体育育才，既有为社会培养经世人才的目的，又有为自己创建政绩、获取功利的打算；他们倡导体育强军与体育报国，既有富国强兵的爱国情怀，更有忠君报国、建功立业，获得更高官位的功利盘算。因此，该群体的体育思想具有功利色彩。

综上所述，尽管以曾国藩、左宗棠、胡林翼、郭嵩焘为代表的湖南第二个人才群之体育思想存在着忠君封建与功利色彩等两个明显的不足或局限，但从整体上看，该群体的体育思想对当时社会政治、军事、教育和体育的作用是进步大于落后、积极大于消极、正能量大于负能量的。对于今人而言，该群体的体育思想仍然是一笔珍贵的值得深挖的思想文化遗产。

第三编 近代湖南第三个人才群的体育思想

　　光绪年间，开始新政，在此期间，湖南自时务学堂、南学会等创办后，民气骤开。湖南青年知识分子目睹了清政府腐败无能，当时会党起义遍及全省；特别是1895年丧权辱国的《马关条约》的签订，极大地刺激着人们的爱国神经，唤起他们的觉醒，促使他们反思。正是在这种历史背景下，湖南产生了以谭嗣同、唐才常、熊希龄、樊锥为代表的近代第三个人才群。由于该群体主要以推动中国社会维新变法为己任，历史上又称之为维新派人才群。

第九章　近代湖南第三个人才群的构成、人物及思想

一、第三个人才群的构成

　　近代湖南第三个人才群是以谭嗣同、唐才常、熊希龄、樊锥等为代表的维新派群体，是光绪年间湖南人才群中最为优秀的团体，其群体构成见表3-1。

表3-1　第三个人才群的构成*

姓名	生卒年	字号	籍贯	官职或身份	主要著述
谭嗣同	1865—1898	复生　壮飞	浏阳	军机章京	《谭嗣同全集》《仁学》
唐才常	1867—1900	伯平　佛尘	浏阳	自立军总统领	《唐才常集》
熊希龄	1870—1937	秉三 双清居士	凤凰	国务总理	《熊希龄集》
樊锥	1872—1905	春徐	邵阳	邵阳南学会会长	《樊锥集》
欧阳中鹄	1849—1911	节吾　瓣姜	浏阳	内阁中书	《瓣姜文稿》
林圭	1875—1900	述唐　悟庵	长沙	自立军中军统领	
沈荩	1872—1903	愚溪	长沙	自立军右军统领	
皮锡瑞	1850—1908	鹿门	长沙	南学会会长	《师伏堂丛书》《今文尚书考证》
易鼐	1874—1925	蔚儒　味腴	湘潭	资政院议员	《新世说》
田邦璇	不详	均一	慈利	自立军后军统领	《过庭剩影》
唐才中	1873—1900		浏阳	自立军副统领	
蔡钟浩	1877—1900	树珊	常德	自立军将领	
李炳寰	1876—1900	虎村	慈利	自立军将领	

　　*依陶用舒所著《近代湖南人才群体研究》（岳麓书社出版，2000年）一书中相关资料改制

　　表3-1所示的是近代湖南维新派人才群中的核心成员与重要骨干。在这个人才群的形成过程中，谭嗣同的影响作用是最大的。谭曾游历四方，见识极

广，特别是他与全国维新派领袖人物康有为与梁启超的结交，更使他在湖南人才群中的地位居高不下。唐才常是谭嗣同的同学、同乡，他在这个群体中的地位仅次于谭嗣同，在维新变法斗争中功劳很大。他在办报纸、兴学校、办算学社、创实业等活动中都是中坚领导之一。变法失败之后，唐才常创自立会、自立军，团结了一大批湖南志士。谭嗣同与唐才常是同志加兄弟，二人先后为维新变法事业英勇就义。熊希龄与谭嗣同、唐才常一起发起和创办时务学堂、创立南学会、创办《湘报》等，推动变法维新。樊锥当时为长沙城南书院的学生，与谭、唐一道创办《湘报》、南学会，任邵阳南学会会长。他和熊希龄发起成立不缠足会，致力于改造社会，是湖南维新派中激进的思想家与实干家。由于谭嗣同、唐才常、熊希龄与樊锥在维新变法运动中的贡献和在当时社会中的影响，可以将他们列为维新时期湖南人才群的主要代表人物，谭嗣同与唐才常则是这个群体的领袖人物。这个群体中的其他重要骨干中，欧阳中鹄是谭、唐的老师，支持变法，帮助谭嗣同赈济灾荒，建立算术社等。刘善涵是谭、唐的好友，参与创办《湘报》，与唐才常等一起筹议开矿山，发展实业。林圭为时务学堂学生，参与组织自立军起义，英勇牺牲。秦力山系南学会会员，参加自立军起义，任后军统领。沈荩是岳麓书院学生，积极支持变法，后密谋刺杀慈禧，未果，牺牲。皮锡瑞是学者，积极支持变法，任南学会会长。易鼐是《湘学报》《湘报》的撰稿人之一，发起组织不缠足会，后成为立宪党骨干。田邦璇是时务学堂学生，参加自立军，英勇就义。唐才中为唐才常之弟，参加自立军起义，失败后英勇牺牲。蔡钟浩参加自立军起义，被捕后牺牲。李炳寰也是时务学堂学生，为唐才常的助手，后被捕，英勇就义。由此可见，以谭嗣同、唐才常为领袖的维新派人才群，以激烈、英勇的方式为促进维新变法的成功贡献了自己的青春与生命，令时人与后人敬仰。

二、主要代表人物及其思想

（一）谭嗣同及其思想

谭嗣同，字复生，号壮飞，湖南浏阳人。1865 年 3 月 10 日生于北京，因其时谭父在京做官，全家居京。谭嗣同是维新运动中最激进、最杰出的思想家、改革家。其一生可分为两个阶段：第一阶段是前三十年左右，为其求学、求仕、求索时期；第二个阶段是后几年，是其为救国、救民而积极奔走的时期。这后几年由于他在维新变法运动中的杰出贡献，确立了他在近代中国的重要历史地位。1884 年至 1894 年的十年中，谭所做的事情主要有：一是在全国各地游历之时还进行了考察、访友；二是努力学习，参加科举考试；三是品评时政，勤于著述。1895 年谭 30 岁，目睹甲午战争的失败和《马关条约》的签订，思想产生改变，全心投入救国自强的维新变法运动中。在此后谭的活动主要有：一是组织算学社，呼号变法，他在家乡浏阳组织算学社，后在南台书院设立史学、掌故等新式课程，倡导新学；二是结交康、梁，接受西方新思想与新科学，著《仁学》2 卷；三是办学、办报、办新政，他于 1897 年协助湖南巡抚陈宝箴等创立时务学堂，筹办轮船、铁路等，翌年创建南学会，主办《湘报》；四是入京擢四品卿衔军机章京，与林旭、杨锐等人参与新政。1898年，戊戌政变，袁世凯告密，谭于 9 月 24 日被捕，9 月 28 日与林旭等 5 人同时被害，时年 33 岁。其生平著作收入《谭嗣同全集》。

谭嗣同曾游历四方，博览群书，又热心钻研，艰苦思索，其思想丰富而深邃。在哲学思想方面，他赞同王夫之"气一元论"的唯物观，并提出了新的"以太"学说。他认为"以太"不生不灭，是物质世界的本原。他还将"仁"看作自然和社会规律，提出了"以太—仁"的哲学命题，认为"以太"是第一性的物质本原，而"仁"是第二性的精神性派生。他的这些观点具有唯物主义倾向。在政治思想方面，谭嗣同提出了"仁—通—平等"的思想，"仁"以"通"为要义，"通"即打破阻塞和界限，就是要打破"皇权与民权""国内与国外""男与女"之间的不平等状况，从而批判封建主义等级制度和反对西方列强的侵略。在伦理思想方面，谭嗣同强烈地反对封建伦理学说，他认为人不存在先天的"性善"或"情恶"，因此传统的"性善"与"情恶"之人性论是荒谬的。他特别反对封建社会中的"男尊女卑""夫为妻纲"的伦理观，主张"不缠足"，彻底解放妇女与实行男女平等。在教育思想方面，谭嗣同主张学以致用，坚决反对旧学。他积极倡导西方新学，兴办学堂推动维新教育。他特别强调要推行有用的"实学"，认为"所谓学问，政治、法律、农、矿、工、商、医、兵、声、光、化、电、图、算皆是也"①。谭嗣同提倡教育平等、教育民主，重视学生的德育教育等。在体育言行方面，谭嗣同反对传统体育的"主静"体育思想，推崇西方体育思想。他一生习武，在体育实践方面有大量的历史记载。

（二）唐才常及其思想

唐才常，浏阳西乡人。唐家于清初迁居浏阳，先世务农，至祖父雁峰开始读书。唐才常自幼聪慧，很小便会诵诗、题诗、撰文。11 岁师从欧阳中鹄，与谭嗣同并称"浏阳双杰"，20 岁参加县试名列第一。他先后在长沙校经书

---

① 王继平. 晚清湖南学术史 [M]. 湘潭：湘潭大学出版社，2016：469.

院、岳麓书院和两湖书院读书。甲午战争失败后，唐才常积极投身变法维新运动。1897 年先后与谭嗣同等共同兴办算学社、时务学堂；后又参与创办《湘学报》与《湘报》等；又创办南学会、群萌学会。谭嗣同牺牲后，他与兴中会毕永年合作，拟举长江沿岸会党起义。1899 年冬他在上海组织正气会，后改名自立会，自任总司令。后又组建自立军，任诸军督办，拟于 1990 年 8 月 9 日起义，后因汇款接济问题起义延期。唐才常于 1990 年 8 月 21 日被捕，次日被杀害。著述有《唐才常集》等。

　　唐才常勤于学习，勤于思考，其思想内容围绕维新变法，主要指向政治、革命和伦理。在政治思想方面，第一，唐才常认为要进行中西方政治制度比较，发现中国积弱的根本原因。他明确提出三代以后，君权日益尊，民权日益衰，为中国致弱之根源。第二，他猛烈地批判了君主专制政体，提出要实行"君民共治"的政体。这是相较于早期维新派思想的一大进步，是唐才常政治思想的一大亮点。在革命思想方面，一是唐才常的革命思想十分坚定，秉持"专以救皇上以变法，救中国、救黄种为主"的立场。在维新派于东京创立的保留会期间，唐为"勤王"大业积极奔走并自请受业为康门弟子，向世人证明他追随康有为的决心。二是唐才常认为"勤王"不是政治立场的改变，而是为维新变法开辟新的道路。三是唐才常提出维新派应实行与革命派的合作，并自觉向革命派转化。由此，唐才常成为当时由维新派向革命派转化的风云人物。唐才常的伦理思想主要体现在他猛烈地批判荀子与李斯的"开历代网罗钳束之术"，认为这两人是孔门孽派，其思想是历代专制统治的支柱。因此他提出必须"冲决荀、李网罗"的观点，从而提醒时人要摆脱"荀、李"的封建伦理思想束缚，识别"荀、李网罗"的"大盗乡愿"本质。唐才常在体育言行方面有不少相关的历史记载，他对体育强身、军事体育等方面等有自身的体察，形成了相对先进的体育观。

（三）熊希龄及其思想

　　熊希龄，字秉三，别号明志阁主人、双清居士，湖南湘西凤凰人，1870 年 7 月 23 日生于湖南湘西凤凰县。清光绪年间中举人、进士，授翰林院庶吉士，后成为中国著名的资产阶级政治家，曾任北洋政府总理。熊希龄受早期维新变法人士特别是梁启超和唐才常的影响，主张维新立宪。熊于 1897 年积极参与时务学堂的创办，后又参与创建南学会、创办《湘报》，推动维新变法。后变法失败，熊被革职并被地方管束。直至遇到湖南巡抚赵尔巽才重新出山。熊是理财能手，曾出任东三省监理官等职。在立宪运动中，熊以自身的良好身份与沟通能力行走于清朝大员与立宪派首领之间，希望以立宪取代革命。辛亥革命起，熊希龄逐渐转向拥护共和，曾出任北洋政府"第一流人才内阁"的总理兼财政部长，后被迫辞职，转向慈善和教育事业。在抗日战争中，熊希龄积极投入抗日救亡活动之中。1937年熊赴香港为难民、伤兵募捐，12月25日突发脑出血在香港去世。

熊希龄作为一位主张维新变法的士绅，曾为积极发展湖南近代工业、矿业，促进资本主义经济发展做出了重要贡献，也为维新事业做出了积极努力。熊希龄的思想首先体现在其实业救国方面，提高国力为其首要的思想。他认为中国最大的问题是国力太弱，所以国不成国，家国难保。要改变这种状况就必须实施实业救国。他经过考察提出，湖南应兴办机器制造业、内河轮船业、铁路与矿业等。他认为，机器制造业、内河轮船业要与矿业结合起来，开发矿业需要的应用之件，如矿灯、矿车等，应由制造业承担。由此可见，熊希龄在实业救国方面不光有实践而且有思路。熊希龄后来专注于教育与慈善事业，他在教育思想方面亦有深刻的认知和实践。第一，熊希龄强调教育要为培养新型人才服务。他在开办时务学堂时，就想把这所学堂办成高起点的学校，突出理论与实际相结合的特点。例如，他给时务学堂定下的办学宗旨是"开通民智，培植人才"①。他兴办教育大而言之是为了"强国保种"，小而言之是为了"育子克家"，这种结合实际的说法很为时人所接纳。第二，熊希龄不仅倡导西方新学，而且强调"中西并重"，改变了"中体西用"的旧观念。他将中学与西学并重，使西学在中国学校有了与中学同等的地位。第三，他重视系科建设。他将公共课称为博通学，专业课称为专门学。博通学有经学、诸子学、公理学、史学、格算初步等。专门学有公法学、格算学、中外史志等。第四，熊希龄有明确的慈善教育思想。他辞官之后，长期从事培养孤贫儿童的教育工作，是当时著名的慈善教育家。在体育思想方面，熊希龄重视体育在教育中的作用，重视体育对于培养人"气节与情操"的功能。同时，他作为一名教育家，在体育教育方面亦有大量的实践。

(四) 樊锥及其思想

樊锥，字春徐，湖南邵阳人，生于1872年，自幼家贫，但聪明好学，学业优秀，后就读于长沙城南书院。时值维新变法运动，他以博才与雄辩之能受到当时学政江标赏识。1897年选拔贡生。1898年，樊锥在邵阳组建南学会分会任会长。他批判"拘于狭隘"之见和"浮华嚣张"之习，倡导民权平等。

---

① 许康. 湖南大学校长评传1897—1949 [M]. 海口：海南出版社，2006：251.

他主张资产阶级立宪学说，"使人人有自主之权"，"一切用人行政，付之国会议院"①。他要求启迪民智，主张"天下之理，天下公之"。樊锥与熊希龄、谭嗣同等发起组织湖南不缠足总会，提倡解放妇女，深得社会支持。樊锥后来因避祸走日本，在黄兴、陈天华的影响下，倾向革命。之后，应蔡锷之邀至广西，在陆小任教。光绪三十一年（1905）春，因病在湘去世，年仅 35 岁。著有《樊锥集》存世。

　　樊锥天资聪明，颇有才气，且善于思索。在政治思想方面，他赞赏西方民主制度，痛恨封建专制制度，主张"起民权，撰议院，开国会"，充分体现了资产阶级维新派向西方民主制度学习的决心。他认为西洋富强的原因是西洋人能"同气同议同能"，而中国人却缺乏国家意识和团结精神，"吾人人无国也"，号召国人在此国难当头之际应"合力偕心"，团结起来，一致对外。他宣扬民权平等的思想，提出了"人人平等，权权平等"的观念。他在该方面的激烈言论为维新变法运动注入了推动力量，为时人所钦佩。在教育思想方面，他认为中国人才缺乏最重要的原因是兴办学堂太少，因此他提议地方官吏要大力兴教，办好各级各类学堂，对办学得力者要给予奖励。他对学堂的类型也有自己独到的看法，提出要办士会学堂以兴诸学、办农会学堂以兴农学、办商会学堂以兴商学等。樊锥大力倡导兴学与他在政治上的理想有着密切关系。他认为教育发展的必然结果之一是使有志青年走上民主革命的道路，从而挑战并粉碎封建专制制度。在体育言行方面，樊锥在养身理论与实践上颇有研究心得。他亦热爱习武，这在历史文献上有相关记载。

---

① 湖南省地方志编纂委员会. 湖南省志·第三十卷·人物志：上册 [M]. 长沙：湖南出版社，1992：638.

第十章　近代湖南第三个人才群的
体育思想内容及特征

维新变法前后，湖南形成了以谭嗣同、唐才常、熊希龄、樊锥等为代表的新的人才群。这个群体和前两个湖南人才群一样，不仅对当时湖南社会的发展有重大作用，而且对全国亦产生了深刻影响。该群体就其主体而言，是由一批代表着新兴资产阶级利益的青年知识分子所组成的，他们激进、勇敢，充满无所畏惧的英雄主义精神，为维新变法贡献了自己的全部力量甚至生命。他们勤奋好学，善于思考，形成了独具特色的哲学思想、政治思想、伦理思想和教育思想等。体育作为他们成长过程中一个不可或缺的要素，更作为他们实现自己远大政治抱负的武器，亦被该群体成员逐步认知而凝练成一个相对完整的体育观念系统。

一、第三个人才群的体育思想内容

（一）力行体育强身

以谭嗣同、唐才常、熊希龄、樊锥等为代表的第三个人才群成员成长于封建社会晚期，耳闻目睹了湖南社会文弱之风盛行、民众体质虚弱的状况，内心深感不满。在"尚武尚勇"的湖南民风与家风影响下，他们自幼习武，热衷传统体育运动，逐步形成了以"摄生""主动"为核心内容的体育强身观。表3-2对该群体的这一观念及其实践进行了综合。

表 3-2 第三个人才群的体育强身观及实践

代表人物	体育强身观及实践
谭嗣同	·谭嗣同自称"嗣同弱娴技击，身手尚便，长弄弧矢，尤乐驰骋"① ·他自幼习武，是湖南近代著名武术人物 ·谭提出"摄生，饮食作息有定时，勿过劳，重体育锻炼" ·他认为"西人以喜动而霸五大洲，驯至文士亦尚体操"②，并主张"主动体育" ·谭评论"哀中国之亡于静""言静者，惰归之暮气，鬼道也"③，反对传统社会中的"主静"体育思想 ·他批判程朱理学中的"存天理，灭人欲"的观念，主张以人为本，解放人性
唐才常	·唐才常自幼习武练身，喜欢体育运动 ·唐从谭嗣同处习得拳术、轻功、骑马等技艺，基础扎实 ·唐主张身体锻炼和军事训练不仅要"练器"而且要"练心"
熊希龄	·熊希龄认为"人有年，可自人延之也"④，于是倡导成立延年会，对起居作息做了相关规定 ·他创立不缠足会，解放妇女，革除缠足陋习，促进妇女身心健康 ·熊自幼受父亲影响，专做修身治己，培养修身功夫
樊锥	·樊锥对养生有专门论述，"在养身方面，备记卫生之法"⑤ ·他热爱武术运动，有相当基础，还曾指导他人习拳

从表 3-2 可见，受尚武尚力的湖南传统体育文化影响，谭嗣同、唐才常、熊希龄、樊锥等人自幼习练武术，重视养生修身，崇尚"尚武尚勇"，修炼心理素质，形成了共同的体育强身观。

谭嗣同的体育认知在该群体中最具代表性。他对体育强身的观念主要有两个。一是"摄生"，即养生，保养身体、维护生命之意。"摄生"就是要传承中华传统体育文化中的合理营养，用于日常生活，提高人的生命质量。这一养生新理念，对于我国传统养生观而言有了新的进步和新的发展。二是"主动"，即

① 谭嗣同. 谭嗣同全集 [M]. 长沙：岳麓书社，2012：6.
② 谭嗣同. 仁学 [M]. 郑州：中州古籍出版社，1998：43.
③ 谭嗣同. 仁学 [M]. 郑州：中州古籍出版社，1998：63.
④ 周秋光. 熊希龄传 [M]. 北京：华文出版社，2014：107.
⑤ 方行. 樊锥集 [M]. 北京：中华书局，1984：34.

主动体育。这一观点是谭嗣同吸纳了西方体育文化成果后，针对传统养生理念中过分强调静养而提出来的。他认为"主动"是体育运动的本质特征，特别是西洋体育的突出特点。主静或主动不仅仅反映在体育上，而且还体现在国强和国弱上，主动则国昌，主静则国衰。谭嗣同感叹："西人以喜动而霸五大洲，驯至文士亦尚体操，妇女亦侈游历，此其崛兴为何如矣，顾哀中国之亡于静。"①　主静的思想既会压抑体育发展，又会影响到国力强弱，因此，谭在体育观上是主张"主动"而反对"主静"的。谭嗣同的"摄生"体育观与"主动"体育观主要指向体育强身。因此，可以将二者归于体育强身思想之中，并在其中起核心作用。对此，该群体其他成员也是认同的，所以可以将其视为群体之体育观。

　　谭嗣同一生热爱体育，自幼习武，拜过多位武术大师为师。他精通剑术、刀术、拳术、射箭、骑马，特别是剑术尤为出色，被当地民众视为武术名人。他曾向武师胡七学过铜术、太极、形意拳；向"大刀王五"学过单刀、双刀；向刘云田学过骑马、射箭；向安化武师黄方舟学过各种武功，深得黄师傅的真传。他的武功与骑术堪称一流，可以在马上跃翻，达到了"矢飞雁落，刀起犬亡"的水平。唐才常对体育强身的认识与谭嗣同的观点一致。他们二人自幼相识，既是同乡、同学，又是志同道合的同志、朋友。他们在青少年时代就在一起习练武术。唐才常虽武功不如谭，但也有相当的基础。此外，唐才常对于武术训练和军事训练有一个重要观点，即习武不仅要"练器"而且要"练心"。这就是说锻炼不仅要掌控技术要领、器械使用方法，更重要的是要培养自己的心理品质和素质。这一观点说明唐才常对体育强身的功能有深入的认知。熊希龄自幼受家庭影响，讲节气、重修身，参加习武锻炼便是其修身治己的方法之一。他后来倡导成立延年会，在延年会章程中提出"每日六点半起床、学习体操一次"②，就是表明他要用体育的方法去铲除陋习，实现他的"天无年，无可延也；人有年，可自人延之也"③　的办会目标。熊希龄还创立了"不缠足会"，主张通过革除缠足陋习来解放妇女，促使妇女获得平等权利，获得身心自由和健康状态。樊锥对体育强身尤其是养生理论的传承和发展，有过专门的论述。他指出"起居饮食，靡不有则，动静语默，互有其时"④，说的是生活安排要有规则，运动与休息要相互配合。这一观点与谭嗣同的看法极为一致。樊锥还写过与养生有关的评述，"今与学者约，辨色而

①　谭嗣同. 仁学 [M]. 郑州：中州古籍出版社，1998：43.

②　周秋光. 熊希龄传 [M]. 北京：华文出版社，2014：52.

③　周秋光. 熊希龄传 [M]. 北京：华文出版社，2014：107.

④　方行. 樊锥集 [M]. 北京：中华书局，1984：34.

起，宵分而寐，六时之顷，以半时为息游之期，间习体操。自余休息，当别予
酌量。故卫生为修身之终"①，说明樊锥对养生修身乃至卫生方法都有着独到
的理解。

综上所述，第三个人才群成员对体育强身的本质、作用和方法有着较为深
刻的认知，他们提出的以"摄生""主动"为核心的体育强身思想既传承了传统
体育的思想精华，又吸纳了西方体育的先进思想，具有合理性与先进性。

（二）力推体育教育

维新变法前后，湖南早期学堂体育伴随着全国范围内的废科举、倡实学、
停办书院等教育改革的进行而逐步兴起。对此，以谭嗣同、唐才常等为代表的
维新派人才群表达了欢迎的态度并积极投入到教育改革运动之中。谭嗣同、唐
才常等人历来对封建教育制度恨之入骨，给予了猛烈抨击，提出了"冲决网
罗"的口号，坚决要求取缔"八股取士"的封建教育。在这一教育改革运动
中，他们将办好体育教育亦纳入改革范畴之列，形成了"科学上位"的体育
教育观。表 3-3 综合概述了该群体的体育教育观念及其实践。

表 3-3　第三个人才群的体育教育观及其实践

人物	体育教育观及其实践
谭嗣同	·谭嗣同主张传统武学应成为教学内容之一 ·他在湖南新式学堂开设了体操课 ·谭提出"饮食作息有定时，勿过劳，重体育锻炼" ·他提出"古儒书剑同行，才能文武兼备，吾辈理当效之"② ·在《仁学》中，他运用解剖生理知识写道"心司红血紫血之出纳，乌睹所谓知耶？则必出于脑，剖脑而察之，其色灰败，其质脂，其形洼隆不平，如核桃仁"③ ·他参与创办时务学堂、延年会、武备学堂、算学社等新学，坚持纳体育为课程内容 ·谭倡导女学，创办"女学塾"和"女子不缠足会"，主张妇女走向社会，参加体育活动
唐才常	·唐才常在两湖书院期间，学习军操、兵书 ·他创办近代新式学堂如格致书院，设置体操课 ·唐才常亲自教授军操课，方法得当，评价甚佳

① 方行. 樊锥集 [M]. 北京：中华书局，1984：34.
② 谭嗣同. 仁学——谭嗣同集 [M]. 沈阳：辽宁人民出版社，1994：134.
③ 谭嗣同. 仁学——谭嗣同集 [M]. 沈阳：辽宁人民出版社，1994：33.

续表

人物	体育教育观及其实践
熊希龄	·熊希龄在沅水校经堂读书时,"习读之余,兼习武术""学习射击打靶" ·熊创办的西路师范讲习所,课目中就设有体育 ·熊对兵操、体操都很内行,任过体育总教士

从表 3-3 可知,以谭嗣同、唐才常、熊希龄等为代表的第三个人才群高度重视体育在学堂教育中的地位,将体育课程纳入教育教学体系之中,这是改革之举、科学之举。同时他们在实施体育教育过程中,不仅纳入了传统武术教学内容,而且还纳入了西方体育的先进教学内容、器械设备,这亦是改革之举、科学之举,从而形成了他们的体育教育观。

谭嗣同的体育认知最能体现第三个人才群之"科学上位"的体育教育思想。当湖南新式学堂开办伊始,谭嗣同大力倡导在学堂教育中设立体育科目,并力举将中华武术作为重要的教学内容之一。对于体育在教育中的地位,谭嗣同、唐才常、熊希龄等都持有相同的观点,即体育是教育的组成部分之一,学校教育必须有体育科目,在他们创办的新式学堂中,无一没有体育课的设置。可见,他们对体育教育地位的科学认知,使体育课在湘省学堂实现了"科学上位",成为教育的一个重要构成。"科学上位"体育教育观除了指体育在地位上的变化之外,还指体育内容要中西结合,体育运动要讲究科学。谭嗣同等都赞同体育课在传统武术教学的基础上,要大力引进西方先进的教学内容和方法,包括器材、设备等。不仅如此,谭嗣同还运用其掌握的生理解剖学知识来解释人的解剖生理特点。他在其著作《仁学》中曾有详细描述,"心司红血紫血之出纳,乌睹所谓知耶?则必出于脑,剖脑而察之,其色灰败,其质脂,其形洼隆不平,如核桃仁"[1],"以太之用之至灵而可征者,于人身为脑。其别有六:曰大脑,曰小脑,曰脑蒂,曰脑桥,曰脊脑;其分布于四肢及周身之皮肤,曰脑气筋"[2],"身之骨二百有奇,其筋肉、血脉、脏腑又若干有奇,所以成是而粘砌是不使散去者,曰惟以太"[3],"身之分为眼耳鼻舌身。眼何以能视,耳何以能闻,鼻何以能嗅,舌何以能尝,身何以能触?曰惟以太"[4]。这些叙述表明谭嗣同对生物科学有良好的基础,这些知识的掌握无疑对其开展体

---

① 谭嗣同. 仁学——谭嗣同集 [M]. 沈阳:辽宁人民出版社,1994:33.

② 谭嗣同. 仁学——谭嗣同集 [M]. 沈阳:辽宁人民出版社,1994:12.

③ 谭嗣同. 仁学——谭嗣同集 [M]. 沈阳:辽宁人民出版社,1994:10.

④ 谭嗣同. 仁学——谭嗣同集 [M]. 沈阳:辽宁人民出版社,1994:10.

育教育具有极大帮助。所以，他们在体育教育的内容和依据上也具有"科学至上"的特点。尽管这种"科学至上"的体育教育观在今人看来是初步或浅显的，但相对于前两个人才群之体育观，其在科学意义上有了一个大的飞跃。

在该群体体育教育观的支配下，谭嗣同、唐才常、熊希龄等积极投入到体育教育实践活动之中，身体力行地推动湘省学堂体育的开展，并取得了显著成绩。谭嗣同在他参与创办新式学堂或会社中都开设了体操课，时务学堂、武备学堂、延年会、浏阳算学社等都将体育纳入了教学科目。他还大力倡导"女学"，创办"女学塾""女子不缠足会"，鼓励女子参加体育锻炼，接受体育教育。谭嗣同曾说："古儒书剑同行，才能文武兼备，吾辈理当效之。"[1] 可见在他看来，教育的宗旨就是要塑造文武兼备的人才，体育教育的地位非常重要。唐才常对谭嗣同的体育观十分认同。他在创办格致书院时，亦在学堂设置了体操科目。由于唐早期在两湖学院学习期间曾熟读兵书，军操技能优异，后来他在军营中亲自教授军操课，教授水平甚佳。熊希龄在青年求学期间学过武术、射击、打靶，对兵操、体操都十分内行，任过体育总教士。后来他在创办西路师范讲习所时，特别关注体育教育，在课程中设有体育课。

由上可见，以谭嗣同等为代表的人才群的成员科学地认识到体育教育的地位与作用，着力提升体育在教育中的地位，合理地安排体育教学内容，研究与探索体育的生物学依据，使体育教育的科学性得到强化，促使该群体的"科学上位"体育教育观逐步形成。

（三）力举体育强军

甲午战争之后，国家出现空前危机。面对国难民危，维新人士慷慨激昂，维新运动波澜壮阔。以谭嗣同、唐才常等为核心的激进的维新改革派充分认识到只有发扬湖湘文化"尚武尚勇"的精神，抱定为维新变法献身的决心，拥有抵御外侮的强大军队，才能挽国家于危难，救民众于苦海。唐才常、熊希龄等共同认为建立一支强大的军队不仅要肃清各种弊端，而且要学习西方的军事制度；不仅要锻炼将士身体，更要树立"尚武尚勇"的精神。从而形成了该群体的"尚武尚勇"的体育强军观。表3-4综合概述了该群体的体育强军思想及其实践。

---

① 谭嗣同. 仁学——谭嗣同集［M］. 沈阳：辽宁人民出版社，1994：134.

表 3-4　第三个人才群的体育强军观及其实践

人物	体育强军观及其实践
谭嗣同	· 谭嗣同对武事高度重视，培养会中人学习武艺，聚集武装反抗力量 · 1895 年，谭以游侠处事的方式，武力逼迫劣绅交出囤积的粮食，救济灾民 · 谭嗣同集合侠士及民间武林组织作为武装力量，反抗封建专制的压迫
唐才常	· 唐才常对军队将士的素质提出了具体要求：兵须年轻力壮 · 他认为士兵必须接受严格训练，不仅要"练器"还要"练心" · 他主张兵农合一、立府兵 · 唐认为要参照西方兵制，从陆军到海军都要进行军事改革 · 他参与制定武备章程，规定练兵选将的科目
熊希龄	· 熊希龄主张学习西方军队的军事制度，设军区，实行义务兵役制 · 他提出武备的八条具体建议 · 熊认为"兵不练犹无兵，练而不实犹不练"① · 他提出"体格习于勤劳，虽妇人可充军派"②，对女子从军予以肯定 · 熊协助陈宝箴创设湖南枪厂，创办韬略馆，培养军事教习

　　从表 3-4 可见，谭嗣同由于对正规军队事务接触不多，故对军队建设的论述较少。他主要从事的是民间武装力量的组织活动。唐才常与熊希龄则参与了正规军队的组织与建设活动，故对军事事务有较多的论述。他们对体育之于武事或军事的重要作用都有共同的体认，即体育特别是军事体育对于军队或民间武装力量的战斗力提高有着十分重要的作用，从而形成了该群体的以"尚武尚勇"为核心的体育强军论。

　　以谭嗣同、唐才常、熊希龄等为代表的第三个人才群之体育强军思想可概括为以下四个方面：一是武装斗争与军队建设必须培育"尚武尚勇"精神，并将其视为提高战斗力的重要目标之一。谭嗣同与唐才常在组织民间武装时就十分强调这一点，如唐才常提出军队训练不仅要"练器"，更要"练心"。二是重视民间武装力量建设的思想。谭嗣同、唐才常虽是习武之人，但毕竟未能掌握正规军队的领导权，所以他们十分重视组织民间武装，用以反抗封建专制，推进维新变法。三是学习西方军队制度，改革中国军事制度的思想。唐才常与熊希龄都认为清军无能的原因之一是军事制度的陈旧落后，中国应参照

---

① 周秋光. 熊希龄传 [M]. 天津：百花文艺出版社，2006：30.
② 周秋光. 熊希龄传 [M]. 天津：百花文艺出版社，2006：36.

西方兵制，从陆军到海军都要进行彻底改革。他们还提出了有关设军区、实行义务兵役制等具体建议。四是选将练兵与培养军事人才思想。唐才常对将士的素质提出了具体要求。熊希龄认为练兵须严格要求，"兵不练犹无兵，练而不实犹不练"①。熊还提出只要体格健壮，肯吃苦，"虽妇人可充军派"的观点。唐、熊二人都主张兴办武备学校，培养军事干部。他们撰写武备章程，规定学习与考试科目。

该群体在实施体育强军的过程中进行了大量实践，谭嗣同对建立精通武艺的民间武装社团极为重视，他自己出资培养会中之人习武。"其酋久择其中年壮勇悍者数十名，听复生任使，复生劝其姑精习刀棒，乃出资助之"②。谭嗣同凭借游侠精神，组织会社，持剑仗义，震慑囤积粮食的不良地主，并强行取粮救济灾民。他还联合各方侠士和民间武装力量组织团社作为暴动力量，反抗封建专制政权。唐才常在维新变法失败后创立自治会，组织自立军，任总干事与总司令。在训练将士方面提出了许多具体要求。他对将领的要求是"以舍身为爱国标准，为将须经严格挑选，既文武才识兼备，又能体察下情"③。他在改革军事制度方面倡导向西方强国学习，对建立武备学堂积极努力，亲自撰写有关章程等。熊希龄是将门之后，对军事研究尤有兴趣。他目睹清军的无能，猛烈批评清军的各种弊端。他积极倡导向西方国家学习，改革当时的军事制度，提议在全国分设军区，实行义务兵役制。他在武备方面提出了八条具体建议，即"一曰立炮台；二曰修城池，巩固城防；三曰易将勇；四曰察勇额；五曰严克扣；六曰专训练；七曰选牙军；八曰择帮带"④，表现出很高的军事素养。此外，他协助政府办枪厂，办培养军事教习的相关机构，对当时湘省军事的发展做出了重要贡献。

由此可见，以谭嗣同等为代表的人才群的成员极力推崇"尚武尚勇"精神，对组织民间武装和正规军队建设都有深刻的思考和丰富的实践。因此，以"尚武尚勇"为精神内核的体育强军观是该群体之体育思想的一个重要方面。

（四）力倡尚武救国

中日甲午战争之后特别是丧权辱国的《马关条约》的签订，使中国社会陷于被西方列强瓜分的崩溃边缘，民众生活在极度贫困又饱受内外压迫的状况之中。为救国救民，大批仁人志士开始觉醒，向西方国家寻求救国之道，改良

① 周秋光. 熊希龄传［M］. 天津：百花文艺出版社，2006：30.
② 王建华. 谭嗣同传［M］. 合肥：安徽人民出版社，1997：148.
③ 宋梧刚，潘信之. 唐才常传［M］. 长春：吉林人民出版社，1997：56.
④ 周秋光. 熊希龄传［M］. 天津：百花文艺出版社，2006：15.

主义思潮在全国开始形成。正是在这一历史背景下，以谭嗣同、唐才常等为核心的近代湖南第三个人才群得以形成，并成为全国最有影响的激进的维新改革派团体。他们励志拯救国家与民族，在变法过程中极力倡导西学，办报纸，主张言论自由，废八股，废科举，兴办新式学堂，同时亦引进与传播了西方先进的体育思想及内容。他们对体育与"救亡图存"的关系认知逐步深化，尚武不仅可以"耻文弱"而且可以"救国家"。体育是救国强民的一个有力工具。表3-5综合概括了第三个人才群的尚武救国观及其实践。

表3-5　　第三个人才群的尚武救国观及其实践

代表人物	尚武救国观及其实践
谭嗣同	· 谭嗣同认为改造旧学，应从提倡西学入手。体育是强国保种、救国救民的重要手段，因此尚武可以救国 · 谭后来主张"君子之学，恒其动也"①，需用主动思想冲击旧社会 · 他崇尚"武勇"品格，心怀"摩顶放踵以利天下"之志② · 谭以"任侠"自居，"济世安民""以天下为任，以救中国为事"③ · 他非常同情下层民众的生活痛苦，"誓杀天下君主，使流血满地球，以泄万民之恨"④
唐才常	· 唐才常支持"强国保种"的体育观，"力倡西学，我中国不欲保种则已，如欲保种……保教须先保其政"⑤ · 维新变法失败后，唐于1900年在上海组织自立会，后改名自立军，他任总司令，进行武装起义
熊希龄	· 熊希龄"讲气节""重行谊"，专做修身治己、经世致用的学问 · 熊认为，体育是实现其政治目标的一个有力工具

从表3-5可见，第三个人才群的杰出代表人物共同认为，体育是改造旧学、强国保种、救国救民的重要手段之一，提倡西学，倡导体育是维新变法运动的重要内容之一。因而，力倡尚武救国成为该群体体育思想的一个重要构成部分。

谭嗣同等受近代资本主义思想影响，特别是康有为、梁启超、严复等人的影响，对封建主义旧学十分厌恶，极力提倡"引进西学"，其中也包括西方先

① 谭嗣同. 仁学——谭嗣同集 [M]. 沈阳：辽宁人民出版社，1994：46.

② 吴万善. 西北近代史略 [M]. 兰州：甘肃人民出版社，1991：127.

③ 林增平. 知识分子与中国历史的发展 [M]. 长沙：湖南人民出版社，1985：511.

④ 谭嗣同. 谭嗣同全集 [M]. 北京：生活·读书·新知三联书店，1954：256.

⑤ 孙桃丽. 论唐才常的维新思想 [J]. 湖南农业大学学报：社会科学版，2005，(4)：93.

进的体育文化。同时，谭嗣同等深受湖湘体育文化的影响，具有崇尚武勇的精神品格。在中西文化的合力影响下，谭嗣同、唐才常、熊希龄等维新运动精英们逐步树立了尚武尚力、强国保种的尚武救国观。谭主张要用"主动"的方式冲去旧有的封建礼教，宣称"君子之学，恒其动也"。只有用"主动"体育代替旧有的"主静"体育才能铲除陋习，改变民众体育的状况。谭嗣同心怀"摩顶放踵以利天下"[1]之志，以"任侠"自居，练得高超武功，去"济世安民"。他"以天下为任，以救中国为事"[2]，认为下层百姓的痛苦生活来自清朝政府的腐败统治。唐才常、熊希龄等非常支持"体育可以强国保种"的观念。唐才常认为，只要力倡西学与体育，中国就可以实现"强国保种"，但前提是政府首先须清正廉明。熊希龄提出，进行维新变法，体育是一个有力的工具。该群体在尚武救国方面的体育认知，使当时湖南尚武救国活动的开展得到了正确的指导。

该群体在推行尚武救国的过程中亦有不少实践。谭嗣同认为"侠以武犯禁"，侠客在乱世时在民众中有号召力与影响力。他组织民间会社聚集武装力量，以行侠方式整治地方劣绅。唐才常在维新变法时期多次发动武装起义，试图推翻封建专制统治。他在戊戌变法后曾先后组织自立会和自立军，任总司令和总指挥，发动武装起义。虽起义归于失败，唐本人亦壮烈牺牲，但他用自己的热血与生命进行了尚武救国的伟大尝试。

由上可见，以谭嗣同、唐才常、熊希龄等为代表的第三个人才群对体育的政治功能有深刻认知，对体育于国于民的作用有深入体察，所以尚武救国观成为该群体体育思想中的一个重要内容。

二、第三个人才群的体育思想特征

维新时期的湖南人才群在实现其反抗外侮与推翻专制的政治目标过程中，对体育亦进行了深入思考及实践，逐步形成了尚武救国、体育强军、体育教育与体育强身等四个既相互独立又相互联系的体育观。这一思想系统概括起来具有以下三个明显特征。

（一）体现传承

第三个人才群体育思想的形成首先源自自幼受到的家庭体育教育。谭嗣同、唐才常、熊希龄等在长辈教导下习武，体育很早就成为他们的兴趣所在。

---

① 吴万善. 西北近代史略［M］. 兰州：甘肃人民出版社，1991：127.
② 林增平. 知识分子与中国历史的发展［M］. 长沙：湖南人民出版社，1985：511.

其次源自受到的学堂教育与社会实践。该群体成员大都在书院、学堂接受过兵操、体操训练，在社会上亦拜师习武，积极进行锻炼。再次湖湘体育文化的熏陶使得他们毕生"尚武尚勇"。最后源自对上两代湖南人才群体育思想的承继，陶澍、魏源、曾国藩等的体育观对该群体之体育思想具有重要的引领作用。所以，湖南第三个人才群的体育思想具有传承性特点。

（二）关注进步

第三个人才群的体育思想不仅体现传承而且关注进步。他们在传统体育的养生理论上较之前人有更深刻的认识，在养生方法上有所创新。他们主张引入西方近代体育，吸纳西方体育思想的精华，提出"主动"体育的新观点。谭嗣同运用自然科学理论来说明体育运动现象及规律，使他们的体育观趋于合理。所以，湖南第三个人才群的体育思想具有进步性特征。

（三）用为工具

虽然第三个人才群对体育的本质功能即强身健体功能有较为深刻的认识，但总体上看，体育仍然是作为一种工具为他们实现其政治目标与军事目标服务的。谭嗣同以习武结社，聚集革命同仁；唐才常以武创会，成立自立军进行武装起义；熊希龄以武强军，训练青年士兵等。这些都表明他们视体育为政治与军事发展的一个重要手段。所以，第三个人才群的体育思想具有工具性特点。

第十一章　近代湖南第三个人才群的体育思想成因

以谭嗣同、唐才常等为代表的第三个人才群对体育发展有着共同的认知，形成了一个"力倡尚武救国、力举体育强军、力推体育教育和力行体育强身"的体育观念系统。影响该群体之体育观形成的因素，可以从时代背景、文化影响、教育陶冶、事业追求和情感联络等方面进行归因分析。

一、时代背景

湖南第三个人才群成员生活与成长在一个外强侵略、政府腐败、社会动荡、改革兴起、思想剧变的时代中，他们共同面对的社会时局可以概括为如下四个方面。

一是西方列强侵略，中国沦为半殖民地半封建社会。1842 年鸦片战争失败，中国的大门被西方的坚船利炮轰开，"天朝上国"从此开始倾覆，中国社会开始进入社会剧烈动荡的时期，中国开始逐步沦为半殖民地半封建的社会。在此时期，虽有一些先进知识分子开始"睁眼看世界"，但由于清政府的无能并无实质的结果。

二是社会动荡。此时清王朝腐败无能，官僚封建割据、贪图私利、鱼肉百姓，人民生活极为贫困、痛苦。太平天国等农民起义连绵不断，风起云涌，社会动荡不安。

三是甲午战争失败，签订丧权辱国的《马关条约》。甲午一战，中国海军几乎全军覆没，清政府签订了不平等的《马关条约》，中国半殖民地半封建社会的程度大大加深了，亡国灭种的巨大危机唤起了中国人民的觉醒。

四是救亡图存思潮成为主流，维新变法运动开始。此时，在全国范围内开始了救亡图存的运动。康有为、梁启超、谭嗣同等资产阶级知识分子引导与支持了这场声势浩大的运动，维新变法运动展开了。

正是在上述时代背景下，以谭嗣同、唐才常、熊希龄、樊锥等为代表的近代湖南第三个人才群形成了对社会政治、文化、教育与体育的群体认知，积极投身救亡图存运动，在湖南率先开始维新变法并取得显著成果，使湖南成为

"全国最富生气的一省"。所以，时代背景是该群体之体育思想形成的重要原因之一。

二、文化濡染

文化是人类经历漫长的历史积累与沉淀的知识、技能与经验等。文化对人的成长具有塑造、潜移默化的作用。近代湖南第三个人才群之体育思想形成受到湖湘文化与西方文化的双重影响和制约。

从湖湘文化的影响看，首先，湖湘文化中的经国济世和爱国主义情怀对该群体成员影响至深。谭嗣同、唐才常对王船山提出的"道器论"非常推崇，十分信服。他们经常在一起学习船山思想，树立经国济世的远大抱负。其次，他们深受湖湘文化中的经世致用思想和不尚空谈作风的影响。谭嗣同、唐才常等坚持修身、终身济世，强调学以致用。在该群体的体育观中亦可发现讲究致用、务实的内容。最后，湖湘文化中百折不挠、永不言败的特性对他们亦有深刻影响。谭嗣同生活上遭受种种磨难，但他仍以百折不挠的精神投身革命，直至从容就义。唐才常组织起义屡遭失败，仍创立自立军起义于长江流域，因事泄被捕，壮烈牺牲。可见，湖湘文化的不屈精神在他们身上得到了充分展现。

从西方文化的影响看，随着西方列强入侵中国，西方文化的传入与中国知识分子的自我反省几乎也一并开始。身在湖南的谭嗣同、唐才常、熊希龄等第三个人才群的成员积极引入和学习西学，认识到西方列强之所以强大与其力推体育有密切关系。他们对西方强国大力发展体育的做法表示赞赏并予以接纳，希望中国能效法之并摆脱过去"中国之亡于静"①的状况。谭嗣同还在积极引进西方体育文化的同时，将中国传统武学的精华与西方体育相融合，使之在提高国民体质方面达到更好的效果。熊希龄在考察日本后提出要培养实业人才和社会所需要的各种人才，其中也包括体育师资和军事指挥人才。由此可见，西方文化尤其是西方体育文化对第三个人才群的体育观形成具有重要影响。

三、教育影响

教育既可看作是与文化并列的科学，也可看作是大文化之中的一门科学。教育对人的影响是巨大的，所以教育的力量是巨大的。以谭嗣同、唐才常、熊希龄等为代表的近代湖南第三个人才群成员经历了大致相似的家庭教育、学堂教育与社会教育，使他们在知识、能力与修身方面得到了积极的教化与提升，这势必为他们体育思想的形成奠定了良好基础。

---

① 谭嗣同. 仁学 [M]. 郑州：中州古籍出版社，1998：43.

谭嗣同出身于"先世将门，闶于武烈"的家族中，接受过良好的家庭教育，自小受到"文武双全"的儒家理想人格的教育。他不仅有良好的家教，而且进过旧式学堂与新式学堂。他的教育经历比较完整，接受各种教育的时间亦较长。同时，他社会经历丰富，曾游历中国十几个省，目睹了当时的社会乱象，深知民众的疾苦。其间，他也拜访了不少饱学之士，博览群书，"其学日进"。在体育方面，他广拜名师，武功超群，著有《剑经衍葛》《兵制论》两本武学专著。

唐才常是一位旧式知识分子，早年就读于长沙校经书院、岳麓书院和武昌两湖书院。甲午战争之后，他的思想开始转向变法维新。他对旧式文化进行了激烈的批判，主张学习西方强国，在教育改革上主张废科举、兴学堂。在军事方面，他批判清军的弊端，要求废除养兵制而实行征兵制。在经济建设方面，他主张兴办商业和工业，发展近代工商业。他还提出了广设武备学堂、开拓矿业和制造业等主张，其中也包括推行军事体育的内容。唐才常与谭嗣同是同乡、同志，有生死之交，"才名亦相伯仲，时有浏阳双杰之称"①。他们共同拜师于欧阳中鹄门下，主要学习王船山的学问思想。王船山的"变化日新"思想与"天理即在人欲之中"的主张使他们受益匪浅。

熊希龄是将门之子，自小受到良好的家教与书院教育。他注重修身，讲"节气"。进入沅水校经堂后，受该校校风影响，开始重视文武兼修，崇尚武勇，并积极参加体育锻炼以把自己塑造成有用之才。熊希龄后来成为栋梁之材，官至北洋政府"第一流人才内阁"的总理兼财政部长。

不难理解，在相似的教育经历影响下，谭嗣同、唐才常、熊希龄等的体育教育、尚武救国等体育观念才得以形成，表明教育影响是该群体体育思想形成的又一重要原因。

四、事业引领

1894 年，甲午战争爆发，之后中国全面失败并签订《马关条约》。中国面临着被西方列强肢解的危机，湖南维新人士同仇敌忾，立志救国图存，推动维新变法，挽救国家民族的命运。较之早期维新人士，以谭嗣同、唐才常等为核心的第三个人才群行动之果断、迅速，令全国注目。

维新时期，推翻封建专制与反对外敌入侵成为湖南第三个人才群共同的事业追求。这个事业引领着第三个人才群共同行动，前赴后继，形成了该群体的维新思想、政治思想、文化思想、教育思想等。从维新思想上看，其主要内容

---

① 杜迈之，刘泱泱，李龙如. 自立会史料集 [M]. 长沙：岳麓书社，1983：203.

涉及以下几个方面：一是只有维新变法，才能救国自强。二是建立君主立宪的资产阶级政治制度。唐才常认为中国两千多年的封建政治是"大瘤"，必须予以割除。三是经济上主张发展资本主义工商业。谭嗣同、唐才常认为要大力发展民族工业和商业，并开始筹划资本主义的金融业，实行有利于资本主义经济发展的政策等。四是积极宣传并建立资产阶级的文化教育体系。他们主张办新政新学、废八股、兴西学等。此外，湖南第三个人才群的维新思想还涉及军事、外交、体育思想等。

正是在维新变法这一伟大事业的引领下，湖南第三个人才群的体育观念在中西体育的不断碰撞与融合中得以逐步形成，所以事业引领是导致第三个人才群体育观念产生发展的因素之一。

五、深厚情谊

群体之所以成为群体，除了有共同的目标、共同的事业、共同的组织、共同的规范之外，深厚的情谊亦是不可或缺的重要因素之一。以谭嗣同、唐才常等为核心的第三个人才群成员之间因地缘、业缘、血缘等结下了深厚的情谊，这种情谊对他们的思想形成也有不可忽视的影响作用。

谭嗣同与唐才常自幼相识，既是同乡又是同学，他们一起成长、一起打拼，不仅是兄弟、朋友，还是生死之交、患难与共的同志，两人同时成为湖南维新变法运动的领导者和风云人物。谭嗣同开创"流血变法"先河，慷慨就义。唐才常悲痛万分，思想急剧转向革命派，他组织成立自立军，武装起义以推翻清朝封建专制政权。唐才常本人也由于起义失败被捕，壮烈牺牲，终得与谭嗣同相见。谭、唐二人之间的深厚情谊令时人敬重。林圭与唐才常是好友，在自立军中任中军统领，后英勇就义。沈荩与谭嗣同、唐才常亦是朋友，参加自立军任右军统领，后刺杀慈禧未果，牺牲。湖南第三个人才群的领袖人物与重要骨干为救亡图存的共同事业，用深厚情谊作为纽带，前赴后继，大部分人效法谭嗣同以流血方式为维新变法贡献了自己的生命。

由上可见，存在于湖南第三个人才群成员之间的深厚情谊不仅有助于他们以极为紧密的关系为维新变法共同奋斗，而且有助于他们在政治、军事、文化、教育与体育方面的认知取得相对一致。

第十二章　近代湖南第三个人才群的体育思想评述

深受当时内忧外患的时代背景制约、相似的文化濡染及教育熏陶、事业引领和同志情谊等因素影响，以谭嗣同、唐才常、熊希龄、樊锥等为代表的湖南第三个人才群在维新变法运动前后逐步形成了体育强身、体育教育、体育强军和尚武救国等四个体育观。该群体的体育思想对当时社会政治、军事、教育与体育的发展起到了积极的推动作用，但亦存在历史局限性。

一、第三个人才群体育思想的历史作用

（一）推动近代中国政治发展

用内忧外患来形容当时的中国社会，用腐败无能来评价清朝政府，用封建落后来形容当时政治是恰如其分的。以谭嗣同、唐才常等为核心的湖南第三个人才群不仅以维新变革思想冲击中国的落后政治，也以其先进的体育观念对当时的政治生态产生了一定的影响，这些影响具体可以从以下三个方面进行分析。

一是彰显爱国主义。该群体的尚武救国思想是爱国主义思想的具体体现，有助于唤醒广大民众爱国主义思想的复苏。爱国主义思想是整个近代湖南人才群思想中的一根主线。从鸦片战争前后的第一个人才群开始，就继承和发展了中国自古以来的爱国主义优良传统。到了维新时期，湖南第三个人才群的爱国主义思想内容有了新的变化和进步。救亡图存、维新变法成为当时爱国主义的主要标志。而该群体的体育救国观指向救亡图存、维新变法，对彰显爱国主义思想具有积极影响。

二是冲击封建专制制度。维新时期的湖南人才群对当时的封建专制制度深恶痛绝，对之发起了猛烈攻击。谭嗣同认为必须"冲决君王之网罗"，实现"君民一体""君末民本""君由民选"，他坚决否定"君权神授""朕即国家"的专制观念。湖南第三个人才群的尚武救国观，不仅与救亡图存的维新思想相一致，而且剑指封建皇权专制制度，以体育固有的公正特质，对封建王朝的专

制发起了挑战，有助于在政治上对封建专制制度形成强力冲击。

三是倡导民权思想。维新时期的湖南人才群在冲击封建专制制度的同时亦大力倡导资产阶级民主制度。自由平等是民主政治的核心，资产阶级的民权观与封建王朝的"皇"权观誓不两立，水火不容。谭嗣同、唐才常追求人人平等，不仅是反对封建主义的猛将，而且是倡导平等、民主的民权思想家。他们的体育观反映了民权思想的要求。谭嗣同、唐才常、熊希龄创建"女子不缠足会"，提倡男女平等就是该方面的生动例证。体育固有的公平性与正义性有助于民权思想的宣传与传播。

（二）推动近代中国军事发展

甲午一战彻底暴露了清朝军队的软弱无能、落后挨打的衰败情况。清军士兵士气低落、身体虚弱、体能低下、战术落后为时人所共睹。以谭嗣同、唐才常、熊希龄等为代表的湖南第三个人才群成员深感奇耻大辱，决心向西方列强和日本学习富国强兵之道。由此，逐步形成了该群体的尚武强军观。这一体育观念的形成对当时中国军事的发展起到了积极的作用。

一是大兴军事体育。军事体育是选将练兵的重要手段之一，亦是该群体成员向西方列强和日本学习强军之道的成果之一。他们大量引入了近代军事体育项目，如射击、骑马、体操、双杠、平衡术、游泳等，这些项目成为中国军队选将练兵的重要内容，军事体育的理论与方法亦被用于军队训练之中。军体项目的开展成为提高将士士气、素质与体能的有效手段。

二是培养"尚武尚勇"精神。"尚武尚勇"精神是中华传统文化的精华，却在封建专制体制的摧残下所剩无几，重文轻武的风气弥漫社会，致使清朝军队士气低落、贪生怕死、逢战必败。针对这种情况，湖南第三个人才群响亮地提出了尚武强军观，用体育手段大力弘扬"尚武尚勇"精神，批判清军存在的种种弊端，提升将士士气，使军队的战斗力得以提升。

三是重视民间武装力量。民间武装力量虽不是政府建立的正规军队，却是湖南维新派可以依靠的武装组织，对他们实行激进的维新变法确有帮助。谭嗣同出资对会社成员进行武艺训练，唐才常组织自立军起义，表明了他们对民间武装力量的认可与重视。

（三）推动近代教育发展

湖南近代教育虽然在前两个人才群的努力下取得了一定发展，但总体上仍进步较为缓慢。重文轻武的文弱之风仍在社会上占据主导地位，教育上的守旧与改革斗争仍然十分激烈。历来高度重视教育的维新派人士对此十分担忧。即使在面临巨大民族危机的时候，他们仍然把教育放到最为重要的位置并提出：教育是救国、兴国的根本途径；只有通过教育才能启民智、正人心，培养一代新民。他们大力倡导西学，引进西方强国的先进科学文化知识，其中也包括体育知识理论，从而逐步形成了该群体的体育教育观。这一观念的形成反过来对当时体育教育的发展起到了积极推动作用。

一是确立体育课程的地位。长期以来，体育课程在近代早期教育中都未取得合法的地位，体育课程被排斥在课程体系之外。自洋务运动以来，体育课程才在洋务学堂中以"体操科"的名目出现，但其地位并未得到政府的确认。直至维新变法后，清政府被迫实施新政，才在其颁发的《钦定学堂章程》中正式规定，体操课为各级各类学堂的必修课。体育课程地位的确定是教育史上的一件大事，使我国教育向全面发展迈进了一大步。

二是推行教育内容改革。维新时期的湖南人才群在教育内容改革方面的重要举措首要的是废八股、兴西学。他们强调学习西方的政治学、哲学、史学、法律等新学。其次是重实学、兴科技。谭嗣同认为西方国家的兴盛与"格致、制造、舆地、行海"等实用之学有极大关系，故主张"尊崇西人之实学"。这种对教育内容的改革不仅使近代西方教育传入我国，而且使教育内容改革趋向完备。

三是大力兴办教育。谭嗣同、唐才常、熊希龄、樊锥等对近代湖南教育做出了重要贡献，他们先后参与创办了时务学堂、格致书院、武备学堂、西路师范讲习所、延年会、算学社等学堂或会社，还创办了女子不缠足会、女学塾鼓励妇女进行体育锻炼，使当时教育趋于完备。由此可见，该群体的体育教育思想及实践对当时教育改革具有积极作用。

（四）推动近代体育发展

近代中国体育是从中国古代体育发展过来的，从活动内容看，武术、气功、养生等是中国古代体育与近代早期体育的内容特征。由于清政府长期闭关自守，近代中国体育一直难与西方体育进行交流与融合，致使中国近代体育处于落后状态。洋务运动以后，西方体育文化开始传入我国。至维新变法时期，全面学习西学带来了中西体育的深度交流，中国传统体育迈入了近代化进程。在这一进程中，维新时期的湖南人才群不仅形成了先进的体育教育观与体育强身观，而且在其体育观的引领下，为湖南学堂体育与民众体育的发展做出了较大贡献。

一是"摄生"体育与"主动"体育相结合。谭嗣同等认为中国传统的养生观是一种"摄生"体育，而西方体育具有"主动"体育的重要特点，两者要相互结合才能共享精华，才能推动近代中国体育的发展。这一思想符合中西体育文化实现互补的需求，具有进步性。

二是学习与引进西方体育文化。谭嗣同、唐才常、熊希龄等对西方体育的开放性、主动性、娱乐性比较认同，对西方体育的锻炼项目颇感兴趣。他们在推动学堂体育与民众体育开展时，根据需要和条件，引入了体操、赛马、射击、游泳、平衡木、赛跑、跳高、跳远等近代西方体育项目，为学堂体育与民众体育的开展奠定了基础。

三是推动学堂体育开展。谭嗣同、唐才常、熊希龄等对学堂体育的高度重视，对于培养"文武兼备"的一代新人具有重大意义。他们坚持在学堂教育中开设体操课，使体育在教育中的地位得到展现。在体育内容上，他们不仅引进西方新兴项目以充实教学内容，而且还主张把传统武术作为教学内容之一。谭嗣同认为体育教育要讲究科学，并运用生理解剖知识解释人体生理现象。唐才常、熊希龄都曾亲自教授体操、兵操，方法得当，评价甚佳。

四是促进民众体育开展。谭嗣同、唐才常等对当时社会中重文轻武的旧思想十分不满，对国民体质虚弱问题十分担心。他们主张用体育强身手段来扫除社会上的旧思想、旧习惯。樊锥对养生颇有心得，向广大民众进行养生方法的宣传。他们创办的"延年会"规定会员每天必练体操，"女子不缠足会"也要求妇女投身体育锻炼。谭、唐二人"尚武尚勇"，重视武术，经常指导他人进行武术运动。在他们的宣传鼓动下，湖南社会"耻武举"之风有所抑制，民众参与体育活动的状况大有改观。

综上所述，近代湖南第三个人才群的体育思想对于近代政治、军事、教育与体育本身的发展具有积极推动作用。这一观念系统既传承了鸦片战争前后湖南人才群的体育思想，并使之发展和光大，又对下一个湖南人才群的体育观念形成起到传递和引导的作用。可以说，该群体的体育思想是湖南体育思想文化史中的一笔珍贵财富。

二、第三个人才群的体育思想局限

以谭嗣同、唐才常为核心的近代湖南第三个人才群虽然在思想上对体育有着较为深入的思考，在行动上有着较多实践，但他们的人生目标和主要精力投入还是推动维新变法运动，反对外来侵略和推翻封建专制，体育始终是他们实现人生追求的一个工具。囿于时间和精力，亦受制于当时的科技、教育及体育发展水平，该群体的体育观存在着一定局限。这主要体现在以下两个方面。

（一）不尽全面

该群体的体育观反映了维新人士的政治理想之于体育的诉求，强调了"尚武尚勇"精神，也关注到体育教育与体育强身，但对体育的经济功能、文化功能和娱乐功能等没有进行深入开拓，所以在观念体系的完整上仍存在一定不足。

（二）有失偏颇

谭嗣同等极力推崇西方体育中的"主动"体育思想，这无疑对引入与传播西方先进的体育文化有重要帮助，但他全盘否定中国传统体育中的"主静"体育，拒绝静态的养生方法，这有失偏颇。

第四编　近代湖南第四个人才群的体育思想

　　辛亥革命时期，湖南成为一个非常引人注目的地区，涌现了许多著名人物，由此形成了近代湖南第四个人才群。这个人才群以资产阶级革命派为主体，以黄兴、宋教仁、蔡锷、陈天华等为核心。他们驰骋宇内，继承前辈经世致用之精神，人在书斋却不囿于书斋，在传统文化中成长却敢于质疑传统文化，在改良运动失败后毅然走向"武力救国"的道路，用鲜血与尚武精神开辟了新的救国途径，对辛亥革命的胜利和中国近代化的历史进程产生了极其巨大的影响。当中华民国建立后，临时大总统孙中山专门表彰了陈天华、杨卓霖、杨毓麟、郑先声等湖南革命烈士。孙中山还说，"湖南老革命者，最著名的有黄克强"①。孙中山认为湖南人在辛亥革命发展的每一个阶段、每一个方面都建立了不可磨灭而永垂青史的伟大功绩。故章太炎称黄兴："无公则无民国，有史必有斯人。"② 孙中山称宋教仁："为宪法流血，公真第一人。"可见，辛亥革命时期的湖南人才群为国家为民族所做的贡献是非常巨大的。

　　对湖南第四个人才群的研究始于20世纪末，不少史学研究者着力于近代湖南人才群的研究，较有影响的著作有陶用舒的《近代湖南人才群体研究》。学者对该群体主要成员的研究开展时间则较早，相关著作主要有《黄兴传》《黄兴评传》《蔡松坡集》《蔡松坡先生遗集》《蔡锷传》等。很多学者对黄兴、蔡锷、宋教仁、陈天华等人的生平及思想都进行了认真研究，出版或发表了不少著作和学术论文。但这些著作与论文中却鲜见有关于近代湖南第四个人才群体育思想的专门论述。

　　作为近代湖南第四个人才群，他们在体育思想方面既继承了前三个人才群的体育思想精华，又呈现出有别于前三个人才群的不同特征：一是他们大都先受传统教育后留学海外，兼受中西方体育文化熏陶，是新式知识分子；二是他们大都是20世纪初中国社会政治大变革的领导骨干，共同奋斗书写着历史，

---

① 孙中山. 令陆军部准建杨郑二烈士专祠并附祀吴熊杨陈四烈士文 [M]. 孙中山. 孙中山全集. 北京：中华书局，1982：257.

② 林增平，杨慎之. 黄兴研究 [M]. 长沙：湖南师范大学出版社，1990：115.

推动着社会发展乃至体育文化的进步与发展；三是他们极其尚武，是近代尚武思潮的引导者与推动者。因此，研究他们的体育思想，有助于了解清末民初新式知识分子及革命志士的体育认知状况及其价值取向，并从中透视在国内处于先进地位的体育观念之概貌。

第十三章　近代湖南第四个人才群的构成、人物及思想

一、第四个人才群的构成

近代湖南第四个人才群主要活跃在辛亥革命前后的光绪末年到民国初年的军政舞台上，是以黄兴、宋教仁、蔡锷等为领导者与代表人物的资产阶级革命派人才群。这个人才群是由一大批思想激进，掀起一次次革命浪潮的革命志士组成的。其群体构成如表4-1。

表4-1　第四个人才群的构成 *

姓名	生卒年	字号	籍贯	官职或身份	主要著作
黄兴	1874—1916	克强　竞武	长沙	总司令　陆军总长	《黄兴集》
宋教仁	1882—1913	钝初　渔父	桃源	农林总长 国民党代理事长	《宋教仁集》
蔡锷	1882—1916	松坡	邵阳	云南都督	《蔡松坡集》
陈天华	1875—1905	星台　思黄	新化	同盟会骨干	《猛回头》《警世钟》
谭人凤	1860—1920	石屏　雪髯	新化	长江巡阅使	《谭人凤集》
章士钊	1881—1973	行严	长沙	教育总长	《逻辑指要》 《甲寅杂志存稿》
杨毓麟	1872—1911	笃生	长沙	同盟会骨干	《新湖南》
刘揆一	1878—1950	霖生	衡山	工商总长	《黄兴传记》 《救国方略之我见》
刘道一	1884—1906	炳生　锄非	衡山	同盟会书记	《衡山正气集》
李燮和	1873—1927	柱中　铁仙	安化	上海光复总司令	
焦达峰	1886—1911	鞠荪	浏阳	湖南都督	
蒋翊武	1884—1913	伯夔	澧县	武昌起义总司令	
姚洪业	1881—1906	剑生	益阳		

续表

姓名	生卒年	字号	籍贯	官职或身份	主要著作
宁调元	1883—1913	仙霞　太一	醴陵	《民声日报》创办人	《太一遗书》
禹之谟	1866—1907	稽亭	双峰	同盟会湖南分会会长	《禹之谟史料》
胡元倓	1872—1940	子靖　耐庵	湘潭	湖南大学校长	
胡瑛	1884—1933	经武　宗琬	桃源	都督	
程潜	1882—1968	颂云	醴陵	省长	
仇鳌	1879—1970	半肺老人	湘阴	同盟会会员	《半肺老人吟草》

*依陶用舒所著《近代湖南人才群体研究》（岳麓书社出版，2000年）一书中相关资料改制

　　表4-1所示的是近代湖南第四个人才群中的核心成员与重要骨干。在这个人才群中，黄兴是领袖人物。黄兴文武双全，沉稳诚恳。无论是留日知识分子，还是下层社会的会党首领，他均能与之相交。他坚定务实，宣传革命、发动起义，得到众人的拥护，在中日两国的军政界均有很高的威望，因此在该群体中居于核心领导地位。宋教仁是辛亥革命时期杰出的革命家、理论家、宣传家，是辛亥革命人才群的核心人物之一。他与黄兴相识于武汉，结为生死之交。宋教仁被称为中国"宪政之父"。蔡锷是民初杰出的军事领袖，与黄兴相差8岁，与之以兄弟相称。陈天华和黄兴是前后届同学，他们一道组织拒俄义勇队，而后活跃在革命的各个领域。由于黄、宋、蔡、陈四人对于辛亥革命的巨大贡献与显赫的个人声望，学者普遍将他们视为辛亥革命人才群的主要代表人物。该群体的其他重要骨干中，刘揆一、刘道一、章士钊早年就与黄兴相识。章士钊是黄兴在两湖书院的同窗，刘揆一与黄兴相识于日本，同时参加了拒俄义勇队。他们与黄兴、宋教仁、陈天华一道发起华兴会，黄兴任会长，宋教仁任副会长。谭人凤是旧式文人，也是会党首领，他在黄兴一次演讲中与黄相识，立志反清。杨毓麟在自立军失败后与黄兴成为至交，他一生追随黄兴奔走革命。李燮和在1900年与黄兴相识。焦达峰于1904年加入华兴会。黄兴非常器重蒋翊武、姚洪业、宁调元。姚洪业、宁调元均为黄兴学生。宁调元与陈天华为好友。胡瑛、覃振与宋教仁被称为"桃源三杰"。胡瑛为黄兴的弟子。他们"唯宋马首是瞻"。程潜和黄兴的结交始于日本留学期间。程潜曾参与黄兴领导的汉阳保卫战，后由黄兴委派回湘，任湖南都督府参谋部长、湖南军事厅厅长。胡元倓与黄兴同时被选派去日本留学，为弘文学院同学。他支持革命，立志教育，创办明德学堂，邀请黄兴等任教。由此可见，以黄兴、宋教仁、蔡锷、陈天华为主要代表的辛亥革命人才群是由一批立志"武装革命"

推翻封建政权的革命志士所组成的。这个群体的革命成就使他们成为中国近代史上举足轻重的一个群体。

二、主要代表人物及其思想

（一）黄兴及其思想

黄兴（1874—1916），字克强，号竞武，长沙善化人，是辛亥革命时期资产阶级革命的先驱和领袖，与孙中山齐名。黄兴是拒俄义勇队的重要发起人，是近代中国资产阶级革命三大团体"华兴会"的创办人，也是资产阶级革命团体"同盟会"的创办人，一生组织了数次武装起义，是武昌首义取得成功的关键人物。1916年病逝于上海，后移柩长沙，国葬于湖南长沙岳麓山。现今留下的著作有《黄克强先生全集》《黄兴集》《黄兴未刊电稿》及《黄克强先生书翰墨迹》等。

今人对黄兴的思想研究主要集中在政治思想、军事思想、教育思想与伦理思想四个方面。其政治思想主要包括民族民主革命思想，民主、共和、法治的新中国理想和繁荣富强的近代设想等三个方面。其军事思想主要体现在"雄踞一省与各省纷起"的武装起义方略，革命党人、会党和新军三结合，"爱国、保民、御外"思想，以及全民皆兵的思想和军队正规化的设想。黄兴的教育思想主要集中为以下两点：一为学问是革命的基础，国家建设以教育为转移；二为教育有培养共和国政治、经济建设人才和增进民智、提高文明等功效。黄兴的伦理思想可概括如下：第一，伦理道德是巩固政治的重要方面；第二，将传统道德的精华与西方伦理思想相结合。在体育方面，黄兴投笔从戎，与武为伴。对体育有大量言论及实践，形成了较为系统的体育观。

（二）蔡锷及其思想

蔡锷（1882—1916），字松坡，汉族，湖南邵阳人。梁启超的爱徒，是近代中国著名的民主革命家与杰出军事领袖。1900年蔡锷到日本学习军事。他一生做了三件大事：第一，著《军国民篇》，掀起尚武与军国民思潮；第二，辛亥革命时期，在云南领导新军起义，及时响应武昌首义，促成辛亥大革命的成功；第三，袁世凯公然称帝后，蔡锷发动了护国运动，试图阻止袁氏复辟，时人冠之以"护国将军"以敬其功业。蔡锷继《军国民篇》后相继编著有《军事计划》《曾胡治兵语录》等军事著作。他去世后，其遗著被编为《蔡松坡先生遗集》。

针对蔡锷思想的研究主要集中于爱国主义思想、国权思想、军国民思想与教育思想等四个方面。爱国主义思想是贯穿他整个政治生涯的主线。蔡锷的国权思想集中在国权的含义、国权与人权的关系以及怎样巩固和发展国权等问题上。其军事思想包括"一是论为将之道，二是论用兵之道"与"为将之道，以良心血性为前提"① 等方面。蔡锷的教育思想主要是"军国民教育"，即"凡全国国民都须具备军人之智识，军人之精神，军人之本领……全国都是训练有素的精兵强将，何惧战而不胜，攻而不克，何患国本之不立?"② 蔡锷鼓励"在全国兴办学校和教育"，认为"他国之富强，原于教育"③，宜"聘请外国军事家讲演，图谋改良军事教育，提高军事学术水平"④。在体育方面，出生于武术之乡、成名于军事才能的蔡锷，首倡军国民教育，在体育强身、体育育才、体育强军等方面不但发表过不少论述，亦有丰富的实践。

（三）宋教仁及其思想

宋教仁（1882—1913），字钝初，号渔父，湖南桃源人，我国近代著名的资产阶级政治家、思想家和革命家，同盟会主要领导人，是中华民国的主要缔造者之一，也是民国初期第一位倡导内阁制的政治家，中华民国临时政府农林部总长，国民党的主要筹建人。他因坚持主张革命胜利后民主共和国应采用责任内阁制而被暗杀，举国哀悼。

宋教仁是清末民初著名的政治家、思想家与革命家。学界对他的研究也主要集中在这三个方面。他的政治思想主要涵盖宪政思想、外交思想和行政组织思想三个方面的内容。其农业思想主张从加强农业理论的研究入手，通过健全各项法律法规和制度，提高农业生产力，设立金融机关和教育机构，培育科技人才等促进农业现代化。宋教仁的法律思想集中表现为依法治国思想。在体育方面，宋教仁关于体育的言论在文献中虽记载较少，但这并不等于他对体育不重视、不热爱。他少时随叔父习武，在日本也督促自己练体操强身。他与黄兴为至交，常往黄兴组织的体育会去进行体育活动。

（四）陈天华及其思想

陈天华（1875—1905），原名显宿，字星台，亦字过庭，别号思黄，湖南新化县人，辛亥革命时期著名的革命家和杰出的宣传家，清末震惊朝野的革命

① 曾业英. 蔡松坡集 [M]. 上海：上海人民出版社，1984：78.

② 吴庆华. 我国近代军国民教育的报晓声——蔡锷尚武思想论述 [J]. 武汉体育学院学报，1999（2）：28.

③ 蔡锷. 蔡锷集 [M]. 北京：文史资料出版社，1982：20.

④ 郑清平. 论蔡锷的救国思想 [J]. 青海师范大学学报：社会科学版，1986（3）：151.

烈士。他一生救亡图存，宣传革命，所著的《猛回头》和《警世钟》两本书，在中国社会广泛流传，成为宣传革命的号角和警钟。1905 年 12 月，陈天华蹈海自杀，以唤醒国民的觉醒与革命者的团结，引起社会各界极大反响。

　　针对陈天华思想的研究主要集中在其哲学思想、反帝爱国思想、道德救国思想与教育思想等方面。他的哲学思想主要体现在以下两个方面：一是近代唯物主义思想倾向；二是进化历史观。他认为人类社会和自然界一样也是不断进化的。陈天华的反帝爱国思想是十分鲜明、坚决和彻底的，《猛回头》与《警世钟》是陈天华反帝反封建作品中最有影响力的两本著作。陈天华的道德救国思想亦十分突出，他认为国民应具备近代理想人格所需之气节德操，才能担当起救国之责。他所提出的"最有价值之人格""高尚之人格""完善人格"① 等概念较之传统理想人格具有明显的时代进步性。陈天华的教育思想包括为国家强大而服务的教育宗旨，开风气、开民智的教育目的，广泛全面的教育对象和全面的教育内容。陈天华对体育的看法主要体现在他的有关著作和文章中。

---

① 赵炎才. 清末陈天华道德救国思想刍议 [J]. 江汉大学学报：社会科学版，2006（3）：25.

第十四章　近代湖南第四个人才群的
体育思想内容及特征

在湖湘刚烈文化与经世致用思想熏染中成长并接受过西式教育的湖南第四个人才群成员，尽管他们后来的人生道路选择或文或武，但体育却一直深受他们的重视。他们不但视体育为强身健体的手段，而且视之为救亡图存的大事。他们的体育思想不仅体现在有关言论中，更重要的是体现在"体育实行"中，从而形成了该群体的体育认知，即体育强身观、体育育才观、尚武强军观与尚武救国观。

一、第四个人才群的体育思想内容

（一）"强身而有为"的体育强身观

湖南第四个人才群对体育强身论有着高度的群体认同。他们践行的强身体育，是对传统修身体育的发扬，汲取其刚健且符合自然规律之养分，并增添符合社会需求的新内容。表 4-2 呈现了他们关于体育强身的言论与实践。

表 4-2　第四个人才群的体育强身观及其实践

代表人物	体育强身观及其实践
黄兴	·黄兴积极锻炼，"以发育身体" ·黄说"不习体操，无以强身而有为"① ·他讲"练武习拳可以增强体力" ·黄指出"操场想专练习枪法，以资其胆识" ·黄兴少时跟随浏阳拳师习练巫家拳 ·在城南书院时，黄兴"以练武习拳的劲力来练习书法，以弥补前人之不足"②

---

① 毛注青. 黄兴年谱 [M]. 长沙：湖南人民出版社，1980：15.
② 萧致冶. 黄兴评传 [M]. 南京：南京大学出版社，2001：35.

续表

代表人物	体育强身观及其实践
黄兴	· 在两湖书院，每当上体操课，黄兴率先上操，"着短装布鞋，如临敌阵一般集中精力、一丝不苟、动作无不如度"① · 黄兴"对于身体十分注意，勤练不辍" · 黄兴在日本常去练习射击，多日后，书生余习，一切扫除 · 课余，黄兴最爱棒球运动，和日本同学比赛，"屡次胜之"②
蔡锷	· 蔡锷说，"灵魂贵文明，而体魄则贵野蛮"③ · 他指出，"凡做海水浴者，原为锻炼身体"④ · 蔡说，"疾在筋骨，非投以补剂，佐以体操，则终必至厥痿而死矣"⑤ · 他指出，"有坚壮不拔之体魄，而后能有百折不屈之精神；有百折不屈之精神，而后能有鬼神莫测之智略"⑥ · 蔡锷在日本留学期间，每日赴海滨做海水浴，他说"以烈日晒之，海水浸之，时晒时浸，日久不怠。久之，皮肤焦黑，便成铜筋铁骨矣"⑦
宋教仁	· 宋教仁"为了磨练革命意志，他常往黄兴组织的体育会练习打靶、骑马、舞枪"⑧ · 宋教仁练体操以提高体质

从表4-2中可以看出，在湖南"尚武"民风与维新士气影响下成长起来的黄兴、蔡锷、宋教仁等较早就对体育的强身作用有清楚的认知，由此形成了他们共同的体育强身观。他们认为，体育强身既包括健壮之身躯、劲悍之体魄与矫健之身手，也指能磨砺耐极苦与不畏险阻之志，磨砺刚毅不屈与激昂进取之志和立"精忠报国"之志，强身与励志相影相随、相辅相成。

黄兴与蔡锷关于体育的言论最多，其体育认知最具代表性。他们从大量的体育实践中体会到体育对于身心锻炼的价值，形成了以"体育价值认识"为重点的体育强身观。第一，他们深刻体会到了体育对于体力增长与躯体健壮大

① 田伏隆. 忆黄兴 [M]. 长沙：岳麓书社，1996：125.
② 田伏隆. 忆黄兴 [M]. 长沙：岳麓书社，1996：178.
③ 曾业英. 蔡松坡集 [M]. 上海：上海人民出版社，1984：21.
④ 曾业英. 蔡松坡集 [M]. 上海：上海人民出版社，1984：26.
⑤ 曾业英. 蔡松坡集 [M]. 上海：上海人民出版社，1984：29.
⑥ 王俊奇. 近现代二十家体育思想论稿 [M]. 北京：人民体育出版社，1979：115.
⑦ 曾业英. 蔡松坡集 [M]. 上海：上海人民出版社，1984：29.
⑧ 李喜所. 宋教仁留日时期的思想特点 [J]. 河北学刊，1984（1）：55.

有裨益。黄兴很早就有"练武习拳可以增强体力"的体认，进入新式学堂学习后，又提出了"不习体操，无以强身"① 的观点。蔡锷也在年少时说："做海水浴者，原为锻炼身体。"② 可见他们的体育认知首先是体育能使人身强体壮。第二，他们认识到体育能磨练意志。蔡锷说海水浴就是一个"以烈日晒之，海水浸之，时晒时浸，日久不怠。久之，皮肤焦黑，便成铜筋铁骨矣"③ 的过程，长期反复地锻炼，能"体力强悍，烈寒剧暑，风雨饥饿"④，达到"皆足毅然耐之而不觉其苦"⑤ 的体强意坚之状态。黄兴也称自己在日本常去操场，专心练习射击，其目的是"资其胆识"，从而将自身"书生余习，一切扫除"⑥。他们把体育从单纯的身体锻炼升华到灵魂和体魄相结合的层面。第三，体育能促进身体发育。这是在他们成年后，由全面地学习西学后提出来的。蔡锷在《军国民篇》一文中就表达了这个观点。他说，成年之前的十几年是一个人生长发育的阶段，应该多进行体育活动，促进身体发育。而清政府当时推行的"八股取士"制度下的传统教育缺少体育教育，"一心只读圣贤书"严重阻碍了个体的生长发育。黄兴也大力呼吁"宜注意尚武，一以对外，一以发育身体"⑦。第四，他们还认识到了体育对于恢复健康的功效。蔡锷在《军国民篇》中就提到"疾在筋骨，非投以补剂，佐以体操，则终必至厥痿而死矣"⑧。由此可见，他们已经具有科学的体育认知，将体育视为恢复健康的必要手段。显而易见，以上四个观点均指向个人身心的强壮与健康，表达了他们对体育的价值判断。除了在体育价值认知上有明确的表述外，该群体的体育强身观之核心内容亦体现在他们提出"强身而有为"的观点上，即将强身的目的指向"有为"这一更具社会责任感与担当精神的层面上。这个"有为"随着他们活动空间的变化与革命任务的变化而变化。在革命初期，他们的活动主要是在学校教学或是为报刊撰稿，因此他们的"有为"是为宣传革命与尚武，点燃星星之火，发展革命力量，培养报国人才。在革命中期，他们的"有为"主要是发动起义与发展新军。而到了革命胜利后，他们的"有为"则是如何建设民主共和的国家与抵抗虎视眈眈的外敌。无论是哪种"有为"，强健的身体都是前提和基础。

---

① 彭平一，黄林. 黄兴教育思想刍议［M］. 长沙：湖南师范大学出版社，1990：261.

② 曾业英. 蔡松坡集［M］. 上海：上海人民出版社，1984：26.

③ 曾业英. 蔡松坡集［M］. 上海：上海人民出版社，1984：29.

④ 曾业英. 蔡松坡集［M］. 上海：上海人民出版社，1984：25.

⑤ 曾业英. 蔡松坡集［M］. 上海：上海人民出版社，1984：15.

⑥ 毛注青. 黄兴年谱［M］. 长沙：湖南人民出版社，1980：34.

⑦ 薛学共. 湖湘文化与毛泽东军事思想研究［M］. 长沙：湖南师范大学出版社，2007：150.

⑧ 曾业英. 蔡松坡集［M］. 上海：上海人民出版社，1984：13.

在该群体之体育强身观的支配下，黄兴喜欢户外活动，"课余喜爬山、游水、钓鱼"①。黄兴在少年时跟随浏阳拳师习练巫家拳。习武使黄兴臂力大增。他一次举起一百多斤的重物而面不改色，并且身手更矫健，体格更强壮。蔡锷、宋教仁与唐群英少年时期亦在家随长辈习武强身。唐群英出生将门之家，父辈多受封将军。她自小随父骑马练剑，在湘中小有名气。成年后，该群体主要成员的思想更趋成熟，明确了革命救国志向的同时，也明确了要为以后的救国大业而进行体育锻炼。因此，在两湖书院读书的黄兴，除保持武术强身的习惯外，还"以练武习拳的劲力来练习书法，以弥补前人之不足"②，而且更加重视体操课的学习。每当上体操课，"着短装布鞋，如临敌阵一般集中精力、一丝不苟、动作无不如度"③，还劝勉不愿上操的同学"强身而有为"。日本留学期间，黄兴专门去"日本射的会"重点练习各种姿势打靶，"即日本人所谓的射的，的（即靶）有大小隐现活动之分，射有立、膝、伏之势，近能射的"④。由于黄兴扎实的武术与兵操基础，以及他良好的身体素质，所有规定的项目在三日之内全部练习完毕。黄兴每天清晨先练习枪法，只要有时间就去观看日本士官联队的兵操演练。"凡枪能连中靶之红心者，即得银质奖牌。公射无不中，书案累累满屉者，皆奖牌也。"⑤ 黄兴还专门去学习了日本剑道。宋教仁"为了磨练革命意志，他常往黄兴组织的体育会练习打靶、骑马、舞枪"⑥。唐群英常去武术会练枪。首次去时，日本人见她是一介女流，不让入内。唐以精湛之剑术让众人折服。蔡锷在树立了从军救国志向后，每日赴日本横滨做海水浴锻炼身体与磨练意志。而后，他以优异的体操、射击等技能成绩在毕业军体技能比赛中名列前茅。与张孝准、蒋百里并称为"中国士官三杰"。回国后，蔡锷也经常练习，常常追逐快马，纵身而上，身手矫健。其娴熟快捷的体操、马术动作，令学生非常钦羡，称赞他是"人中吕布，马中赤兔"。即使在戎马倥偬的革命生涯中，他们依旧"对于身体十分注意，勤练不辍"⑦。黄兴日常"于文事之外，更娴武术，平居无事，喜控烈马舞剑以为乐"⑧。革命后期，每次东渡日本，他总是尽可能在周日抽空去牛町区神乐坂"武术会"练射击，长子一欧与陈嘉会等革命人士亦常随他前往。打猎、海滨

---

① 毛注青. 黄兴年谱 [M]. 长沙：湖南人民出版社，1980：4.

② 萧致冶. 黄兴评传 [M]. 南京：南京大学出版社，2001：35.

③ 田伏隆. 忆黄兴 [M]. 长沙：岳麓书社，1996：125.

④ 田伏隆. 忆黄兴 [M]. 长沙：岳麓书社，1996：178.

⑤ 田伏隆. 忆黄兴 [M]. 长沙：岳麓书社，1996：20.

⑥ 李喜所. 宋教仁留日时期的思想特点 [J]. 河北学刊，1984（1）：55.

⑦ 林增平，杨慎之. 黄兴研究 [M]. 长沙：湖南师范大学出版社，1990：332.

⑧ 冬山，天忏生. 黄克强蔡松坡轶事 [M]. 台北：台湾文海出版社，1970：10.

散步、打拳、剑术、射击、马术、体操、棒球、围棋、跑步等也是黄兴经常采用的强身项目。蔡锷的学生也经常看到蔡锷练习骑马。体育锻炼不仅为他们打下了扎实的身心基础，也提高了其杀敌护身技能。黄兴的射击术"每射必中，弹无虚发"，剑道技术高超。在武昌首义中，退守汉阳的敌人在暗处用手枪对准黄兴时；他迅速拔刀，一刀毙其命。黄花岗起义与钦廉起义中，黄兴均是带领极少人马深入险境，对抗数量庞大的敌军，出生入死，却屡屡能保全性命，这与黄兴本人极高的武艺与强壮的身体素质是分不开的。多年的锻炼，黄兴体貌魁伟且身体强健，"雄健不可一世"①。蔡锷经过长期的习练不但提高了其游泳与潜水水平，并能长距离地游泳与长时间地潜水，亦磨练了其军人意志，提升了其军人素养，从"白帽轻衫最少年"的书生，转变为智勇双全、文武兼备的护国名将。相较于前几代人才群主要通过养生体育强身健体，黄兴人才群的强身手段中西结合，并且随其年龄的增长而更重视西方盛行的近代体育项目。如果将其体育言行按乡间传统教育时、新式学堂求学中、留学日本后这三个阶段划分，就能看到这一明显变化。

由上可见，以黄兴、蔡锷、宋教仁为代表的湖南第四个人才群"强身而有为"的体育思想是建立在他们对体育价值的认知基础上的。"强身而有为"的体育强身观是驱动该群体成员投身体育活动的重要机制，它既体现了体育的生物学功能又体现了社会性需要。因此，"强身而有为"的体育强身观是该群体之体育思想的重要组成之一。

（二）"尤重体育一端"的体育教育观

近代湖南第四个人才群非常重视教育。黄兴说"欲言建设，当得人才；欲得人才，当兴教育"②。蔡锷在《军国民篇》中专辟一章论述教育之重要性，"教育者，国家之基础，社会之精神也。人种之强弱，世界风潮之变迁流动，皆于是生焉。东西各强国，莫不以教育为斡旋全国国民之枢纽③。他们"主张对受教育者进行德、智、体诸方面的教育"④。在这些教育内容中，他们尤其重视体育教育，"提倡尚武精神，主张普及体育"。黄兴曾就教育问题分别给当时的民国总统、总理、教育总长、教育次长及各省都督发出电文，提出实行德、智、体等多方面的教育意见，并着重提出要推行军国民教育的主张。表4-3展示了近代湖南第四个人才群关于体育教育的言论及实践。

---

① 林增平，杨慎之. 黄兴研究 [M]. 长沙：湖南师范大学出版社，1990：316.
② 湖南省社会科学院. 黄兴集 [M]. 北京：中华书局，1981：240.
③ 曾业英. 蔡松坡集 [M]. 上海：上海人民出版社，1984：23.
④ 林增平，杨慎之. 黄兴研究 [M]. 长沙：湖南师范大学出版社，1990：261.

表4-3　第四个人才群的体育教育观及其实践

代表人物	体育教育观及其实践
黄兴	·黄兴指出"欲言建设，当得人才；欲得人才，当兴教育"① ·他倡议"须设立极大师范"② ·黄认为"现在以提倡尚武教育为最要" ·他说"体育为科学之必要"③ ·黄兴提倡尚武精神，主张普及体育 ·1904年，黄兴从日本宏文学院速成师范科毕业后，在明德学堂等学堂担任体育科等教员 ·黄兴于1912年3月发起创建拓殖学校，每学年均安排体育课，提出了推行军国民教育等一系列的见解，蕴含着德、智、体等多方面的教育意见 ·他提议在湖南设立体育专修学校 ·黄兴在儿子一欧五岁时就开始对其实施体能训练，而后，带他练习射击，学习剑道，并常叮嘱他注意锻炼身体，搞体育要有多方面的锻炼
蔡锷	·蔡锷在《军国民篇》中重点论述了严复"于国民德育、智育、体育三者之中，尤注重体育一端"的观点，并表示十分赞同 ·蔡锷指出"古之庠序学校，抑何尝忘武事哉？壶勺之典，射御之教，皆所以练其筋骨而强其体力者也"④ ·他认为"体操一端，各国莫不视为衣服饮食之切要"⑤ ·蔡说"乃创体育会，而支会亦相继林立，招国中青年而训练之" ·他指出"妇女之教育与男子颇相仿佛，其主旨在勇壮活泼，足以生育健儿云"⑥ ·蔡锷在湖南"武备学堂""兵目学堂"及广西随营学堂等学堂任教并开办了广西陆军小学堂、干部学堂、讲武堂等新式学堂 ·蔡在任云南总督时，命令军队的军士到中小学及师范学校做军事教员，省级师范生要求要有三个月的军事课，全省的各个小学要教授兵式体操
陈天华	·陈天华非常关注体育。面对中国的衰弱现状，陈天华认为如果每个国人都有一个好身体与一颗爱国之心，那么我们国家就不用惧怕任何国家

---

①　湖南省社会科学院. 黄兴集 [M]. 北京：中华书局，1981：240.

②　刘泱泱，陈珠培，刘云波. 黄兴集外集 [M]. 长沙：湖南人民出版社，2002：221.

③　刘泱泱，陈珠培，刘云波. 黄兴集外集 [M]. 长沙：湖南人民出版社，2002：221.

④　曾业英. 蔡松坡集 [M]. 上海：上海人民出版社，1984：24.

⑤　曾业英. 蔡松坡集 [M]. 上海：上海人民出版社，1984：23.

⑥　曾业英. 蔡松坡集 [M]. 上海：上海人民出版社，1984：20.

　　从表 4-3 可以看出，近代湖南第四个人才群在通过体育教育培养人才方面有着高度相似的认知，特别看重体育教育的作用。他们的体育教育观主要包括以下内容：第一，"立国之本"的体育地位观。黄兴说，"体育为科学之必要""现在以提倡尚武教育为最要"。蔡锷更是提出了严复的尤其注重体育是独得"欧美列强立国之大本也"① 的观点，明确阐述了体育对于国计民生的重要作用和体育教育在国家层面上的地位。第二，尤重体育的教育观。近代湖南第四个人才群认为，从国家发展的角度看，不但要重视人才的文化知识与道德素养，更应重视人才的体育能力，以"炼成强健身体作道德学问事业的基础"，培养学生的体育能力，提高他们的体质。第三，完善人格的妇女体育观。蔡锷在 1902 年就已经提出要重视妇女体育，倡导妇女从事体育锻炼。为什么要重视体育教育呢？蔡锷在 1902 年发表的《军国民篇》中就进行了详细的阐述。他说，中国屡受欺侮，不但经历了八国联军火烧圆明园的侮辱，还败给了历史上长期唯天朝是尊的日本国。究其原因，教育的失败与尚武教育的长期缺失是其主要原因之一。因此，必须"尤重体育一端"加强体育教育，改变这种状况。

　　在该群体的体育教育观引领下，黄兴、蔡锷等通过学堂体育教育和训练，培养文武兼备的人才。蔡锷曾在湖南"武备学堂""兵目学堂"及广西随营学堂等学堂担任教官，亲自示范，并经常叮嘱学生要锻炼好身体。黄兴先后在明德学堂、湖南民立第一女学任体育教员，此后又在湖南中路师范学堂（即毛泽东后来就读的湖南省立第一师范学校，又简称"一师"）任教。他从"要振兴中华，国民非有健壮的体魄不可"的思想出发，要求学生进行体育活动以提高体质，"为以后革命活动做准备"②。在教学中主要教授当时世界流行的瑞典体操，"教翻杠子，做柔软体操，玩哑铃"③。此外，黄兴还经常与同事交流经验，探讨兵式体操的教学，并且常常从外校请体操技术水平很高的社会人士来讲学，如新军中的统带蔡锷、陈其采。黄兴还重视课外活动的开展，亲做表率，平日在校园内常穿运动服，"在学堂里多穿一种对襟短装的体操服（俗称操衣）"④，"与同学生们踢球、翻杠子，散步……"⑤ 1912 年 3 月，黄兴发起创建拓殖学校，在该校的课程安排上，每学年的课程设置里都有体育课，具体的教学内容是"第一学年：兵操。第二学年：兵操、马术。第三学年：兵

① 曾业英. 蔡松坡集 [M]. 上海：上海人民出版社，1984：21.
② 萧致治. 领袖与群伦——黄兴与各方人物 [M]. 武汉：武汉大学出版社，1991：125.
③ 毛注青. 黄兴年谱 [M]. 长沙：湖南人民出版社，1980：23.
④ 刘泱泱，陈珠培，刘云波. 黄兴集外集 [M]. 长沙：湖南人民出版社，2002：221.
⑤ 刘泱泱，陈珠培，刘云波. 黄兴集外集 [M]. 长沙：湖南人民出版社，2002：221.

操、马术"。由于黄兴在体育工作方面成绩突出，培养了一批文才武略集于一身的英才，如宁调元等。针对当时体育专业人才极为匮乏的状况，黄兴和蔡锷呼吁要重视体育专业人才培养。早在 1902 年，蔡锷在《军国民篇》中就提出要重视体育专业教育。他认为国民体育教育要发达须兴办体育专业教育，并提倡学习日本创设专门的体育会，即相当于体育专业教育，招青年训练，各学校的体操教习都可以从这些青年中聘请。"乃创体育会，而支会亦相继林立，招国中青年而训练之""仅历二载，而各地学校之体操教习，殆皆取自该会"。大革命胜利，民国伊始，黄兴立即提出了要设立体育专修学校，以培养体育专业人才。黄兴回湘省亲时，湖南省十团体联会召开欢迎会。会上，他针对湖南省尚没有一所专门培养体育人才的高等院校的情况，提议"须设立极大师范"。考虑到当时的中国国情，"以提倡尚武教育为最要"，要全面开展尚武教育，就需要有大量的体育师资。

该群体还十分重视妇女体育教育。蔡锷说欧美各国"其教育专主体育"，"妇女之教育与男子颇相仿佛，其主旨在勇壮活泼，足以生育健儿云"。而将妇女体育教育落到实处的是唐群英，她先后参与开办"中央女子学校""女子美术学校""自强职业女校""复陶女校"和"岳北女子职业学校"等，在这些学校中实践妇女体育教育。她的好姐妹陈撷芬也专门撰写文章《论女子宜讲体育》，指出体育可使女性免受奴役的地位。此外，该群体亦重视家庭体育教育。他们重视培养后代的体育能力及体育兴趣，促进子女早日成材。黄兴在儿子一欧 5 岁时就开始对其实施体能训练，"在脚上扎沙包跳板凳"，于其脚上扎两斤来重沙包在操场上晨跑。一欧稍长，黄兴便常常带他去日本武术会练习射击，叮嘱他跟随日籍友人学习剑道，更时常提醒他"注意锻炼身体，搞体育要有多方面的锻炼"。黄兴子女多数体格强壮长寿，他的子女平均寿命都很长，堪称高寿，这应该与黄兴重视家人的体育教育训练有极大关系。

由上可见，以黄兴、蔡锷为核心的湖南第四个人才群之"尤重体育一端"的体育教育观不仅体现在学校体育领域和体育专业人才培养方面，而且也体现在妇女体育教育和家庭体育教育方面。

（三）"武事为先"的尚武强军观

湖南第四个人才群的代表人物均为辛亥革命中的领军人物。黄兴与蔡锷是中国近代著名的军事家，他们在革命生涯中特别注重军队建设。蔡锷说"吾国军事教育太觉缺乏，而军事教育的主体在军队"；黄兴也认为"军人为国防之命脉"，而体育是提高军队将士体力、技能与士气等整体素质的重要手段，因此"黄兴一贯重视体育，尤其是'军事体育'"，黄兴"立志于革命的时候，他便将体育作为培养和造就革命力量的重要手段之一"。表4-4综合概述了第四个人才群的尚武强军思想及其实践。

表4-4　第四个人才群的尚武强军观及其实践

代表人物	尚武强军观及其实践
黄兴	·黄兴指出"国家当难，武事为先"①，"国际竞争最后解决于武力"② ·黄指出"军队战斗力的强弱，并不在于人数的多少，而主要在于军队的素质，在于军士坚定的意志、熟练的技术、良好的纪律、健壮的身体"③ ·他说"今后宜注意于军事的国民教育"④ ·黄兴与陈嘉立等人在长沙创立了扬子江野球会（又称湖南野球会），重组大森体育会 ·1913年黄兴又在日本创设了军事学校"浩然庐"
蔡锷	·蔡锷指出"吾国军事教育太觉缺乏，而军事教育的主体在军队" ·他说"兵力者武力之主体"⑤，"兵在精，不在多"⑥ ·蔡认为"练兵之主旨，修其精神、锻炼体魄、娴熟技艺"⑦ ·他说"必先授以徒手教练及体操"⑧ ·蔡指出"其精神，其体力，非于平时养之有素，练之有恒，岂能堪此"⑨，"宜于平时竭尽手段以锻炼其体魄"⑩ ·蔡锷先后编著了《军国民篇》《曾胡治兵语录》《军事计划》等军事著作

从表4-4可以看出，在反清御外的目标指引下，近代湖南第四个人才群形成了共同的体育强军观。他们的体育强军观包括以下三个内容："武事为先"的军事地位思想；"强体、练心、娴技"的军体训练思想和"全民皆兵"的军国民思想。

---

① 湖南省社会科学院. 黄兴集 [M]. 北京：中华书局，1981：128.
② 湖南省社会科学院. 黄兴集 [M]. 北京：中华书局，1981：295.
③ 陶用舒. 论黄兴的军事思想 [J]. 求索. 2001 (5)：135.
④ 毛注青. 黄兴年谱 [M]. 长沙：湖南人民出版社，1980：244.
⑤ 曾业英. 蔡松坡集 [M]. 上海：上海人民出版社，1984：277.
⑥ 曾业英. 蔡松坡集 [M]. 上海：上海人民出版社，1984：279.
⑦ 曾业英. 蔡松坡集 [M]. 上海：上海人民出版社，1984：249.
⑧ 曾业英. 蔡松坡集 [M]. 上海：上海人民出版社，1984：310.
⑨ 曾业英. 蔡松坡集 [M]. 上海：上海人民出版社，1984：249.
⑩ 曾业英. 蔡松坡集 [M]. 上海：上海人民出版社，1984：249.

从"武事为先"的军事地位观看，当时世界各国竞言武备，环伺中国，虎视眈眈，而国内清政府的军队虽然在器物层面上近代化了，但是其人员思想腐败，士兵身体素质与士气较差，难以与列强抗衡。因此，黄兴与蔡锷直言"国家当难，武事为先"与"外交之胜败，系乎武力之强弱"。意思就是国内形势严峻，清政府对外软弱、对内鱼肉百姓的政策让有志之士看不到国家希望，而外敌伺立于门口，伺机瓜分中国。当时的国情，只有强大的军事力量是国家安危的最重要的保障。所以必须树立"武事为先"的军事地位观。从强体、练心、娴技的军体训练思想看，蔡锷从曾国藩的练军思想中提炼出包括修养精神、锻炼体魄、娴熟技艺的军体训练观，备受黄兴等近代湖南第四个人才群成员的认可。"修其精神"包括培养爱国精神、尚武精神以及军人职业道德如纪律性等。"锻炼体魄"，就是强调要进行严格的体力锻炼，来增强军人体质。"娴熟技艺"，就是要对将士进行军事作战技能与对抗技能的训练，以提高其战斗力。蔡锷认为徒手训练和体操等体育训练应为军事教育中最先进行的，"必先授以徒手教练及体操，授以器，使朝夕相习焉"①，且应在平时进行严格而有恒的常规训练，"其精神，其体力，非于平时养之有素，练之有恒，岂能堪此"②，"宜于平时竭尽手段以锻炼其体魄"③，且坚壮不拔之体魄是百折不屈的精神和鬼神莫测之智略的前提基础。三者具备后，再加以军事知识学习来开拓智慧，则良将强兵可养成了。从"全民皆兵"的军国民体育思想来看，基于中国当时的国情，该群体认为仅仅加强军队军事体育训练以提高军队素质是不够的，而应普及军国民教育，在全国范围内对普通民众进行军事体育训练，从而培养国人强健的身体、尚武与敢于赴死的精神，造就全民皆兵的局面，一旦外敌入侵发生战争，不患兵源。黄兴说过，"国际竞争最后解决于武力""今后宜注意于军事的国民教育"。因此，必须在全国范围内普及军国民教育。

在该群的体育强军观的支配下，针对当时国内革命党军事力量不足的现状，黄兴、蔡锷等进行了大量的相关实践活动。

其一，他们在建军方略中详细制定了军事体育训练的计划，奠定了用近代军事体育项目训练将士的理论基础。1906年，黄兴参与编纂同盟会文件《中国同盟会革命方略》，详细规定了军队采用军事体育项目进行训练等内容。蔡锷在《军事计划》《曾胡治兵语录》和《军国民篇》等著作中阐述了"军事

---

① 曾业英. 蔡松坡集 [M]. 上海：上海人民出版社，1984：310.
② 曾业英. 蔡松坡集 [M]. 上海：上海人民出版社，1984：249.
③ 曾业英. 蔡松坡集 [M]. 上海：上海人民出版社，1984：249.

体育训练就是提高士兵整体素质的重要手段"的理念。

其二，他们在尚武强军思想的推动下，建立军事体育学校与团体，通过军事体育训练培养军事精英与将才。黄兴在同盟会中曾组织以暗杀为目的的团体——"丈夫团"。会中人员均习练武艺与射击等技能。黄兴与陈嘉立等人在长沙创立了湖南首个体育社团——湖南野球会（又称扬子江野球会），既练习棒球又学习抛炸弹等军事技能，培养军事人才。几次起义失败后，黄兴等深切认识到必须使参战人员训练有素。因此，他重组"大森体育会"，借体育之名培养军事精英。参加该会学习的有林时爽、刘揆一、焦达峰等七十余人，这些学员后来都成为中国近代革命的骨干力量。1913 年黄兴又在日本创设了"浩然庐"这所专门用于培养军事人才的军事学校。大革命胜利后，黄兴组建陆军将校联合会，其目的是"国家当难，武事为先，欲谓辅助进行之方，该会借集思广益之力是以纠合同志，创设陆军将校联合会，结成一大团体……铸成中华伟大之军人，以共济时艰"①。投身于军伍的蔡锷非常重视军队体育教育与训练，培养与提携军事人才。他先后在湖南、江西、广西、云南等省担任教练处帮办、随营学堂监督、总理官、教务官、营长、标统、协统（相当于旅长）等名目繁多的军事教育职务。在这些学堂或军营中，他着意培养与提携军事人才。唐继尧、李根源、白崇禧、朱德等就是从他的部队或创办的学堂中走出来的军事干将，这些人是二次革命、护国运动、北伐战争或抗日战争与中国人民解放战争中的重要将领。秋瑾、陈撷芬与唐群英等女性在日本创立的"共爱会"，其宗旨是"反对清廷，恢复中原，主张女子从军，救护受伤战士"。

其三，为了推动"尚武强军"，该群体许多成员都曾担任教官，训练士兵，提高士兵战斗力。蔡锷、黄兴等认为"军队战斗力的强弱，并不在于人数的多少，而主要在于军队的素质……良好的纪律、健壮的身体"②。他们经常亲自上阵，训练与教授士兵和会中人员。黄兴在拒俄义勇队与军国民教育会中担任射击教练。在"大森体育会"中，他除聘请日本退伍军官担任教练外，也自任教练，教授枪法及作战技巧。革命初期，为组织起义，黄兴常"招练新军备战"。蔡锷在讲武堂与军营中也常常为学员与部下做示范，教授将士与学员。而唐群英与张汉英等组建了女子北伐队，也时常亲自训练队员。

其四，该群体成员注重宣扬从军乐，营造尚武乐军的社会氛围。他们在强

① 湖南省社会科学院. 黄兴集 [M]. 北京：中华书局，1981：128.
② 陶用舒. 论黄兴的军事思想 [J]. 求索，2001（5）：135.

调尚武强军观、加强军队建设的同时，还注意到社会对军人的看法于军队建设的重要性。因此他们多方宣扬，提倡尚武体育，如黄兴多次在各种欢迎会上提出，"是宜注尚武"。宋教仁与陈天华也是尚武宣传的干将。蔡锷则对军人和从军者的角色地位进行了评述。他认为，军人担负着保家卫国的重任，他们舍田园而就疆场，弃安乐而就劳苦，为国家和人民轻生死、绝利欲，应受到全社会的尊重。"呜呼！兵者，国家之干城。国民之牺牲，天下之可尊可敬可馨香而祝者，莫兵若也。捐死生，绝利欲，弃人生之所乐，而就人生之所苦，断一人之私，而济一国之公，仁有孰大于兹者！而乃以贱丈夫目之，不亦奇乎"①，"以其为国勤力，倚若长城，故军人之名誉，军人之身份，皆为社会所重视"②。

　　其五，该群体成员大力提倡军国民教育。蔡锷是中国提倡军国民教育第一人，著有《军国民篇》等重要著作。在《军国民篇》中，他指出"中国之病，病在国力孱弱，生气消沉，扶之不能止其颠，肩之不能止其坠"③，"乃筋骨窳弱，膂力不支"之缘故，何以为解？"非投以补剂，佐以体操，则终必至厥痿而死矣"④。意思是，中国当时的现状是军队素质低劣、国防实力太弱，犹如人之摇摇晃晃，即将倒地，其原因在于国民体力低下，国家武力不振，如若不对症下药以济之，再加以练体操强健其筋骨、膂力，则会晕厥、萎缩、痿顿而死。他呼吁"吾不欲中国之竞言军备，而欲其速培养中国国民能成为军人之资格，资格既备，即国家不置一卒，而外虏无越境之虞。偶有外衅，举国皆干城之选矣。军国民兮，盍归乎来"⑤。因此，蔡锷呼唤着军国民思想的回归。他认为不仅要培养出合格的军人，也要培养出合格的国民，使军队成为全民学习的楷模、榜样。他说"造良兵，即所以造良民，军队之教育，即所以陶冶国民之模型也"⑥。黄兴等该群体的成员对蔡锷的军国民体育思想一致认同，并在推行军国民教育中发挥了重要作用。

　　由上可见，以黄兴、蔡锷等为代表的湖南第四个人才群在长期的武装革命斗争中形成了一个包括军事地位、军体训练和军国民思想在内的尚武强军观，并在制定军事方略、建设军事团体、投身军事训练、宣扬尚武乐军和推行军国民体育等方面进行了大量实践。因此，"武事为先"的尚武强军观成为该群体

①　吴庆华. 我国近代军国民教育的报晓声 [M]. 武汉：武汉体育学院出版社，1999：27.
②　吴庆华. 我国近代军国民教育的报晓声 [M]. 武汉：武汉体育学院出版社，1999：29.
③　曾业英. 蔡松坡集 [M]. 上海：上海人民出版社，1984：201.
④　曾业英. 蔡松坡集 [M]. 上海：上海人民出版社，1984：13.
⑤　曾业英. 蔡松坡集 [M]. 上海：上海人民出版社，1984：32.
⑥　曾业英. 蔡松坡集 [M]. 上海：上海人民出版社，1984：309.

之体育思想的一个重要组成部分。

(四)"共济时艰"的尚武救国观

以黄兴、宋教仁、蔡锷为代表的湖南第四个人才群的成员首先是爱国者，爱国主义思想是他们一生行动和思想的基点。黄兴"以勇健开国"，被誉为民国第一人。蔡锷是一个真诚的爱国者，他坦言自己的志向是"我辈军人非大发志愿，以救国为目的，以死节为归宿，不足渡同胞于苦海，置国家于坦途"。他在护国军挺进永宁前夕的家信中说："余素抱以身许国之心，此次尤为决心，万一为敌贼暗算，或战死疆场，决无所悔。"[1] 蔡锷面对"而今国土尽书生，肩荷乾坤祖宋臣"的现状，发出"流血救民吾辈事，千秋肝胆自轮菌"的呼喊，从此矢志于军校，立志做一名优秀的军人。黄兴、陈天华等亦是如此，先后走上了尚武救国的革命道路。表4-5综合呈现了该群体的尚武救国思想及其实践。

表4-5　第四个人才群的尚武救国观及其实践

代表人物	尚武救国观及其实践
黄兴	·黄兴带头发起组织陆军将校联合会，说"创设陆军将校联合会，结成一大团体互相研究箴勉，铸成中华伟大之军人，以共济时艰"[2] ·黄兴认为"救国不独要文，更要武"[3]，"决心弃文习武"[4]，"投笔方为大丈夫"[5] ·他说"只有学好文武两种本领，同时'常存亡国亡种之心'，那么'天下之事皆可任也'"[6] ·他指出"宜注意尚武，一以对外，一以发育身体"[7] ·黄兴"以勇健开国"，被誉为民国第一人

---

① 曽业英. 蔡松坡集 [M]. 上海：上海人民出版社，1984：890.

② 湖南省社会科学院. 黄兴集 [M]. 北京：中华书局，1981：128.

③ 石彦陶，石胜文. 黄兴传 [M]. 北京：人民出版社，2004：31.

④ 萧致冶. 黄兴评传 [M]. 南京：南京大学出版社，2001：46.

⑤ 湖南省社会科学院. 黄兴集 [M]. 北京：中华书局，1981：16.

⑥ 田伏隆. 忆黄兴 [M]. 长沙：岳麓书社，1996：179.

⑦ 薛学共. 湖湘文化与毛泽东军事思想研究 [M]. 长沙：湖南师范大学出版社，2007：150.

续表

代表人物	尚武救国观及其实践
蔡锷	·蔡锷指出"我辈军人非大发志愿，以救国为目的，以死节为归宿，不足渡同胞于苦海，置国家于坦途"① ·他说"余素抱以身许国之心，此次尤为决心，万一为敌贼暗算，或战死疆场，决无所悔"② ·蔡认为"中国之病，病在国力孱弱，生气消沉，扶之不能止其颠，肩之不能止其坠"③ ·他说"居今日而不以军国民主义普及四万万，则中国其真亡矣"④ ·蔡认为"造良兵，即所以造良民，军队之教育，即所以陶冶国民之模型也"⑤ ·他说"国民之体力为国力之基础，强国民之体力，为强国民之基础"⑥ ·蔡指出"体魄之弱，至中国而极矣"⑦
宋教仁	·宋教仁等参加拒俄义勇队与军国民教育会，积极参与体育训练与救国行动
陈天华	·陈天华说"国不安，吾不娶" ·陈天华破手血书寄示湖南各学堂，遂令各府、州、县开设武备讲习所 ·陈天华撰写便于阅读的白话文《猛回头》和《警世钟》两本书，而后任同盟会机关报《民报》编辑，发表《最近政见之评决》《中国革命史论》《狮子吼》等政论和作品，广为流传，引起强烈反响，其中亦涉及到体育问题

　　从表4-5可以看出，第四个人才群的尚武救国思想包括以下三个观点：一是救国不但要有文还要有武的思想；二是"强国家之基础"思想；三是"共济时艰"的铁血精神。

　　黄兴、蔡锷等人面对着专制统治与列强环伺的双重危机，围绕救国目标，针对民力孱弱与军事力量弱小的现状，提出了尚武救国观。这一观点主要体现在如下三个方面：第一是救国不但要有文还要有武，其核心意义是主张尚武救

---

① 蔡锷著. 刘武达编. 蔡松坡先生遗集 [M]. 台北：文海出版社，1978：8.
② 曾业英. 蔡松坡集 [M]. 上海：上海人民出版社，1984：890.
③ 曾业英. 蔡松坡集 [M]. 上海：上海人民出版社，1984：201.
④ 曾业英. 蔡松坡集 [M]. 上海：上海人民出版社，1984：949.
⑤ 曾业英. 蔡松坡集 [M]. 上海：上海人民出版社，1984：309.
⑥ 曾业英. 蔡松坡集 [M]. 上海：上海人民出版社，1984：213.
⑦ 曾业英. 蔡松坡集 [M]. 上海：上海人民出版社，1984：213.

国。黄兴、蔡锷、宋教仁、陈天华等认为只有通过宣传尚武，走武装革命的道路，彻底推翻清王朝，建立民主共和的新国家，才能实现中华民族的真正独立与解放，因此救国必须尚武。第二是"强国家之基础"，其核心思想是通过强民进而强军，实现救国的目的。民与军自古以来是国家之基础，民是军的来源，军是国之保障。黄兴、蔡锷等认为要实现尚武救国的目标，必须把强大国民和军队作为建立民主共和国家的基础。在该方面，军国民体育的推行将发挥极大的作用。第三是"共济时艰"的铁血精神，其核心价值是众志成城，舍生取义。黄兴、蔡锷等主张革命力量必须团结一致，共同面对危难局面，要发扬"十七次铁血起义"的精神，舍生取义在所不惜，以达成救国家与民族于危难的伟大目标。黄兴人才群的尚武救国思想较之曾国藩人才群的"尚武尚勇"救国观在性质上完全不同，前者是要推翻封建帝制，后者却是为了维护封建皇权。黄兴人才群的尚武救国观较之谭嗣同人才群的尚武救国观亦有一定差别，前者的目标是铲除封建制度，后者是改革封建制度。前者的革命彻底性远比后者要坚决。

在该群体的尚武救国观引领下，黄兴、蔡锷等坚决地走上了武装革命的道路，进行了尚武救国的大量实践。其一，他们改"尚武救国"之名号以明志。黄兴本名"黄轸"，立志革命后改名"黄兴"，字"克强"，号"竞武"，其尚武救国之志从其名字中即可见一斑。蔡锷原名艮寅，自立军起义失败后，他改名为锷，意为刺破青天。宋教仁取字钝初，陈天华号思黄，其意也在此。其二，他们以强身而有为之志勉励自己强身救国。黄兴早年即深知"救国不独要文，更要武"[1]。在两湖书院开设的体操课上，黄兴明确提出了"强身而有为"的主张，并"决心弃文习武"，疾呼"投笔方为大丈夫"。在日本进行教育考察时，黄兴特别关注日本的军事训练，他说"只有学好文武两种本领，同时'常存亡国亡种之心'，那么'天下之事皆可任也'"[2]。陈天华、宋教仁等亦是为了救国事业，常常习武练枪，锻炼身体。1903 年为了抗议沙俄的侵略行为，在日本的中国留学生组织成立"拒俄义勇队"，加紧兵操、射击、骑马等军事操练，准备开赴东北抗击沙俄侵略军。蔡锷、宋教仁、陈天华均加入其中。黄兴担任射击教练，教授队员枪法。其三，他们广为宣传尚武，大力提倡体育。黄兴在各种会议上均不遗余力地提倡尚武，"宜注意尚武"。蔡锷于 1902 便率先发表《军国民篇》，号召人们尚武救国。陈天华将一腔爱国情怀、救国抱负与尚武精神倾注在他的文字中。1903 年，沙俄制造惨案，在占

① 石彦陶，石胜文. 黄兴传 [M]. 北京：人民出版社，2004：31.
② 田伏隆. 忆黄兴 [M]. 长沙：岳麓书社，1996：179.

我国土的状态下，不但不退兵，反而提出无理要求。陈天华闻此，破手血书寄示湖南各学堂，遂令各府、州、县开设武备讲习所。陈天华在积极操练备战之时还"日作书报以警世"，并先后撰写便于阅读的白话文《猛回头》和《警世钟》两本书，而后任同盟会机关报《民报》编辑，发表《最近政见之评决》《中国革命史论》《狮子吼》等政论作品，广为流传，引起强烈反响。他所著的书以血泪之声，成为当时宣传革命的号角和警钟，唤醒了国人的尚武精神与爱国精神。唐群英与宋教仁写下大量的诗篇与文章宣传体育与尚武。他们的文字与言论，在国内引起了广泛的影响，使得尚武渐为各界人士所重视，尚武之风日渐成为社会风尚。其四，他们舍身成仁，武力救国。陈天华立誓"国不安，吾不娶"。蔡锷常言"以救国为目的，以死节为归宿"①。他们或以"素抱以身许国之心，此次尤为决心，万一为敌贼暗算，或战死疆场，决无所悔"②之良心血性，成千古名将；或组军建校，以"大丈夫当不为情死，不为病死，当为国杀贼而死"③之情操，成十七次铁血不灭之精神促成共和；或带领女子北伐队，陷阵杀敌，成"双枪女将"；或跻身虎穴，为国家争得主权与国土提供珍贵的资料。该群体成员均视尚武救国为革命要务，以赴死豪情与爱国精神，身先士卒、武力救国，共同为20世纪初那次翻天覆地的社会革命做出了重要贡献。

由上可见，近代湖南第四个人才群的尚武救国观内涵丰富，集中体现了该群体"共济时艰"的铁血精神。在这一观点引领下，该群体在尚武救国的道路上进行了大量实践。因此，"共济时艰"的尚武救国观是该群体之体育思想的重要构成之一。

二、第四个人才群的体育思想特征

（一）聚焦尚武

近代湖南第四个人才群大力引进近代西方与日本流行的军队体育项目，极力推崇尚武强军与尚武救国。尚武精神成为他们的体育思想的内核。该群体通过引进极具军事意义的近代体育项目来使自身与每个军人乃至全体国民身体强健、意志坚毅并且崇尚武勇。他们在社会中大力推广军事体育项目，开办了各类学校，组建了各种形式的社团。在这些学校与社团中，他们总是不遗余力地实施与开展尚武体育活动，使重文轻武的社会风气转向尚武乐军的社会风尚。

---

① 蔡锷著. 刘武达编. 蔡松坡先生遗集 [M]. 台北：文海出版社，1978：8.

② 曾业英. 蔡松坡集 [M]. 上海：上海人民出版社，1984：890.

③ 湖南省社会科学院. 黄兴集 [M]. 北京：中华书局，1981：1.

因而，该群体的体育思想具有突出的尚武性特征。

（二）趋于先进

该群体的成员代表着中国近代新式知识分子和中国资产阶级革命派，其体育思想既囊括了我国传统尚武文化的精华，又吸收了西方先进体育文化和日本"明治维新精神"的精髓，体现了当时先进的资产阶级民主革命文化。虽然他们的体育思想以军队体育及尚武精神为重点，但是他们的体育视角同时也关注到国民体育、学校体育、女子体育及家庭体育等多个方面，并有众多相关论述和实践。他们在国内广泛宣传与推广近代体育项目，使中国体育逐步迈进近代化。因而，该群体的体育思想具有相对先进性。

（三）指向救国

该群体的体育思想目标指向救亡图存、救国救民。为了拯救中华，他们弃文从武、投笔从戎，义无反顾地走上了武装革命的道路。他们大力倡导的军国民体育被当时社会视为强民救国的良药。他们推行的军体项目，如体操、骑马、射击等，对于武力救国具有高度的实用性，符合当时中国国情和军国民体育发展需要。因此，该群体的体育思想亦具有指向救国的特点。

第十五章 近代湖南第四个人才群的体育思想溯源

无论是个体还是群体，其体育思想的产生与发展都难以脱离特定的历史时代和人文地理环境而独立存在。尤其是站在时代浪尖上，引领 20 世纪初那次终结了两千年封建统治大革命的湖南第四个人才群，其体育认知更是与当时的时代背景、文化熏陶不可分离，并受兴趣爱好与人生追求等多重因素影响。

一、危亡时势所迫

湖南第四个人才群的成员大都出生于晚清，驰骋于清末民初。这是一个饱含苦难、血泪的时代，是中国人在困境危难中不断奋起的时代。此时的中国历经鸦片战争、第二次鸦片战争、中法战争、中日战争等一连串的战争失利，国家遭受极大的破坏。《南京条约》《望厦条约》《黄埔条约》《瑷珲条约》《天津条约》《北京条约》《中英烟台条约》《伊犁条约》《中法新约》《马关条约》等一系列丧权辱国的条约相继签订，割地赔款，国权一次次在丧失，国土一步步被离析，国力一轮轮遭削弱。国门被轰开，外人涌入、政府不力、民权难保，中国民众不但被封建统治者鱼肉，更遭洋人宰割，身家性命朝不保夕。鸦片横行，使文弱的国人更遭五脏俱毁的摧残。中国面临数千年未遇之劲敌，华胄处于数千年未遇之劫难。面对如此时局，湖南第四个人才群的成员强烈地感知到国家的危难、人民的苦难和历史的使命。黄兴低吟"瓜分之祸，迫在眉睫"①。蔡锷痛曰"无面不祸，无地不祸，无日不祸"②。他们终于挺身而出，走上了救亡图存的革命道路。

鸦片战争后，国门洞开，中国社会在内在压力与异质文化的冲击下悲歌猛进，进入大分化、大改组、大变革及思想文化上的大转型时期。虽然洋务被炮火轰灭，维新以流血告终，但先贤们译书撰文、办学堂，促进了西学的广为传播，将向西方学习引导为社会时潮，加速了西学东渐的行程，中国社会进入全

---

① 湖南省社会科学院. 黄兴集 ［M］. 北京：中华书局，1981：75.

② 曾业英. 蔡松坡集 ［M］. 上海：上海人民出版社，1984：124.

面向西方学习阶段。西方哲学、社会学、教育学等理论不同程度地被国人学习、模仿，各种西学思想被国人借鉴。尤其是中日甲午一役之后，社会上各种救亡思潮涌动，如教育救国、实业救国、民族民主革命思潮等。先贤们建新军、派遣留学生，将体操引入军队与军事学校，带动了西方近代体育在中国的输入，使整军经武逐渐成为时代强音。这些举措又给后来者开阔了视野、提供了知识、活跃了思维、创造了机缘。受惠于此的第四个人才群之成员学贯中西、文明开化、思想活跃，极具时代的敏感性。他们在亲睹或亲历了变法悲剧及之后的"勤王"运动中，眼见先贤前辈、恩师兄长的努力与热血付诸东流，痛何以堪。然国难当前，痛定之后，他们没有悲观失望，没有怨天尤人，而是承接先行者的历史使命，探索救亡之路。湖南第四个人才群的体育思想就是在这种时代大背景下，对照西欧日本国盛民强、体育盛行、国人体格强壮之情形，反观国内儒雅相尚、文弱为怀、吸鸦片、缠女足、民体孱弱之现象而提出来的。他们在反清救亡的求学与革命生涯中形成了"尚武""习体操以强身""强身有为""强种强国""文明精神，野蛮体魄"等体育主张。

由此可见，危亡时势所迫是近代湖南第四个人才群之体育思想产生的重要社会源头。

二、中外文化熏陶

湖南第四个人才群的成员早年均接受过多年的传统文化教育。1902 年之前，黄兴均在国内求学，先后在城南书院、两湖书院等地学习。蔡锷中秀才后于 16 岁在时务学堂学习。宋教仁幼年即入私塾读书。陈天华自幼刻苦读书，先后入新化实学堂、岳麓书院、省城师范馆等处学习。唐群英自小在家乡的私塾学习。这个群体的成员均学习刻苦，成绩名列前茅，因而有深厚的传统文化基础。他们在湖南本土学习与生活，身受湖湘传统文化的濡染，受湖湘士风和民气的陶冶，深得传统文化元典精髓，传承了"士"的风范与"尚武任侠"的精神。近代湖湘文化继承了儒家忧患意识、经世致用、刚健自强的传统意识和墨家"崇尚武侠、尚力尚强、任侠轻命、不惜杀己以存天下"等元典精神，这些精神与"三苗""荆楚"等劲悍尚武的民风结合，焕发出近代湖湘文化"经世践行""爱国忧民""刚健自强""革故鼎新""劲悍尚武"等品格，在湖湘士林中流传，从而孕育出近代湖南各个杰出人才群。湖南第四个人才群就是在这样的文化氛围中成长，在先辈们的恩泽培育下，继承着湖湘"经世爱国""劲悍尚武"的传统并将其发扬光大。在体育方面，他们革故鼎新，故能抛弃祖宗成法，学习西方先进体育文化；他们劲悍尚武、刚健自强，故能与风行欧、美、日的体育思想会通，故能耐体育训练之艰苦，冒刀丛弹雨、枪炮横飞而勇往直前。

彼时，中国在甲午战争的刺激与维新运动的推动下，西学风行。在长沙、武汉等各大学府中，《时务报》《中外纪闻》等新报广被传阅，《民约论》《西洋革命史》等书籍也均有购买。黄兴、宋教仁、陈天华等广泛阅读西学，接受新知识。蔡锷则是自幼便在樊锥的指导下接受新学。唐群英虽身居庭院，却一边习武，一边博览群书，深受维新思想影响。他们主动学习欧美等国的政治与文化，并逐步触摸到了西方体育文化与日本的体育文化。此外，时务学堂从1897年开办起便开设"体操科"，并要求学生每日功课须修身，蔡锷即受教于此。在岳麓书院就读的陈天华耳濡目染，受其影响热爱体操。黄兴在两湖书院读书时，两湖亦开设体操科，接受了新式的体育教育。第四个人才群的成员均在西学东渐中学习并接受了欧美体育文化，践行了当时流行的体操等西方体育项目。中日甲午一役后，该群体的成员注重研究日本文化，探究日本强盛之缘由，崇仰明治维新精神，欣赏在明治维新过程中起过重要作用的武士及其武士道精神。黄兴十分景仰的西乡隆盛是明治维新三杰之一，萨摩武士出身。黄兴常在演讲中以西乡的事迹激励听众尚武革命。他参拜其墓，写诗缅怀他。他的日本友人均说黄兴"平生深深敬仰南洲（西乡隆盛号南洲）"，"恰似西乡南洲"。湖南第四个人才群中的多数成员先后都曾远赴日本，在日本学习生活过较长时间。他们置身于日本举国上下体育盛行的氛围中，受其大和魂与武士道精神的强烈感染。其时的日本国体育盛行，政府出于军国主义的需要，在学校教育中强制实行军国民体育，体操科是他们的必修科目。除了普通体操与世界流行的兵式体操外，还设置了剑道与柔道等本国传统体育科目，尤其重视兵式体操中的小队训练、队列练习等项目。小队训练和队列练习等军事体育内容被极度重视与推广。与此同时，"德、智、体"的三育教育也在部分学校中实行，如对近代中国教育做出过很大贡献的"宏文学院"。黄兴、陈天华等均曾在该校学习，参与了棒球、足球、帆船等欧美其他竞技运动，学习了多种现代体育项目。

由此可见，中外文化熏陶是近代湖南第四个人才群的体育思想形成的主要文化源头。

三、师长亲友引领

湖南第四个人才群之体育思想的形成还得益于他们所敬所亲的师长亲友。这些师长亲友或以维新思想开阔其见识，走在时代的前列；或以其尚武精神、爱国情操感染他们，促使其体育思想产生。

黄兴祖传武风，其父在他年少时延聘浏阳拳师授其巫家拳。唐群英出生武将世家，其三伯父战死沙场；四伯父诰授建威将军，获"靖勇巴图鲁"称号；其父唐星照为湘军干将，诰封振威将军，被赐"长勇巴图鲁"称号。宋教仁叔父尚武，在宋年少时，教他习武。刘道一、刘揆一两兄弟的父亲，颇具侠义精神，曾派刘揆一救湖南哥老会首领马益福。如此家风在他们的血脉中留下了尚武的因子。湖南第四个人才群的成员在他们的人生道路上也遇到了不少良师益友。蔡锷年少时被樊锥纳入门下。传道授业，并带他走入维新的新世界。而后，蔡锷入学时务学堂。其时谭嗣同是学堂的监督，唐才常是学堂的讲席，梁启超是中文讲习。他们尚武维新，以"三育并重"的方针教诲与影响着弟子，得到了蔡锷等时务学子的尊重与敬仰。在谭嗣同牺牲后，蔡锷等被梁启超召至日本并被推荐进入陆军学校学习。1901 年，梁启超发表《中国积弱溯源论》，其中便论及国人的"奴性"和"怯懦"乃"积弱之源"。1902 年，蔡锷发表了《军国民篇》，进一步阐述了积弱之源。同年，梁启超撰写《斯巴达小志》，详细介绍斯巴达的尚武精神，指出"尚武精神为立国第一基础"，与《军国民篇》相呼应，共倡尚武教育。蔡锷所撰的《军国民篇》与梁启超的主旨相近，可以说蔡锷军国民体育思想之形成，乃师长影响最巨。这两篇文章在国内外华人中引起巨大反响，共同促成近代"尚武"思潮的风行。同时蔡锷、石陶钧与范源濂等为时务学堂的同学。刘揆一与黄兴、陈天华是宏文学院同学并成为一生挚友。黄兴与宋教仁相识于武昌并成为至死不渝的挚友。唐群英与秋瑾相识于湖南荷叶塘，自小习武的她们一见如故，时常交流，共同走向尚武救国的道路。

由此可见，师长亲友引领是近代湖南第四个人才群之体育思想形成与发展的"人学"源头。

四、兴趣与追求使然

一个人的成长与思想凝练，一般是内因与外因共同作用的结果。除受社会环境制约、教育文化背景和人际关系因素的影响外，其个人兴趣倾向及人生理想追求亦具有不可忽视的作用。近代湖南第四个人才群体育思想的形成，固然有时势、教育、师友等外部因素的影响，亦与他们"任侠尚武"的兴趣倾向与"舍身救国"的人生追求有关。在三湘大地"劲悍决烈""好武少文"的民风陶冶下，以及前辈"力行致知、经世致用"学风与"敢为人先、舍我其谁"士气的长年孕育下，近代湖南第四个人才群逐渐表现出共同的任侠尚武的兴趣，也逐渐明确了舍身救国的人生志向。

　　黄兴在家乡有侠客的美称，"生性豪爽，喜欢打抱不平……"①。他曾痛揍恶霸曾氏，使其再不敢欺压乡人。孙文之子孙科回忆说"黄先生为人豪侠尚义，智勇兼备"②，对其侠义精神十分推崇。蔡锷给新婚妻子取名为"侠贞"，称赞她虽为女子却有侠义情怀，可见蔡锷内心对传统侠义精神之敬崇。唐群英自小博览群书，对古人中侠士义妇向来十分称道。而"侠之大者，为国为民"，侠之最高境界是为国家为民众谋幸福而不计个人生死。在传统文化的培育下成长的黄兴蔡锷等将侠义情怀与儒家的社会担当精神相结合，形成了舍身救国的人生追求。黄兴与蔡锷侧身行伍，他们在大革命与护国运动等战争中浴血奋战，终结了二千多年的帝制。宋教仁、陈天华亦然，最后以死报国。他们就是"侠之大者，为国为民"的表率。宋教仁早在读书期间，为了国事只身一人深入东北地区做调研，为当时政府争取国土主权提供了极为珍贵的参考资料，而后长年奔波于国内外，宣传、发动、组织起义，最后因维护共和而死于非命。陈天华更是舍身为国的极致代表。他为了唤醒国人、开发民智，写了大量的白话尚武文。他的文章字字泣血，阅者无不深受感动，顿生尚武爱国之情。陈天华在年华正好的三十岁左右，因国家主权受辱而蹈海自杀以警世人与当权者。宋、陈二人在人生道路的选择上虽然一个偏向政法、一个偏向文学，但在人生价值取向上，仍是其侠义精神的外化与救国追求的实践。宋教仁与黄兴相识于武汉，因任侠尚武的兴趣倾向与矢志救国的志气相投，遂成生死之交。而后他与黄兴共同为革命奋斗，一起创立华兴会，一同加入同盟会，一起为同盟会中事务尽心尽力，一起宣传尚武救国，策划、组织起义。陈天华的侠义尚武之情怀、舍身爱国之志向表现得尤为明显。他效法汉时霍去病"匈奴未灭，何以家为"，立誓"国不安，吾不娶"。与黄、蔡等一起创立"拒俄义勇队"、军国民教育会、华兴会等尚武革命团体。他的《猛回头》《警世钟》《狮子吼》等著作中处处可闻"侠义"与"尚武"之声。

　　除了上述该群体成员在人生道路上对"任侠尚武"的共同兴趣和追求之外，他们对体育运动本身的共同爱好与兴趣亦是他们的体育思想形成的直接原因之一。在传统社会中，"武"是与"文"相对的概念，既有军事力量的含义，也有武术、武力等体育项目的意义；既是身体强壮与国家强大的象征，也是勇敢、坚毅等个人品质的象征。黄兴士林出身，是湘省举人，而且练就了一身武艺，"有胆气，为人豪迈"，"豪杰闻名于乡里"。当时"湘中多盗，及与里人捐资组设乡社，以强身讲学为旨，实以兵法部勒乡里子弟。归附既众，群

---

①　毛注青. 黄兴年谱 [M]. 长沙：湖南人民出版社，1980：16.
②　田伏隆. 忆黄兴 [M]. 长沙：岳麓书社，1996：156.

盗惕息，无敢犯者"①。蔡锷出生之地宝庆（今湖南邵阳），武风甚重，今人称之为武术之乡。蔡锷在这个氛围中成长，亦受武风之熏染，少年习武。唐群英自小习武，宋教仁亦然，同为湘人的陈天华也耳濡目染。可见该群体成员自幼大都对武术运动十分热爱并勤于习练，使练武成为他们一生的体育习惯。随着他们的成长，特别是后来的留学经历，他们对体育运动项目有了更多的选择，如黄兴在日本经常下棋、练体操、习剑道、射击、玩棒球，蔡锷则专注于游泳、体操、骑马与射击等，唐群英更钟情于剑术与射击，而宋教仁与陈天华则跟随日本社会主流，主要以体操为主。该群成员虽在体育项目选择上各有其特点，但他们共同选择的军体项目主要是射击、剑道、体操等。

　　由上可见，共同的人生追求与相似的体育兴趣亦是近代湖南第四个人才群之体育思想产生与发展的事业源头与兴趣源头。

①　毛注青. 黄兴年谱［M］. 长沙：湖南人民出版社，1980：7.

第十六章　近代湖南第四个人才群的体育思想评述

近代湖南第四个人才群的体育思想是适应当时社会的需求而产生的，是特殊时期之特殊需要的产物，并对当时的社会政治、军事、教育与体育发展起到了推动作用，主要体现在践行尚武救国促进近代社会变革，践行尚武强军促进近代军事建设，践行体育教育促进近代教育发展，践行体育强身促进近代体育发展等四个方面。囿于时代制约与个人认知，该人才群的体育思想也存在着一定的局限性。

一、第四个人才群体育思想的历史作用

（一）践行尚武救国，促成近代社会变革

在瓜分立至而依靠当权统治者改变亡国危机无望的现世刺激下，以黄兴、宋教仁、蔡锷为代表的湖南近代第四个人才群体成员满怀爱国忧世情怀，继承王夫之的反清与日新思想，勇于面对洋务运动、变法运动的失败与自立军起义的失败。他们认识到：必须要坚定地反清反帝，必须要用热血与武力去反清反帝，必须用热兵器时代的杀敌武器方能救国。他们尚武救国的实践，促成了近代社会的政治变革，具体可以从以下三个方面进行分析。

其一，弘扬爱国主义。该群体的尚武救国实践首先是弘扬了爱国主义精神。他们的尚武是以爱国为前提的，无论是对尚武救国思想的宣传，还是进行尚武救国的实践，尚武与爱国总是相影相随。正因为尚武与爱国结合，"武"便是"侠之大者，为国为民"的侠武，而非市井小儿互殴的蛮武；正因为爱国与尚武结合，爱国就不再是心有余而力不足的喟叹，而是可以与入侵者或统治者对抗的实干。与此同时，爱国主义也随着他们的尚武救国的言行而发扬光大，并随着他们不畏强暴、敢于牺牲屡败屡举的起义而深入全国民众之心，各行各业的人们、社会各个阶层尤其是穷乡僻壤中都闻爱国之声而立爱国之志，从而不但促成了辛亥大革命，结束两千多年帝制，促成政治变革，也促进了之后的五四运动、新民主主义革命等一系列政治变革与社会变革的产生发展。

其二,培养革命中坚。该群体在尚武救国思想的支配下,特别注重革命力量的培养。他们在教育场所推行军国民体育教育;在社会场所创建体育社团,开展军事体育活动,通过学校教育与体育社团活动培养文武兼备的救国人才。在军队中进行尚武爱国思想教育,重塑军魂,从而培养出一大批革命中坚人才。不但培养了武昌首义及各地积极揭竿响应的革命人才,而且也培养了二次革命、护国运动、新民主主义革命、抗日战争与解放战争民主民族革命的中坚力量。从而推动了近代中国政治变革,结束了长达两千多年的封建统治,促成了辛亥革命的最终胜利。

其三,推动武装革命。该群体在尚武救国思想的引领下,积极投入到发动与组织武装起义之中。黄兴、宋教仁与陈天华在日本组织拒俄义勇队与军国民教育会,日日训练枪法备战,而后作为"运动员"(宣传发动人员)回国,在长沙以华兴会为革命基地,以武会友,联络湖南民间武装力量哥老会,组织筹备长沙起义。蔡锷等人秘密回国予以配合与响应。虽然起义因哥老会人员泄密而导致"流产",但是影响巨大。自此之后,黄兴带领同盟会同志在各地发动起义,其中以钦廉起义与黄花岗起义最为著名,影响最大。孙中山先生为此撰文进行高度颂扬。这些艰苦卓绝的起义不但冲击着腐败的清朝政权,也激起了全国人民的血性与武勇,使尚武成为时代的主旋律。由此可见,尚武救国思想的形成及其实践推动了武装革命的发生,促成了辛亥革命的胜利,亦促成了近代中国社会向着民主与共和的方向迈进。

(二)践行尚武强军,促进近代军事发展

为完成尚武救国的使命,个体的武勇显然是力量单薄的,而分散的革命力量也只是星星之火,如何将星星之火变为燎原之势,则需要形成集团性的武装力量,这种武装力量就是军队。近代湖南第四个人才群的尚武强军思想有力地促进了近代中国的军事建设,其影响作用主要体现在以下三个方面。

其一,宣传尚武乐军。"尚武乐军"为近代军事发展提供了良好的社会氛围与群众基础。该群体大力宣传"从军乐"观念,批判了传统封建社会中"重文贱武"的思想与"好汉不当兵"的观念,提倡先秦文化中的"尚武"精神与日本文化中的"从军乐"观念,在各大进步报刊、著作与宣传册中广为宣传"尚武"精神中的爱国主义,"从军乐"观念中为国赴死的精神,从而使"从军"渐渐摆脱混个饭吃的兵痞行径。他们注重树立军人的良好形象,视具备强壮的身体、搏杀技能、尚武精神与爱国精神的军人为全民楷模。从而使军人的地位从社会底层中脱颖而出,得到了应有的名誉。在他们的大力宣扬下,军人这一职业获得了社会的普遍认同。社会各界人士包括儒生、商贾、农家子弟均以入伍为荣。李宗仁曾说农家出身的穷小子"能进入陆小,已觉十分满意"①。这证明了其时入伍参军是个大家都在竞相争取的行业。尚武乐军的宣扬,使得人们纷纷以从军为尚,从而为军队建设带来了大量人才,吸引了大批具有新思想与新知识的知识分子与有志青年加入军队。

其二,创办军事学堂。为完成尚武救国大业,该群体创办了各级各类军事学堂,以培养革命力量与军事人才,如大森体育会、浩然庐、武备学堂、陆军小学堂等。这些军事学堂课程设置参照了日本等国的课程设置,以热兵器时代的技击技术与理论为主,开设了兵操、射击、马术、游泳等课程,并且注重培养学员的尚武精神与爱国情操。这些学堂培养出了一大批具有新思想、新技能与新知识的中高级将领,如国民政府第二十二军副军长岳森、国民政府军委会军政厅总务处处长雷飙均为蔡锷在湖南兵目学堂的学生。中华人民共和国的十大元帅之一、开国功臣朱德元帅是云南陆军讲武堂的学生,是在蔡锷部队成长的讨袁名将,是蔡锷率部在川南英勇战斗的"四大金刚"之一。这些中高级将领先后进入各大军队,改造了清朝军队中原有的结构与性质,从而为组建新兴的革命军队奠定了基础。

其三,推行军国民教育。针对西方列强武力扩张以及国内军力不足的国情,近代湖南第四个人才群提出了全民皆兵的军国民教育思想。军国民教育就是以军人为楷模,通过在全国上下实行军事体育与军事技能教育,培养国民具有军人的知识、精神和本领,使全国上下武风蔚然,人人均具军人之资。军国民教育鼓吹尚武精神,认为民力、民气是国家兴亡强弱的根本,主张普及军事和体育。因此,这不仅有利于提高国民的体质与军事素养,而且也为军队提供了极大的后备兵源。这种全民皆兵的思想是近代军队近代化进程中的重要思想。中国共产党在抗战前后与中华人民共和国成立多年后实行的民兵制就是这一思想的延续。此外,该人才群在国家主权遭受他国侵犯时,针对国内武风不振发出的一系列告国人书,促使湖南各地官员重视武备建设,开设武备学堂、增发枪支弹械、增加军备经费等,也促进了近代军事的建设。

(三)践行体育育才,促进近代教育发展

在全球早已进入热兵器时代并且武力扩张严重的情形下,传统武技已经难以适应时代要求。要完成尚武救国的使命,除需强大的军事力量外,文武兼备的各行各业人才也是必不可少的。因此,该群体非常重视教育,尤其是体育教育。他们的体育育才观促进了近代中国教育的发展,其作用主要体现在以下三

---

① 荣维木. 李宗仁大传 [M]. 北京:团结出版社,2008:138.

个方面。

其一，引进军体项目。该群体中许多成员在赴日留学后，亲眼所见日本国上下所弥漫的尚武氛围，亲身体验到军国民教育下国民的身体与精神面貌之改观，再对照国内清政府所推行的重文轻武教育，国人在身体与精神面貌上的身体孱弱与精神委顿现状，优劣立显，因此他们提倡尚武教育，要求在教育中注入军事教育，在教育内容中引进军体项目。这些军体项目的使用，不但能提高国人体质，同时能提高国人对抗热兵器入侵者的杀敌技能，还能提升国人尚武、敢拼、不惧死的精神，从而促进近代中国教育整体面貌的改观。他们的这一举动使当时教育切合了时代的需求，从而一"举"百应，在全国上下获得积极响应，掀起了军体教育热潮。

其二，教育思想的改革。该群体深刻认识到封建教育对于个体身体发育与身心健康的压抑与摧残，也深刻地认识到教育改革的重要性。因此他们抛弃以"忠君"为主旨的教育，用以"爱国"为主旨的近代教育替代。同时，大力提倡"三育并重，尤重体育"的教育思想，使体育的地位得到空前提高。他们还阐述了体育在个体成长、成材过程中，为什么体育比德育、智育更为重要的理由。这一教育思想的提出，不但冲击了旧有的教育体制，也为教育改革指明了方向，为创设新的教育体制奠定了理论基础。

其三，教育内容的改革。用体操等当时教育发达国家所采用的体育内容替换传统经书教育；用书本朗读、乐歌熏陶、体育锻炼等手段替代埋首经书的旧式教育方式。此外，该群体不但提倡在学堂和学校中普及体育与军事教育，也提倡与创办体育专修学校，培养体育专业人才，为各地各级学校提供具有体育专业知识与专业素养的师资。这些举措有力地促进了近代中国教育和体育教育的发展。

（四）践行体育强身，促进近代体育发展

强身属性是体育的基本属性，强身价值也是体育的基本价值，体育强身观是近代湖南第四个人才群最为基本的体育观，也是最早形成的体育观。他们的尚武强军观、体育教育观与尚武救国观均是在体育强身观的基础上形成的。鉴于黄兴、蔡锷等的社会声望，该群体的体育强身观对近代体育的发展产生了极大的影响。其促进作用主要表现在以下四个方面。

其一，促进强身有为。该群体明确提出了强身有为观，认为体育不但能强身，而且对个人的事业与国家的发展都有着极为重大的意义。他们向国民详细阐述了体育行为是如何影响个体的事业与国家进步的。这些言论将体育的价值展示得清清楚楚，使"体育"这一亘古未有之词汇成为中国近代史上频繁使用的词汇，促进了各个阶层人们重视体育，使体育活动进入人们的日常生活中。

其二，促进学校体育。强身以育才促进了体育在学校中的发展。该群体在教育领域进行了包括体育教育在内的大量实践。这些实践不仅培养了文武兼备的人才，也春风化雨般改变了其周边人，使学生、老师与管理者逐步树立了正确的体育观。他们将"教育，尤重体育一端"的观点进行推广，不但在社会各大舆论媒体中进行宣传，也积极与当局者进行多方交流，如向湖南当局的巡抚陈宝箴写信，向当时的大总统、教育部长发电文，促成他们教育理念的转变，促进了学校体育在教育体系中地位的提升，同时也促进了学校体育在教育领域的广泛开展。

其三，促进民众体育。强身以强民促进了体育在社会中的发展。该群体体育思想的贡献还有一个重要方面，就是把目光投向了广大民众，关注国民身体状况和国民体育运动的开展。他们提出"国民体力是国力的基础"，将当局与社会精英的注意力一直牵引到处于社会底层且并不太被人们关注的普通民众身上。他们推广军国民教育，其目的之一就是提高全体国民的素质，让国民重视体质锻炼。由于他们的宣传，当局与社会精英投入了更多的精力与资源到民众体育上。此外，他们创办体育社团，在社会各地开展各类体育活动，带动了近代体育项目在社会中的开展，促进了近代民众体育的发展。

其四，促进妇女体育与家庭体育。该群体对妇女权利包括妇女参与体育活动的权利一直非常重视。蔡锷、唐群英等都对妇女参加体育锻炼给予了大力支持。女性体育活动在当时的社会上开始出现，逐步成为一种社会时尚。同时，该群体也大力倡导家庭体育，促进了家庭体育的发展。该群体主张不但在家庭中开展体育强身活动，而且教育儿女注重体育锻炼；不但培养后代的体育能力及体育兴趣，促其早日成才，也促成了子孙后代形成体育强身的观念，将体育强身观代代相传。

二、第四个人才群的体育思想局限

湖南第四个人才群的体育思想在促进当时社会变革、军事发展、教育与体育发展方面发挥了积极作用，但亦存在着对体育本质认识有所偏离和其目的导向了政治军事化等方面的不足。造成上述局限的原因主要有二：一是时代制约，该群体育思想的提出，主要是应救国图存之需要，具有鲜明的政治色彩，体育是作为手段之一必然加入其中的；二是认知制约，近代体育在其时尚处于萌芽状态，体育科学体系尚未形成，时人对体育本质的认识处于较低层次，难以对体育概念做出科学诠释。

（一）体育本质认识有所偏离

"体育"一词是法国教育家卢梭在 18 世纪 60 年代最早提出的，一百多年后，由教育界开始，经由浮沉变迁，进入了社会各个领域。现今多数学者普遍认同以下界定："体育是一个文化范畴"，体育的本质是"有目的地以身体活动为基本手段促进身心健康发展的文化活动。"① 然而，19 世纪末的近代湖南第四个人才群的成员接触体育时，德国体操与瑞典体操正席卷全球，风行于各个国家，日本兵操也随日本国力与军事力量急剧上升而被人们竞相称赞。在这种世界趋势与时代背景下，该群体成员无法超越历史，他们对体育的本质认识尚停留在"增进力气，增长武勇、刚毅等品质"，体育者"所以练其筋骨而强其体力者"等基础层面。这些认知虽然相对于前辈人才群的体育思想具有进步性，但是在欧洲户外运动等各类体育运动已经在世界尤其是他们留学的日本有较大程度开展的背景下，在该群体有不同程度的接触的情况下，他们对体育本质的认知并没有深入到文化性与健康性层面，而主要强调强身性，这不免是一个遗憾。该群体成员对体育本质的认知，也受个人人生追求的影响，他们最大的人生追求是军队强大与国家强盛，这就决定了该群体成员难以像体育专家那样深入认识体育的本原，而是从政治、军事等现实需要来运用体育。所以，该群体成员主要强调体育的强身性，而基本不提体育的娱乐性，他们看到了体育的社会性而看不到其文化性，因此他们对体育的本质认识出现了偏离。

（二）体育目的导向政治军事化

湖南第四个人才群的体育观是其在寻找救国救民的道路、实现强军强国梦想的过程中形成的。从一开始，该群体的体育目的导向就具有强烈的政治军事色彩。在湖湘文化的爱国精神与维新风气的影响下，该群体成员关注国家命运与时代的需求，他们从这些层面上看到体育对国家强盛与时代使命的价值与意义，从而确立了以武力革命、暗杀手段和军事建设为实现抱负的主要手段。由此可见，他们的体育目的从一开始就导向于政治与军事。中华民国初建伊始，国际环境更加恶劣，纳粹主义蠢蠢欲动，国际形势更加紧张，此时的他们均在军政界担任要职，因此首先从各自职责出发安排全国或是全省的教育、军事等事务。因而，其体育目的也不得不偏向于政治与军事，当时担任云南省总督的蔡锷就明确指出在全国上下广泛实施体育的最终目的是增强国民体力、使民众

---

① 王庆军，杨万友. 被改写的体育：当下体育媒体化现象透析［J］. 成都体育学院学报，2007（5）：9.

关心国家安危，"国民之体力为国力之基础"。正因如此，该群体成员认为体育的职责是培养胸怀"爱国情操"和"刚武不屈"的尚武精神，具有"铜筋骨"般的体魄和"刚毅沉雄"的意志的国民，以达到"不兵而兵""全国皆兵"的局面，从而提高士兵素质和军队战斗力以捍卫国土。由上可见，他们的体育观具有明显的政治化与军事化倾向。体育的过度政治化与军事化必然对体育的教育性与娱乐性造成一定程度的负面影响，如过度发展，体育就会不可避免地走向异化。

综上所述，以黄兴、宋教仁、蔡锷为代表的近代湖南第四个人才群之体育思想存在着对体育本质认识有所偏离、目的导向政治军事化等方面的不足或局限。造成这些局限的主要原因是危亡时局政治与军事的特殊要求以及当时教育与体育发展的实际水平。但即使用今人的眼光去评价该群体的体育思想，仍然可以用"瑕不掩瑜"来形容该群体之体育思想的光彩。

第五编　现代湖南人才群的体育思想

　　现代湖南人才群是指继近代湖南四个人才群之后的第五个人才群。该群体是一个以毛泽东为领袖的无产阶级革命家团体。"现代"指的是新民主主义时期（1919—1949），当时中国仍然是一个半殖民地半封建的国家。自1840年英国发动侵略中国的鸦片战争以来，西方列强渐渐掀起瓜分中国的狂潮，从而使中国沦为半殖民地国家。同时，在中国传统社会占主导地位的自给自足的自然经济不断遭到破坏，中国封建经济开始解体，中国逐渐成为一个半殖民地半封建社会性质的国家。1911年的辛亥革命，虽然推翻了中国两千多年的封建统治，但并未能改变中国半殖民地半封建社会的性质。北洋军阀与国民党军阀随后相继成为中国的统治者，对外勾结和投靠帝国主义国家，对内剥削和镇压广大人民群众。生活在水深火热之中的广大民众企盼有杰出领袖人物领导并解救他们脱离苦难。现代人才群正是在接受了新式教育或军事锻炼之后，又受到马克思主义新思想的洗礼，成为具有先进思想和革命精神的仁人志士，登上了湖南乃至全国革命的历史舞台，形成了以毛泽东、蔡和森、刘少奇、彭德怀、贺龙、徐特立等为代表的无产阶级革命派人才群即现代湖南人才群。这个群体以马克思列宁主义为指导思想，并将之与中国革命实践相结合，最终推翻了三座大山，建立了新中国，在中国历史上创下的丰功伟绩远远超过其前辈人才群。

　　中华人民共和国成立后，以毛泽东为核心的现代人才群之主要成员成为学术界的研究对象，相关独立人物的研究成果颇丰。20世纪90年代以后，关于近现代湖南人才群的研究开始成为研究热点，其研究领域主要指向各个人才群的政治、军事、革命、文化、教育等方面的思想研究，关于湖南人才群的体育思想却鲜有人涉及。这对于从整体上解析湖南人才群的思想内容应是一种缺失。众所周知，以毛泽东为领袖的现代湖南人才群的主要成员，不仅是中国现代史上著名的政治家、革命家和军事家，而且他们一生热爱体育并倡导和力行体育，堪称体育家。他们的体育思想不仅在新民主主义时期成为中国社会的主流体育思想之一，而且在中华人民共和国成立后的社会主义革命和建设时期也成为引导我国体育事业发展的指导方针。因此，开展现代湖南人才群之体育思想的深度探讨迫在眉睫。

第十七章　现代湖南人才群的
构成、人物及思想

一、现代湖南人才群的构成

现代湖南，人才兴盛。与现代湖南无产阶级革命人才群同时期的还有资产阶级人才和其他人才，但后者没有形成群体，而且人员复杂，不能列入现代湖南人才群之中。所以，只有以毛泽东为领袖的无产阶级革命家团体才有资格和能力代表现代湖南人才群。表 5-1 呈现的是现代湖南人才群的构成状况。

表 5-1　现代湖南人才群的构成 *

姓名	生卒年	字号	籍贯	主要著作
毛泽东	1893—1976	润之	湘潭	《矛盾论》《实践论》
蔡和森	1895—1931	润寰 泽膺	双峰	《蔡和森文集》
刘少奇	1898—1969	渭璜	宁乡	《刘少奇选集》
彭德怀	1898—1974	石穿	湘潭	《彭德怀自述》
贺龙	1896—1969	云卿	桑植	
徐特立	1877—1968	师陶	善化	《徐特立文集》
何叔衡	1876—1935	玉衡 琥璜	宁乡	
任弼时	1904—1950	二南	湘阴	
林伯渠	1886—1960	邃园 伯渠	临澧	《林伯渠同志诗选》
李达	1890—1966	永锡	零陵	《唯物辩证法大纲》
李立三	1899—1967		醴陵	《党史报告》

续表

姓名	生卒年	字号	籍贯	主要著作
张际春	1900—1968	晓岚	宜章	
李富春	1900—1975	任之	长沙	
蔡畅	1900—1990		湘乡	
刘先胜	1901—1977		湘潭	
罗荣桓	1902—1963	雅怀 宗人	衡山	
谭震林	1902—1983		攸县	
黄克诚	1902—1986		永兴	《黄克诚自述》 《黄克诚军事文选》
陈赓	1903—1961		湘乡	《作战经验总结》
萧劲光	1903—1989		长沙	《建设现代化的强大海军》
滕代远	1904—1974		麻阳	
谭政	1906—1988	举安	湘乡	
粟裕	1907—1984		会同	《实战经验录》 《粟裕战争回忆录》
王震	1908—1993		浏阳	
王首道	1906—1996		浏阳	
宋任穷	1909—2005		浏阳	《宋任穷回忆录》

　　*依易永卿、陶用舒所著《现代湖南人才群体研究》（湖南人民出版社，2005年）一书中相关资料改制

　　表5-1中所列的现代湖南人才群成员大都是1945年在延安召开的"七大"上当选的中央委员和候补的中央委员。现代湖南无产阶级人才群是以毛泽东为核心形成的。五四运动前后，毛泽东在长沙求学，团结了一批有为的革命青年，以新民学会为中心形成了以毛泽东、蔡和森、向警予、李维汉、何叔衡、林伯渠、李立三、李富春、罗学瓒、蔡畅、邓中夏为代表的一批无产阶级革命家团体。中国共产党成立后，刘少奇、任弼时、萧劲光、陈赓、罗亦农、夏曦、夏明翰、郭亮等一批无产阶级革命家登上了政治舞台。1927年前后，彭德怀、贺龙、罗荣桓、段德昌、粟裕、黄克诚、徐特立、陶铸、黄公略、谭

震林等无产阶级革命家拿起武器，走上了武装革命的道路。在毛泽东的领导下，他们为中华人民共和国的建立贡献了毕生的精力。从上可见，毛泽东不仅是现代湖南人才群的核心，而且他以非凡的政治远见与卓越的军事才能成为中国革命的领袖。

二、主要代表人物及其思想

（一）毛泽东及其思想

毛泽东（1893—1976），字润之，笔名子任，湖南湘潭韶山冲人。他是中国人民的领袖，伟大的无产阶级革命家与政治家，杰出的马克思主义者，中国共产党、中国人民解放军和中华人民共和国的缔造者和领导人。

毛泽东思想是一个内容极为丰富的理论宝库，是指导中国人民走向革命胜利的理论源泉。毛泽东对哲学、政治、军事、文化、经济、外交、党建等方面都有极为精深的论述，其思想是马克思主义与中国革命实践相结合的典范。毛泽东对哲学十分热爱且研究精深，其哲学著作《矛盾论》与《实践论》在马克思主义哲学研究中具有重大影响，占据重要位置。毛泽东的哲学思想可概括如下：一是在世界观与方法论上，强调用马克思主义的世界观与方法论来指导，强调"实事求是"、追求真理，强调一切从实际出发，主观要符合客观，思想要反映实际；二是在认识论上，主张辩证唯物主义认识观，主张能动的反映论。毛泽东对对立统一规律、矛盾的普遍性和特殊性等重大哲学命题都有精辟的论述，创新了马克思主义的哲学命题。毛泽东除了在辩证唯物观上有重大理论贡献外，在历史唯物主义方面亦有重大理论创新。他提出了"社会基本矛盾是推动历史发展的根本动力"的思想，创建了"社会主义社会矛盾问题"的新理论，认为"社会主义社会存在两类不同性质的矛盾"。毛泽东将马克思主义的哲学原理与中国革命实践相结合，不仅形成了独具特色的毛泽东哲学思想，而且使我国政治、经济、军事、文化、教育等方面的发展获得了正确指导与引领，解决了各个领域的重大理论与实践问题。毛泽东的建党思想亦具有重大创新与特点，他认为中国是一个农民和小资产阶级人口占主导的大国。由于工业欠发达，无产阶级人数较少，因此党的建设要充分考虑到这种实际状况。对此，毛泽东主张要经过多种途径壮大无产阶级队伍，建设一个具有广泛群众基础的马克思主义政党。在社会主义革命和人民民主专政思想方面，毛泽东提出了有关过渡时期的总路线、社会主义改造、人民民主专政、正确处理人民内部矛盾、社会主义经济建设等系统而全面的理论、方针与政策。毛泽东军事思想涉及的内容相当广泛，主要包括关于战争观与军事方法论的思想；关于人民军队建设的思想；关于人民战争的思想；关于人民战争的战略战术思想等。毛泽东的外交思想亦颇具特色、影响深远，其主要内容涉及关于"三个世界"划分的思想；关于独立自主与和平共处的原则；关于反对霸权主义和强权政治的思想等。毛泽东身居高位却以"教员"自称，极其热爱教育与重视教育，其教育思想主要有：关于教育为劳苦大众服务的思想；关于坚持"三育并重"、德智体全面发展的思想；关于教育与生产劳动相结合的思想；关于坚持以学生为中心，充分调动学生学习积极性的思想等。毛泽东的经济思想主要涉及生产关系与生产力的阐释，尤其对生产关系的研究颇深。他对中国不同社会制度下的经济形态及其所有制形式做过详细分析，并制定了对待不同所有制与分配关系的相关政策。在体育思想方面，毛泽东早在 1917 年就发表了著名的《体育之研究》，对其体育观进行了阐述。他一生热爱体育，有着丰富的体育思想及其实践。

（二）蔡和森及其思想

蔡和森（1895—1931），湖南双峰县人，生于 1895 年，1931 年被国民党反动派杀害。他是毛泽东的同窗和挚友，是中国共产党早期的工人运动领袖和杰出的领导者，党的创建人之一，是中国共产党早期卓越的马克思主义理论家、革命家与宣传家。

蔡和森的一生是革命的一生。他鞠躬尽瘁，为建立中国共产党和开展革命斗争不仅做了大量实际活动，而且还进行了艰苦的理论探索和宣传工作。在党内被誉为"理论家与宣传家"。蔡和森的建党思想集中体现在以下两个方面：一是建立中国共产党是发展中国革命的必然要求，党的性质是无产阶级政党，党的指导思想是马克思列宁主义；二是中国共产党要用革命的方式，大力发动劳苦大众，粉碎旧有的国家机器，建立无产阶级政权。蔡和森的社会主义思想可以归纳为以下五个方面：一是有关中国社会性质和革命性质的观点；二是有关建立中国共产党的观点；三是有关社会主义革命的理论和方法；四是有关社会主义建设道路的观点；五是有关社会主义政治建设和经济建设的观点等。蔡和森的文化思想主要包括三个内容：其一是从文化层面阐释教育救国；其二是阐述信仰马列主义的文化价值；其三是从文化角度研究中共党史等。蔡和森的教育思想之核心是"学"。他认为"学"包括求学与治学，也包括抓"大本大源"，抓人心，强调通过教育影响人的思想、道德和精神状态。他认为治学应当主要靠自学，自由研究是自学的重要方法。在体育方面，蔡和森在青年时代常与毛泽东一起锻炼身体，对体育不仅有大量实践而且形成了自己的体育观念。

（三）刘少奇及其思想

刘少奇（1898—1969），湖南宁乡花明楼乡炭子冲人。他是杰出的无产阶级政治家、革命家和理论家，中国共产党和中华人民共和国的主要领导人之一。

刘少奇一生为中国人民的解放和中国社会主义建设做出了杰出贡献，建立了卓越功勋。在新民主主义革命时期，刘少奇的军事战略思想对中国革命战争做出了重大贡献，其军事战略思想主要包括以下内容：一是抗战的主要形式向大规模游击战争进行战略重大转移的思想；二是"向西转移，向东进攻"战略发展方向的思想；"向北发展，向南防御"战略方针的确定。刘少奇的经济思想主要涉及：关于巩固新民主主义经济制度的思想；关于集中精力发展生产力的思想；关于尊重经济规律，全面调整生产关系的思想；关于经济体制改革，利用资本主义经验建设社会主义的思想等。刘少奇的教育思想可以概括为两大方面：一是两种教育制度的思想；二是两种劳动制度的思想。刘少奇的外交思想主要包括三大方面内容：其一是和平外交思想；其二是反对殖民主义思想；其三是对外开放思想等。刘少奇对法制建设亦有深入的思考，他高度关注国家的立法工作，强调用法律手段处理社会主义建设中出现的问题，高度重视宪法的地位与作用，高度重视人民代表大会制度等。在体育方面，刘少奇对体育的功能作用有自己的独立见解，并一生保持着进行身体锻炼的良好习惯。

（四）彭德怀及其思想

彭德怀（1898—1974），原名清宗，湖南湘潭县人，与毛泽东是同乡。他是伟大的无产阶级政治家、军事家，中国人民解放军的创建者与领导者之一，中华人民共和国元帅，担任过国务院副总理和国防部长。

彭德怀戎马一生，是中国工农红军与中国人民解放军的缔造者之一。他在军队建设与革命战争中形成了内容丰富的军事思想，概括起来主要有以下内容：一是关于革命战争必须依靠人民的思想，革命军队必须依靠广大人民群众才能取得胜利；二是关于军队与党的关系问题，人民军队必须服从中国共产党的绝对领导，只有党的领导才能保障军队立于不败之地；三是关于战略战术的思想，革命战争时期的人民军队必须在战略上"以弱对强"，在战术上"以强对弱"，才能适应革命战争初期的敌我力量对比情况，逐步化劣势为优势，为此要善于打机动战与游击战，采取灵活多变的作战方式，使得在战术上形成优势，积小胜为大胜，积战役胜利为战略胜利；四是关于国防建设的思想，彭德怀在中华人民共和国建立后特别关注国防建设，认为国防建设要根据我国实际情况来开展，内容应包括进行全民国防教育、树立全民国防观念、加快军队现代化建设等。彭德怀的军事思想是其思想体系中最为突出的亮点，至今他的军事理论仍为我军建设所传承与发扬。此外，彭德怀对于政治建设、民主建设、法制建设等也给予了充分关注，形成了独具个人特色的政治思想、民主思想与法制思想。他的求实作风与求是态度一直为今人所景仰。在体育方面，彭德怀从小就喜欢锻炼身体，练就了一副好身体，后在长期的革命生涯中逐步形成了自己的体育观念。

（五）贺龙及其思想

贺龙（1896—1969），湖南省桑植县人。他是党和国家、人民军队的卓越领导人之一，杰出的无产阶级革命家与军事家，中华人民共和国元帅，中国人民解放军的创建人与领导人之一。从中华人民共和国初期开始，他曾长期兼任国家体委主任，是我国社会主义体育事业的开拓者和奠基人。

贺龙是新民主主义时期中国军界的著名将领，在长期的武装革命斗争中形成了自己特色鲜明的军事观，其军事思想对于中国共产党领导的革命武装力量的壮大做出了重要贡献。此外，贺龙对中国政治、中国革命、中国文化、中国教育亦有自己深入的思考，形成了相应的政治思想、革命思想、文化思想与教育思想。在体育方面，贺龙自幼习武，走上革命道路后更是对体育的功能有深入的研究。他在苏区、抗日根据地和解放区都曾提出了关于体育的工作方针，有力促进了红色体育的开展。

（六）徐特立及其思想

徐特立（1877—1968），湖南善化（今属长沙县）人。他是中国共产党第七、八届中央委员会委员，伟大的共产主义战士，杰出的革命家和著名的教育家，是毛泽东和田汉等人的老师。

徐特立是新民主主义革命时期我国教育改革的先驱，是教育现代化的推动者。徐特立的教育思想，可以概括为以下内容：一是关于教育地位的思想。他认为教育乃建国、兴国之本，这一思想与徐特立一生从事教育工作有极大关系。徐特立成为马克思主义者之后，他运用马克思主义观点对教育、科学、经济三者的关系进行了深入分析，认为三者既相互独立又相互联系，既互为条件又相互促进，其中教育起着决定性的作用。二是关于人才培养内容与方法的思想。他认为我国教育培养的人才类型应根据社会的实际状况和人才类型的需求而确定，教育内容与方法要采取先进的内容和多途径的方式方法，并尽可能与教育发展需要相适应，教育的规模和速度更要符合未来社会的发展需要。三是关于思想教育的观点。他认为在社会主义革命取得胜利后，思想教育对于我国人才培养工作的优劣具有重要意义，在学校教育中用共产主义思想来教育下一代非常重要。要使老一辈无产阶级革命家开创的事业后继有人，就必须对年青一代进行共产主义教育，从而使红色江山代代相传。四是关于创造力教育的思想。徐特立在长期的教育教学实践中认识到，培养学生的创造力是现代教育的重要目标之一。他倡导"要培养学生的胆识，要解放思想、敢想敢做、冲破一切教条主义"。在体育方面，徐特立作为一名著名教育家对体育的教育功能有深刻的认识，在体育教育思想方面有众多论述和深刻理解。

第十八章　现代湖南人才群的体育思想概貌及特征

　　现代湖南人才群的体育思想指的是以毛泽东、蔡和森、刘少奇、彭德怀、贺龙、徐特立为代表的无产阶级革命家团体对体育的看法、认知及观念。这种思想既反映在他们的体育言论中，也体现在他们的体育实践中。该群体的体育思想较之湖南前四个人才群的体育观，在全面性或是在科学性上都有了质的飞跃，凸显了诸多鲜明特色，其影响力不仅作用于新民主主义时期的中国社会，而且主导着社会主义时代的中国体育事业发展方向。

一、现代湖南人才群的体育思想概貌

（一）"健康体魄"的体育强身思想

　　毛泽东、蔡和森、刘少奇、彭德怀、贺龙等一致认识到健康的体魄是进行艰苦革命工作的前提。他们不仅将身体锻炼看作关系个人健康之事，而且主动适应社会发展对体魄的要求，视"健康体魄"为关乎革命事业的大事。表5-2综合概述了他们的体育强身思想及其实践。

表5-2　现代湖南人才群的体育强身思想及其实践

代表人物	体育强身思想及其实践
毛泽东	·对于什么是体育，毛泽东认为"体育者，人类自养生之道，使身体平均发达，而有规则次序之可言者也"① ·毛泽东认为，"体育之效，至于强筋骨，因而增知识，因而调感情，因而强意志"② ·毛泽东1913年入湖南一师后，他以极大的毅力坚持进行"冷水浴""雨浴""日光浴"等艰苦条件下的体育项目③

　　① 毛泽东. 体育之研究 [M]. 北京：人民体育出版社，1979：3.
　　② 毛泽东. 体育之研究 [M]. 北京：人民体育出版社，1979：9.
　　③ 黑长庚，宋媛. 近十年来关于毛泽东《体育之研究》的研究综述 [J]. 解放军体育学院学报，2003（3）：85.

续表

代表人物	体育强身思想及其实践
毛泽东	·毛泽东参与领导的"学友会"设立了十五个部，其中有武术部、剑术部、架梁部、蹴球部、庭球部、野战部、竞技部和游泳部。体育部占有 8 席之多 ·毛泽东参加的 1917 年全省学生运动会，一师运动员获奖者多达六七十人 ·毛泽东、萧三、蔡和森、陈昌甫和萧子升等，发起组织了"学生自治会"。"学生自治会"的宗旨之一就是"锻炼身体"
蔡和森	·为了吸取新空气，蔡和森、毛泽东、萧三等经常迎着朝霞到岳麓山跑步、爬山。到了山腰僻静处停下，各人占据个地盘，或诵诗，或唱歌，或大声呼唤……这样既可达到深呼吸的目的，又能起到练习嗓子的作用 ·蔡和森经常与毛泽东结伴长途步行锻炼身体。他曾和毛泽东步行考察洞庭湖周围的农村。他还与萧子升到湘中五县游学，步行数百里 ·张昆弟在日记中记载，蔡和森曾说"余每日早四时半起，夜八时半睡。自四时半起即至天马山顶，静坐运动，至九时始下山……每日冷水浴二次，早起后一次，临睡前一次""蔡君盖锻炼意志锻炼身体者也"① ·蔡和森在法国时给毛泽东的信中说："因旧病复发，甚为痿弱，我则决定恢复体操游息，略如麓山故事。每日生活，全在公园空旷中，而如此一月余，体气大健。"②
刘少奇	·刘少奇小时候热爱武术，并拜了两位师傅，练习"双拳打沙袋"等拳术基本功③ ·刘少奇 1918 年从讲武堂回家后的一年时间内，在家练习武术，锻炼身体④ ·在玉潭学校时，刘少奇最喜欢的科目是书画、算数和体育，经常在课余和同学们一起打篮球、踢足球⑤ ·少年刘少奇虽然是个读书迷但他并不死读书，经常在学习和劳动之余持棍习武，锻炼身体⑥ ·刘少奇多年来坚持体育锻炼，他养成每晚睡觉前散步半小时的习惯，不管刮风下雨，从不间断。此外，他还经常打太极拳⑦

① 韩泰华. 蔡和森生平史料（连载一）[J]. 齐鲁学刊, 1980 (1): 17.
② 蔡和森. 蔡和森文集：上 [M]. 长沙：湖南人民出版社, 1979: 18.
③ 魏晓东. 生活中的刘少奇 [M]. 北京：解放军出版社, 1999: 242.
④ 金冲及. 刘少奇传：上 [M]. 北京：中央文献出版社, 1998: 15.
⑤ 金冲及. 刘少奇传：上 [M]. 北京：中央文献出版社, 1998: 10.
⑥ 何国光. 人民公仆刘少奇 [M]. 北京：中国工人出版社, 1997: 6.
⑦ 金冲及. 刘少奇传：下 [M]. 北京：中央文献出版社, 1998: 52.

续表

代表人物	体育强身思想及其实践
徐特立	·徐特立经常说，"锻炼可以使人心情舒畅"① ·徐特立在一首诗中写道，"我劝汤生并劝余，劝君修业莫踟蹰。为何瘦得皮包骨，不爱身躯只爱书② ·他笃奉"生命在于运动"这句名言，认为运动包括脑力运动和体力运动两个方面 ·徐特立一生热爱步行、登山、做操、打乒乓球等体育活动，亦爱好日光浴、冷水浴、海水浴等自然力锻炼方式 ·他五十岁时跟毛泽东学会了游泳，在延安与青年一起参加一百米游泳比赛
彭德怀	·据斯诺记载，彭德怀身体硬朗，"六千英里的长征，大部分他是步行过来的" ·在太行山，只要部队休息时，彭德怀就和士兵一起打篮球 ·彭德怀出身贫苦，根本没有机会学习什么正规的锻炼项目。但他不迷信，不怕难，不怕人笑话，在艰苦的战争环境中，抽空学习了武术、篮球、网球等多种体育项目，而且越来越熟练，身体也越来越好
贺龙	·贺龙的家族，从曾祖父到父亲都是习武之人，有武术世家之称。贺龙儿时练习武术就是受家传之教 ·1928年冬，在苏区根据地，贺龙带领红军战士开展狩猎、爬竹竿、赛马等活动 ·1938年初，120师的篮球队成立了，在为球队起名字时，贺龙说："……八路军嘛，还是要战斗。这个球队就叫'战斗篮球队'吧。"③
李富春	·一个革命者不要做萎靡不振的病夫与自满的庸人，不要做弱不禁风的无病呻吟的病夫，……要以钢筋铁骨武装身体④

　　从表5-2可见，以毛泽东、蔡和森、刘少奇、彭德怀、贺龙、徐特立等为代表的现代湖南人才群成员认为体育的基本目的在于强身健体，从而形成了"健康体魄"的体育强身思想。这一思想的产生既是他们对传统体育文化思想的继承，也是他们力行体育、认知体育的结果。

　　从理论层面看，该群体的体育强身观包含以下三个具体观点。一是树立健

①　涂光辉，周树森. 徐特立基础教育实践与理论［M］. 长沙：湖南师范大学出版社，1998：312.
②　徐特立. 徐特立文集：第二卷［M］. 广州：广东教育出版社，1995：81.
③　宋凤英. 新中国体育事业的奠基人贺龙［J］. 党史纵横，2008（6）：11.
④　陕甘宁边区体育史编审委员会. 陕甘宁边区体育史［M］. 西安：陕西人民出版社，1990：163-164.

身意识。树立健身意识是促使人们投身体育锻炼的前提条件之一。毛泽东在求学期间针对学校死了七个同学的事件，写下了"为何死了七个同学？只因不习十分间操"的挽联，表达了对同学之死的痛心，亦说明了缺乏健身意识的危害性。为了帮助同学们树立体育健身的观念，毛泽东、蔡和森与萧三等人组织了"学生自治会"，其宗旨之一就是锻炼身体。他们领导的"学生自治会"所设的部门中，体育部占了一大半，分别是武术部、剑术部、架梁部、蹴球部、庭球部、野战部、竞技部与游泳部等 8 个部门。刘少奇与贺龙自小习武，且终生进行体育锻炼，徐特立与彭德怀在艰苦的抗战时期还学习了多种体育项目。这都与他们树立了良好的健身意识有密切关系。二是明确体育本质。只有弄清体育的本质，才可以防止体育的异化。毛泽东明确指出了"自养其身之道"的体育本质属性，并界定："体育者，人类自养生之道，使身体平均发达，而有规则次序之可言者也。"① "动之属于人类而有规则之可言者，曰体育。"② 可见，体育的对象是人的身体。三是把握体育的功效。毛泽东明确提出了"强筋骨、增知识、调感情、强意志"的体育功效观。虽然体育功效在前辈人才群的体育观中也有提到，但是基于身体而较有系统阐述的还是毛泽东、蔡和森这一代人，尤其是增加了"增知识"与"调感情"这两个功效。所以，徐特立经常说："锻炼可以使人心情舒畅。"李富春则说："要以钢筋铁骨武装身体。"

从实践层面看，毛泽东人才群的成员进行了大量体育实践。在早年，他们均以民间传统体育强身。毛泽东以游泳强身；蔡和森用"静坐"等养生术强身；刘少奇以传统技击术武术为主要强身方式。及年长，走出家乡，到更广阔的天地后，他们的强身手段则各有侧重。毛、蔡、徐等一师师生的体育强身方式是以自然体育与户外运动为主，兼有传统养生方法。在自然体育方面，首先，他们注重锻炼环境，选取空气新鲜、场地空旷的地方锻炼。蔡、毛、徐就经常清晨去岳麓山跑步、爬山、在山中诵诗、唱歌，进行深呼吸。蔡和森在法国留学时旧病复发，为恢复身体，选在公园空旷处进行"体操游息"。其次，他们喜欢运用自然力的方式锻炼。如毛泽东、徐特立等坚持借助冷水、日光、雨、风等自然力的锻炼方式；蔡和森每日冷水浴二次，亦采用自然力锻炼。再次，注重劳逸结合，毛泽东《体育之研究》中所讲的"有规律次序"包含了这一层意思。教师出身的徐特立一生中有一个锻炼身体的好法子，那就是步行。不论是幼年时期，还是为师以后，他都坚持步行。他还特别注重劳逸结

① 毛泽东. 体育之研究 [M]. 北京：人民体育出版社，1979：3.

② 毛泽东. 体育之研究 [M]. 北京：人民体育出版社，1979：6.

合。徐特立所教的学生中有个汤姓的学生，由于特别爱学习，不注意身体锻炼，很瘦，于是他作诗谆谆告诫学生说："我劝汤生并劝余，劝君修业莫踌躇。为何瘦得皮包骨，不爱身躯只爱书。"① 后来，毛泽东将徐老的长寿经验概括为"基本吃素，坚持走路，心情舒畅，劳逸适度"②。除了上述自然体育运动外，毛泽东、蔡和森等人对户外运动也有浓厚的兴趣。毛泽东与蔡和森喜欢爬山、长途步行、篮球、足球等户外运动。徐特立热爱步行、登山、做操、打乒乓球等体育活动。他五十岁时还学会了游泳。在传统养生方面，毛泽东编排的"六段运动"是基于"八段锦"等传统养生术与现代徒手体操的结合。他在"运动应注意之项"中所提出的"有恒""用心"也是对传统身体文化中"身心一体、形神兼备"思想的继承。蔡和森受曾国藩等人的影响，特别重视修身养性，静坐是他常采用的强身方式。而刘少奇、贺龙、彭德怀等人采用的强身方式除了武术以外，主要以篮球、足球等户外运动为主。彭德怀在艰苦的战争环境中，抽空学习了武术、篮球、网球等多种体育项目。刘少奇在湖南陆军讲武堂就学时，经常在课余和同学们一起打篮球、踢足球。贺龙组织"战斗篮球队"，经常和 120 师的官兵一起打篮球。他还带领士兵开展狩猎、爬竹竿、赛马等活动。正因为该群体的成员重视体育强身，所以他们的体质与体能有很大的提高，并保持得不错。毛泽东七十多岁还能畅游长江；彭德怀身体硬朗，长征途中几乎都是步行的；徐特立在七十岁时，还参加一百米游泳比赛，就充分说明了这一点。

综上所述，以毛泽东为领袖的现代湖南人才群的体育强身观及其实践凸现了"健康体魄"特点。该群体的体育强身观是他们的体育思想体系中一个重要组成部分。

（二）"三育并重"的体育教育思想

深受近代经世思想和前辈人才群"文武兼备"教育观的影响，特别是马克思"全面发展"教育观的引领，现代湖南人才群成员对教育与体育非常重视。他们虽然身处战争频繁、办学条件非常艰苦的年代，但他们凭借着无产阶级革命家的远大眼光，深切认识到教育和体育的重要性，大力倡导"三育并重、全面发展"的教育方针，推动了教育与体育教育的发展。表 5-3 概述了现代湖南人才群代表人物有关体育教育的论述及实践。

---

① 徐特立. 徐特立文集：第二卷 ［M］. 广州：广东教育出版社，1995：81.
② 裘强. 名人与健康之道 ［J］. 人民论坛，1997（7）：50.

表 5-3　现代湖南人才群的体育教育思想及其实践

代表人物	体育教育思想及其实践
毛泽东	·毛泽东在其撰写的《体育之研究》中指出，"体育一道，配德育与智育；而德智皆寄于体，无体是无德智也"① ·1921年7月，毛泽东、何叔衡等在长沙创办湖南自修大学，旨在"改造现实社会"。并特别规定：本大学学友为破除文弱之习惯，图脑力与体力之平均发展，并求知识与劳力两阶级之接近，应注意劳动 ·毛泽东指出，"凡静者不能自动，必有所以动之者，动之无过于兴味"② ·毛泽东叮嘱学生说，"你们在课后应多参加体育活动，这样身体才会长得健康"③
徐特立	·徐特立指出，"人类的发育包含着德育、智育和体育三方面"④ ·徐认为，体育教学的教授方法要灵活多样，要根据不同的教育内容和教育对象，确定不同的教学方法。例如，对于低年级的游戏，因为"游戏尚自由，故大概规律宜遵守。而细事若加束缚，则必抑其自然之活动，而愉快少矣"⑤ ·他在《小学各科教授法》中提出：体操之要旨，在使身体各部均齐发达，四肢之动作敏捷健康，全身活泼，并养其守规律、尚协同之习惯者也⑥ ·徐特立认为，体育工作十分重要，特别对于处于发育期的青少年儿童，身体是否健康基本上取决于这一时期 ·1931年—1934年，代教育部长徐特立强调无论是在城市还是乡村，无论是在机关还是部队，都要建立和健全俱乐部，通过俱乐部广泛进行体育工作⑦ ·1948年，徐特立在给上小学的孙子写信说，"小孩子要规矩还要活泼。你这样规矩是很好的，但需要唱和跳，需要做学校和家庭中能做的整理清洁工作，念书不要过劳"⑧
贺龙	·贺龙从辛亥革命后成立的随营学校、随军"学生队"、湘鄂川黔边区省委党校和干校，到1945年成立的著名的贺龙中学，都积极开展学校体育⑨

---

① 刘东. 毛泽东对近代中国体育思想的继承与发展 [J]. 北京党史，2003（6）：19.
② 范宏伟. 毛泽东学校体育思想论略 [J]. 解放军体育学院学报，2005（1）：3.
③ 江涛. 毛泽东和贺龙的体育观 [J]. 浙江体育科学，1998（5）：8.
④ 曹国智，孟湘砥. 徐特立教育思想讲座 [M]. 长沙：湖南教育出版社，1983：138.
⑤ 涂光辉，周树森. 徐特立基础教育实践与理论 [M]. 长沙：湖南师范大学出版社，1998：319.
⑥ 曹国智，孟湘砥. 徐特立教育思想讲座 [M]. 长沙：湖南教育出版社，1983：8.
⑦ 曹国智，孟湘砥. 徐特立教育思想讲座 [M]. 长沙：湖南教育出版社，1983：52.
⑧ 曹国智，孟湘砥. 徐特立教育思想讲座 [M]. 长沙：湖南教育出版社，1983：87.
⑨ 江涛. 毛泽东和贺龙的体育观 [J]. 浙江体育科学，1998（5）：9.

续表

代表人物	体育教育思想及其实践
刘少奇	·刘少奇指示要把学生体育活动搞好，还应该培养体育师资 ·他主张办半工半读的学校，并提出：这类学校也应该有每天半小时的体育活动
蔡和森	·1920 年，蔡和森在法国，在给毛泽东的信中道：现在中学以上的文化运动，要算各处都已并发了，新民学会所宜注意的，自小学文化运动外，应注意劳动的文化运动。但如何办呢？我以为你的小学计划中，同时应筹划劳动教育①
李富春	·李富春认为，体育是革命工作中不可缺少的一部分，它与其他工作同样重要，健康的身体是进行学习、工作和战斗的基础

从表 5-3 可见，现代湖南人才群主要成员历来重视教育与体育，对于体育在人才培养中的作用予以了充分肯定。他们对体育教育的全方位思考集中体现在"三育并重，全面发展"的体育教育思想上。

从理论层面看，毛泽东人才群的"三育并重"体育思想来源有三：一是严复、蔡锷等前辈对三育并重的阐述；二是前辈人才群的"文武兼资"体育育才思想；三是马克思关于全面发展教育的理论。这一体育教育观的内容主要涉及以下内容：一是关于体育教育地位的思想；二是关于体育、德育与智育关系的思想；三是关于体育教育内容与方法的思想；四是关于体育教育方针与宗旨的思想。

从实践层面看，毛泽东、蔡和森、徐特立特别强调学生在德、智、体几方面得到均衡发展。毛泽东对体育与德育、智育的关系，在《体育之研究》中曾有形象的比喻，他说"体育者，为知识之载而为道德之寓舍也，其载知识也如车，其寓道德也如舍"②。用"车"来载知识，用"舍"来载道德，这"车"这"舍"就是体育，可见毛泽东对体育何等重视。不仅如此，毛泽东对旧式教育中重德智教育而轻体育的落后观念进行猛烈攻击，用以表达他对"三育并重之全面发展教育"的大力支持。在具体教育过程中，他认为在不同年龄阶段，三育教育应各有侧重。他说："小学之时，宜专注重身体之发育，而知识之增进、道德之养成次之；中学及中学以上，宜三育并重。"③ 教育家

① 蔡和森. 蔡和森文集：上 [M]. 长沙：湖南人民出版社，1979：20.
② 江涛. 毛泽东和贺龙的体育观 [J]. 浙江体育科学，1998 (5)：8.
③ 毛泽东. 体育之研究 [M]. 北京：人民体育出版社，1979：8.

徐特立亦非常强调："学校应该全面贯彻党的教育方针，要使青少年在德、智、体几个方面都得到健康发展。"① 他针对部分学校不重视体育工作的现象，提出学校教育不能因为"有时强调学习又强调实践，使师生都忙不过来。这样不但使身体不能休息，而使头脑也不能静思。我们要反对性躁的学习，硬性灌输的结果是身体和知识二空"②。徐特立对体育教育的认识深入细致，他不仅关注体育教育的宗旨与地位，而且还对体育教育的方法乃至家庭教育都给予了高度关注。贺龙元帅早期的革命生涯主要与"军"为伍，推行军事体育为部队建设和革命战争服务是其体育思想的突出亮点。他对部队的军事体育教育非常重视，即使在战火纷飞的革命战争岁月，也充分利用一切机会开展军事体育教育活动，使部队军体活动开展得有声有色。贺龙在辛亥革命后就建立了随营学校、随军"学生队"；之后又创建了湘鄂川黔边区省委党校和干校；1945年成立了贺龙中学。这些学校在贺龙的领导下都非常重视体育工作，教学内容以军事体育为主，要求学员要"加强体育活动，严格集体生活，锻炼身体，以便适应战争环境而进行工作"③。

由上可见，"三育并重"的体育教育观既符合马克思主义"全面发展"教育观的要求，又传承了近代前辈人才群的文武兼备的教育思想，在当时革命根据地和解放区的学校教育中发挥了重要作用。因此，这一观点亦是该群体之体育思想的一个重要内容。

（三）服务战争的体育强军思想

投入革命武装斗争后的现代湖南人才群开始思考体育与军事的关系。由于革命斗争与军事发展的需要，他们适时地提出了"体育为军事斗争服务"的口号，体育强军观逐渐得以形成。从时间上看，该群体的体育强军观形成于苏区根据地时期，发展或定型于抗日战争及解放战争时期。所以，现代湖南人才群的体育强军观与苏区革命武装斗争相伴相随，也与抗日根据地和解放区的军事体育活动相伴相随。表5-4列举了现代湖南人才群的体育强军观及其实践。

---

① 曹国智，孟湘砥. 徐特立教育思想讲座 [M]. 长沙：湖南教育出版社，1983：86.
② 曹国智，孟湘砥. 徐特立教育思想讲座 [M]. 长沙：湖南教育出版社，1983：86.
③ 江涛. 毛泽东和贺龙的体育观 [J]. 浙江体育科学，1998 (5)：9.

表 5-4　现代湖南人才群的体育强军思想及其实践

代表人物	体育强军思想及其实践
毛泽东	·井冈山革命斗争时期，毛泽东对红军战士提出要求，"你们要加强训练，打好野操，要锻炼好身体，才能打敌人"① ·在苏区，毛泽东多次做指示，要求苏区军民开展好体育活动，尤其是军事体育运动 ·毛泽东于1942年9月9日在报纸上发表"锻炼体魄，好打日本"的题词 ·毛泽东于1942年9月接见120师篮球队时表扬他们道，一边打仗一边开展体育运动的做法很好，军队是很需要体育的 ·毛泽东于1942年10月27日在《开展部队中的军事体育运动》一文中指示，开展军事体育运动，是目前我们训练部队的重要任务之一
贺龙	·贺龙明确地提出体育要为革命战争服务，教育战士"练好身子，战胜敌人"。为增强部队的战斗力，他经常组织部队的各种体育活动 ·贺龙于1937年提出"开展体育运动，为打败日本法西斯服务" ·1942年，贺龙在《延安日报》上发表"体育运动军事化"的题词
彭德怀	·彭德怀参军时主要课程有四大教程即战术、地形、筑城、兵器；小教程即操典、野外生存、射击教范、内务条令，外加军制学和马术，还有山野炮战术和实习②
任弼时	·抗战时期，戎马倥偬之余，任弼时（苏区中央局篮球队的中锋）和朱德这两个篮球迷经常和战士们一起打篮球
林伯渠	·1946年，在延安举行了"九一"运动会，林伯渠在运动大会上讲话时强调，"中国反动派勾结美帝国主义进攻解放区，我们要粉碎蒋介石的进攻，就更要加强锻炼身体"③

　　从表 5-4 可见，毛泽东、贺龙、彭德怀、任弼时等都特别强调体育的军事功能，赞同体育军事化，大力推行军事体育，表明体育强军思想在现代湖南人才群中达成了共识，这一共识的核心就是"服务战争"。

　　从理论层面看，该群体的服务战争之体育强军观是基于特殊战争环境所提出的特殊需要，亦受到前辈人才群的武备观或强军观的影响。该群体的体育强军观主要涵盖以下四个具体观点：一是体育与军事之关系的思想；二是体育军事化的思想；三是军事体育的地位、功能与内容的思想；四是体育服务战争的

---

①　徐思光. 毛泽东军体观的形成 [J]. 解放军体育学院学报，2004（4）：7.

②　彭德怀. 彭德怀自述 [M]. 北京：人民出版社，1981：36.

③　苏肖晴. 新民主主义体育史 [M]. 福州：福建教育出版社，1999：28.

思想。

　　从实践层面看，毛泽东是中国传统体育的推崇者，更是"尚武尚勇"精神的发扬者。早在 1917 年，毛泽东在他著名的《体育之研究》中就明确说道，"夫体育之主旨，武勇也"，将"尚武尚勇"作为体育之宗旨。他在此文中还写道，"动以营生也，此浅言之也；动以卫国也，此大言之也"，将体育的大目标定位于"卫国"，可见毛泽东对体育与军事的关系以及体育的军事功能早有洞察。1932 年，毛泽东在苏区整顿连队，明确要求连队建设要与体育运动的开展结合起来。他对红军战士说："你们要加强训练，打好野操，要锻炼好身体，才能打敌人。"即使在烽火连天的抗日战争中，毛泽东仍不忘提醒部队官兵"我们的军队是很需要体育的"。他还在 1942 年题词"锻炼体魄，好打日本"，用以庆祝抗日根据地延安首届体育运动会的召开，并进一步明确了体育为抗日战争服务的方针。贺龙在 1942 年 9 月 2 日题词"体育运动军事化"，发表于当时的《延安日报》，兴起了全军冬季练兵热潮。贺龙年轻时就是一位尚武之人，成为革命者后更是有"两把菜刀闹革命"的故事。他在长期的革命活动中主要从事武装斗争、领导部队和建设部队，因此贺龙对军事体育情有独钟。抗日战争时期，他就明确提出了"开展体育运动，为打败日本法西斯服务"的响亮口号，鼓励部队大力开展军事体育活动，练好身体打败日本侵略者。贺龙还在他领导的部队中开展了多种多样的体育运动，如 120 师一般每年都举办一两次运动会，比赛项目涉及篮球、排球、游泳、骑马、跑步、爬山、投弹、刺杀等。该师的"战斗"篮球队水平很高，威震陕甘宁边区。后来，120 师发展到每个营都组织了一个篮球队。彭德怀、林伯渠、任弼时等也非常重视军事体育。1916 年，彭德怀参加湖南陆军时就对军事体育课程非常感兴趣，并认真学习了四大教程，即战术、地形、筑城、兵器；小教程有操典、野外生存、射击教范、内务条令，外加军制学和马术，还有山野炮战术和实习。① 抗战时期，戎马倥偬之余，任弼时（苏区中央局篮球队的中锋）和朱德这两个篮球迷经常和战士们一起打篮球，以锻炼士兵的身体和提高军队的团队合作精神。1946 年，在延安举行了"九一"运动会，林伯渠在运动大会上讲话时强调，为了粉碎蒋介石反动派的进攻，保卫解放区，我们更加要锻炼好身体。总之，以毛泽东为首的湘籍革命人士从当时的革命战争需要出发，明确了体育为军事斗争服务的方针。他们特别重视军人体质、体能的增强，军体技能的提高，从而提高军队的战斗力；他们亦特别重视通过军体活动，加强军人素养，加强组织纪律性，从而提升部队的凝聚力。

---

　　① 彭德怀. 彭德怀自述［M］. 北京：人民出版社，1981：36.

由此可见，以毛泽东为领袖的现代湖南人才群的体育强军观在革命战争年代发挥了"服务战争"的军事功能。因此，"服务战争"的体育强军论是该群体之体育思想的一个重要组成部分。

（四）促进普及的民众体育思想

鸦片战争给中华民族带来了深重的灾难，鸦片的毒害使国人体弱多病，"偻身俯首，纤纤素手"。外国侵略者讥笑中国人是"一盘散沙""东亚病夫"。面对这一令人愤慨又痛心的状况，现代湖南人才群的成员认识到，民众体育的发展水平关乎"强国保种"、民族兴衰，必须将民众体育作为关系民族命运、国家强盛的大事对待，大力发展民众体育运动。表5-5列举了现代湖南人才群的主要成员在该方面的观点及其实践。

表5-5 现代湖南人才群的民众体育思想及其实践

代表人物	民众体育思想及其实践
毛泽东	·早在1934年，毛泽东就指出"群众的红色体育运动，也是迅速发展的，现虽偏僻乡村中也有了田径赛，而运动场则在许多地方都设备了"① ·毛泽东于1952年题词："开展体育运动，增强人民体质。" ·1942年5月，毛泽东提出了文艺工作的方针即"在普及的基础上提高，在提高的指导下普及"。这一方针后来成为体育工作的基本方针 ·毛泽东在1942年提出，"普遍化和大众化是我们开展体育运动的方向"，进一步推动了当时民众体育的开展
刘少奇	·刘少奇主张体育是全民的事业，并多次强调开展农民体育运动 ·刘少奇认为，体育是一项关系到全体人民的事业，农民体育运动应予以特别重视。他指出，工人农民要参加体育锻炼，对工作和生活都有好处 ·刘少奇在1949年主持通过了《中国人民政治协商会议共同纲领》，其中规定"提倡国民体育"
贺龙	·1940年7月，贺龙在他所领导的120师颁布了《体育训令》 ·贺龙认为体育运动应当在全军广泛开展起来，成为一种群众性运动 ·他认为，民众体育要在普及的基础上提高，培养优秀选手再去指导普及

---

① 邓凤莲. 毛泽东全民健身体育思想 [J]. 南都学坛：人文社会科学学报，2004（4）：103-104.

续表

代表人物	民众体育思想及其实践
李富春	· 李富春于 1940 年提出，延安体育会的任务是积极组织各机关、部队、学校、工厂开展群众性体育活动 · 他还指出，我们的体育运动，要由"选手"运动成为普及的大众的体育运动
徐特立	· 徐特立在中央教育部提出要求各级教育部，应该经过各级教育委员会，"号召全省每个教育机关和团体，各级教育部和教育委员会……应切实领导体育运动，……使赤色体育运动大大地开展起来"①
任弼时	· 任在 1925 年 2 月指出：每逢暑假学生回乡的时候，应该努力在农民中活动，联络本乡同学组织演讲队、新剧团、习武团等②

从表 5-5 可见，毛泽东、刘少奇、贺龙、李富春、徐特立、任弼时等在其革命生涯中对民众体育予以了充分的关注，这主要源于他们对国家命运的关心和对人民大众的热爱。现代湖南人才群对于民众体育发展的认识主要集中在"促进普及"上。

从理论层面看，以毛泽东为领袖的现代湖南人才群的民众体育思想主要涵盖以下主要内容：一是"增强人民体质"的思想；二是"体育是全民事业"的思想；三是普及与提高的思想；四是体育大众化的思想；五是女子体育的思想。可见该群体的民众体育思想已成为一个内涵丰富且独立的体育观，较之前四个人才群在民众体育观上的缺失，实现了新的思想突破。

从实践层面看，以毛泽东为核心的现代湖南人才群在践行民众体育观方面进行了大量实践。在践行"增强人民体质"思想方面，毛泽东立志救国救民于水深火热之中，他远大的政治抱负加上在革命斗争中的特殊地位，决定了其对民众体育的认识有更高的境界。早在 1952 年毛泽东就提出了"开展体育运动，增强人民体质"的方针，表达了他对开展民众体育运动的支持态度。贺龙自幼习武、热爱体育，虽后期长期在军队，但对大众体育同样给予了关注。他认为部队体育固然十分重要，但群众性体育也不可忽视。贺龙曾在 120 师颁布的《体育训令》中强调了军队体育也要在军队基层士兵中开展起来，使之成为一种群众性体育运动。在践行"体育是全民事业"思想方面，刘少奇认

① 曾飙. 苏区体育资料选编 [M]. 合肥：安徽体育史志编辑室（编印），1985：17.
② 苏肖晴. 新民主主义体育史 [M]. 福州：福建教育出版社，1999：64.

为，体育是一项关系到全体人民的事业，农民体育运动应予以特别重视，工人农民也要参加体育锻炼，对工作和生活都有好处。[①] 李富春于 1940 年提出，延安体育会的任务是积极组织各机关、部队、学校、工厂开展群众性体育活动。徐特立代表中央教育部要求"号召全省每个教育机关和团体，各级教育部和教育委员会……应切实领导体育运动，予以有力的帮助使赤色体育运动大大地开展起来"[②]。在践行普及与提高思想方面，毛泽东在 1942 年 5 月提出的文艺工作"普及与提高"方针，后来成为体育工作的基本方针。对于普及与提高的辩证关系，贺龙做了精辟的阐述："体育运动应当在全军广泛开展起来，成为一种群众性运动；同时要在普及的基础上提高，经常组织比赛和表演，选拔出优等选手再去指导普及。"[③] 在践行体育大众化思想方面，1942 年毛泽东做出了"普遍化和大众化是我们开展体育运动的方向"的指示，进一步推动了当时民众体育的开展。这里的普遍化与大众化就是要将体育运动推广到广大人民群众中去。在践行女子体育思想方面，抗战时期的延安，女子体育开展得如火如荼。中央党校、延安卫生学校、青年干部学校、陕北公学、延安中学、鲁迅艺术学校及青年艺术剧院的女同志们都参加了篮球、排球、乒乓球、田径赛、爬山等各种不同项目的比赛。

由上可见，湖南现代人才群的民众体育观内容多维、实践丰富、观点独立，成为该群体之体育思想的一个新的组成。

（五）"动以卫国"的体育兴国思想

现代湖南人才群的成员在青年时代经历了帝国主义加紧侵略中国、辛亥革命爆发、袁世凯称帝、军阀混战等重大事件，目睹了战火纷飞带给人民深重的苦难。辛亥革命后，中华民国成立，孙中山被迫退位，袁世凯就任临时大总统，任命汤芗铭为湖南都督。汤动辄杀人，压制舆论，摧残教育，使得民怨沸腾。中国的积弱仍未消除，政治不见清明。面对严峻的社会现实，受历史上众多爱国志士的影响，立志要拯救国家和民族的现代湖南人才群成员不仅身体力行，而且十分重视整个中华民族身心素质的提高。他们号召增强人民体质，彻底摘掉"东亚病夫"的帽子；他们倡导发展体育运动，通过体育达到"救国""卫国""兴国"的目的，从而形成了该群体的体育兴国观，使体育的政治功能得到充分放大。表 5-6 列举了现代湖南人才群成员在该方面的论述及其

① 黄裕冲. 伟人刘少奇：下 [M]. 北京：红旗出版社，1998：2311.
② 曾飙. 苏区体育资料选编 [M]. 合肥：安徽体育史志编辑室（编印），1985：17.
③ 王增明. 贺龙抗战时期体育思想初探 [J]. 西安体育学院学报，1986（3）：3.

实践。

表5-6　现代湖南人才群的体育兴国思想及其实践

代表人物	体育兴国思想及其实践
毛泽东	· 毛泽东在《体育之研究》的篇首中写道："动以营生也，此浅言之也；动以卫国也，此大言之也。"① · 毛泽东认为体育振兴关乎国力，关乎民族。他在《体育之研究》中指出："国力苶弱，武风不振，民族之体质日趋轻细，此甚可忧之现象也。"② · 毛泽东指出，有志参加革命工作的人必须锻炼身体，使身体强健，精力充沛，才能担负起艰巨复杂的工作
刘少奇	· 刘少奇认为，只有文武双全才能救国 · 刘少奇少年时的同学贺执圭曾经回忆，那时刘少奇最赞赏岳飞，岳母刺字，精忠报国。在这种精神的支配下，他积极练习武术③ · 1917年，刘少奇"弃文从武"，报考了湖南陆军讲武堂④
彭德怀	· 彭德怀因受当时"富国强兵，实业救国"思想宣传的影响，加上痛恨帝国主义侵略和军阀黑暗统治，萌发富国强兵思想。1916年3月，入湘军第2师当兵 · 在部队时，彭德怀开设军事文化课，主讲富国强兵思想
徐特立	· 徐特立指出，有了锻炼身体的动机，就会有相应的锻炼方法与锻炼时间，就能把身体锻炼好⑤ · 徐特立认为，"凡是有志为社会出力，为国家成大事的青年，一定要十分重视自己的身体健康。而这必须从年轻时期就打好基础，随时随地去锻炼身体"⑥
李富春	· 李富春说，"我们是中华民族的优秀儿女，我们要有强健的体魄，雄伟的气魄，才能继承和发扬我们民族的革命传统"⑦

从表5-6可见，以毛泽东、刘少奇等为代表的现代湖南人才群对体育之

① 毛泽东. 体育之研究 [M]. 北京：人民体育出版社，1979：6.
② 毛泽东. 体育之研究 [M]. 北京：人民体育出版社，1979：1.
③ 金冲及. 刘少奇传：上 [M]. 北京：中央文献出版社，1998：14.
④ 金冲及. 刘少奇传：上 [M]. 北京：中央文献出版社，1998. 15.
⑤ 徐特立. 徐特立文集：第二卷 [M]. 广州：广东教育出版社，1995：81.
⑥ 涂光辉，周树森. 徐特立基础教育实践与理论 [M]. 长沙：湖南师范大学出版社，1998：311.
⑦ 陕甘宁边区体育史编审委员会. 陕甘宁边区体育史 [M]. 西安：陕西人民出版社，1990：163-164.

于国家振兴的关系有着共同的认识,具有高度的一致性。

从理论层面看,现代湖南人才群的体育兴国思想包括以下三个方面内容:一是"动以卫国"思想。这一思想体现了体育的社会价值,将体育与保卫祖国主权、捍卫民族独立联系起来。二是服务革命的思想。这一思想要求体育要为无产阶级革命事业服务。三是振兴民族的思想。这一思想不仅要求通过体育实现民族文化的传承,而且要求体育为实现中华民族的振兴而做出更大的贡献。在该群体的体育兴国思想中"动以卫国"思想是核心与基础,若中国不能护卫,何谈民族与国家的振兴。

从实践层面看,以毛泽东、刘少奇、彭德怀等为代表的现代湖南人才群在践行体育兴国观方面进行了大量实践活动。在践行"动以卫国"思想方面,青年毛泽东是当时长沙进步青年学生的领袖,他在当时影响最大的《新青年》杂志上发表了名篇《体育之研究》,这篇文章抨击了当时"重文轻武"的传统陋习,阐述了体育的宗旨、地位与方法,表达了毛泽东对体育现状的担忧和对国家命运的关切。毛泽东指出:"动以营生也,此浅言之也;动以卫国也,此大言之也"①,体育之所以能卫国就在于体育的振兴能提高国力。他将体育与国家振兴、国力增长联系在一起,使体育兴国思想成为一种独立的体育观。毛泽东还以胸怀天下的气魄呐喊,凡天下成大事者要"文明其精神,野蛮其体魄"②。1916 年夏,刘少奇考入设在长沙的宁乡驻省中学。在长沙,他投入到了驱逐湖南反动军阀汤芗铭的斗争中。由于崇尚西汉苏武,东汉班超、马援等爱国志士以及倾慕岳飞"精忠报国"的壮举,刘少奇萌发了好男儿投笔从戎、以身许国的志向。1917 年,他转而报考了湖南陆军讲武堂。彭德怀从小家庭贫困、吃尽苦头、受尽磨难,因而十分痛恨帝国主义侵略和军阀黑暗统治,加上受当时"富国强兵"思想宣传的影响,于 1916 年 3 月入湘军第 2 师当兵。在践行"服务革命"思想方面,毛泽东说过,有志参加革命工作的人必须锻炼身体,使身体健强,精力充沛,才能担负起艰巨复杂的工作,用以号召中国共产党上下进行体育锻炼,以承担各种各样的艰巨的革命工作。当每个革命者都能有强健的身体或高超的搏杀能力,那我们民族独立、人民做主的革命的目的就不是那么难实现了。徐特立也曾提出:"凡是有志为社会出力,为国家成大事的青年,一定要十分重视自己的身体健康。而这必须从年轻时期就打好基础,随时随地去锻炼身体。"③ 在践行"振兴民族"思想方面,民族体质状况

① 毛泽东. 体育之研究 [M]. 北京:人民体育出版社,1979:6.
② 刘东. 毛泽东对近代中国体育思想的继承与发展 [J]. 北京党史,2003 (6):19.
③ 涂光辉,周树森. 徐特立基础教育实践与理论 [M]. 长沙:湖南师范大学出版社,1998:311.

的改善和民族自信精神的发扬是振兴国家的一个重要内容，强健的体魄与雄伟的气魄是振兴国家的重要标志。对于这一点，李富春做出了说明："我们是中华民族的优秀儿女，我们要有强健的体魄，雄伟的气魄，才能继承和发扬我们民族的革命传统。"①

由上可见，以毛泽东为领袖的现代湖南人才群成员最高的人生追求与革命理想就是要推翻旧世界，建立新中国。而践行体育兴国有助于他们的革命目标达成。因此，"动以卫国"的体育兴国观是该人才群之体育思想的重要构成之一。

二、现代湖南人才群的体育思想特征

通过对近现代不同人才群之体育思想的比较，现代湖南人才群体育思想具有先进性、社会性、相对完整性和个体差异性等显著特点。从整体上把握这些特点，有助于完整、准确、全面、有深度地理解现代湖南人才群的体育思想。

（一）先进性

现代湖南人才群体育思想的先进性主要体现在如下四个方面：一是在形成基础和思想来源上具有先进性。该群体的体育思想是以马克思唯物主义哲学思想作为基础的，抛弃了前几个人才群体育思想中或多或少的唯心主义成分，其产生与形成针对当时的社会现实需求，既汲取了中国传统体育文化的精华，又接纳了西方先进的体育文化，体现了先进体育文化的发展方向。二是在体育宗旨与功能的认知上具有先进性。毛泽东谈到体育的功能时讲到了四条：至于强筋骨，因而增知识，因而调感情，因而强意志②；徐特立认为，体育的目的就是要使人的身体均衡发展，动作敏捷，全身活泼，并培养人的守纪律、尚协同的良好习惯③。这些认知无论在当时还是后世都是先进科学的。三是在体育教育地位和意义的认知上具有先进性。毛泽东、徐特立等很早就认为体育是教育的组成部分之一，是培养全面发展的人的重要途径之一，并明确指出：体育的目的是增强体质，促进健康，为了革命必须坚持不懈地进行规律锻炼。四是在体育内容与方法的选择上具有先进性。体育是以运动为基本手段，利用自然因素，如日光、空气、水等，结合讲究卫生，锻炼身体，使体质增强。毛泽东、蔡和森等很早就认识到了这个道理，因而特别喜欢到大自然中去进行锻炼，他

---

① 陕甘宁边区体育史编审委员会. 陕甘宁边区体育史. ［M］. 西安：陕西人民出版社，1990：163-164.

② 毛泽东. 体育之研究［M］. 北京：人民体育出版社，1979：9.

③ 曹国智，孟湘砥. 徐特立教育思想讲座［M］. 长沙：湖南科学教育出版社，1983：86.

们长期坚持进行冷水浴、日光浴、登山、远足等。毛泽东还特别喜欢到江河湖海中去游泳，曾写下"自信人生二百年，会当水击三千里"的豪迈诗篇。

（二）社会性

现代湖南人才群体育思想的社会性主要体现在如下三个方面：一是体育思想的形成既来自个体发展的需要，更来自其时社会发展的需要。他们的体育兴国观、体育强军观、体育教育观与民众体育观适应了当时拯救中华民族进行革命斗争、塑造新型人才和改善国民体质的社会需求。毛泽东提出的"夫体育之主旨，武勇也"，讲的就是体育的宗旨是使人武勇；"动以营生也，此浅言之也；动以卫国也，此大言之也"①，说的就是体育的目标是卫国、兴国。毛泽东还提出了"开展体育运动，增强人民体质"的口号。1937 年，贺龙提出，"开展体育运动，为打败日本法西斯服务"②。徐特立认为，要使青少年在德智体诸方面都得到健康发展，就必须全面贯彻党的教育方针等。二是其体育思想关注的重点是社会变革与社会民众。现代湖南人才群不仅身体力行进行锻炼，而且大力倡导体育运动，号召社会民众和部队士兵积极投身到体育运动中去。他们力图通过体育这一有力的工具达到进行社会变革和提高民族素质的目的。毛泽东在艰苦斗争的岁月里仍不忘激励红军战士，"打好野操，要锻炼身体，才能打敌人"。贺龙要求"体育要为革命战争服务"③，他教育战士要练好身体，打倒敌人。三是其体育思想对体育的社会功能进行了深度挖掘。现代湖南人才群不仅对体育强身这一本质功能有深刻的认识，而且对体育的政治、军事、文化、教育功能进行了深度挖掘，形成了与之相匹配的体育兴国观、体育强军观、体育教育观及民众体育观等。

（三）相对完整性

现代湖南人才群体育思想的相对完整性主要体现在如下三个方面：一是内容体系相对完整。该群体的体育思想阐明了体育的目的与性质，论述了体育的地位和作用，揭示了体育与个人发展、社会发展、军事发展、教育发展、国民素质发展的关系，思想内容较为丰富。毛泽东提出的"体育者，人类自养生之道，使身体平均发达，而有规则次序之可言者也"④，说明了体育对人体的作用。他还阐述了体育与国家命运的关系。徐特立指出，凡是有志为国家成大

---

① 毛泽东. 体育之研究 [M]. 北京：人民体育出版社，1979：6.
② 江涛. 毛泽东和贺龙的体育观 [J]. 浙江体育科学，1998 (5)：7.
③ 江涛. 毛泽东和贺龙的体育观 [J]. 浙江体育科学，1998 (5)：7.
④ 毛泽东. 体育之研究 [M]. 北京：人民体育出版社，1979：3.

事的青年，要十分重视自己的身体健康，而这必须从年轻时期就打好基础。徐特立还提出，体育是全面发展教育中的重要组成部分，"体育工作是一项极其重要的革命工作"① 等。二是在功能指向上相对完整。该群体的体育思想既包括反映体育本质功能的体育强身观，也包括反映体育社会功能的体育兴国、体育教育、体育强军和民众体育观，功能指向既符合其时社会的需要，又反映了体育的基本内涵。三是在层次构架上相对完整。该群体的体育思想，以体育强身观为基础，以体育教育、体育强军、民众体育为途径，以体育兴国为目的，构成了一个相对完整的体育思想体系。这一体系的完整性较之近代湖南四个人才群的体育思想体系有了量的增加与质的飞跃。

（四）个体差异性

现代湖南人才群体育思想的个体差异性主要体现在以下两个方面：一是对群体思想的贡献程度存在个体差异。一个群体的体育思想的形成要得到群体多数成员的共同认可，但并不排除由于认识程度的不同存在个体差异，承认差异性就是承认客观性。对现代湖南人才群体育思想做出贡献最大的当数这个群体的领袖人物毛泽东。毛泽东在 1917 年撰写的《体育之研究》内容丰富、观点鲜明，是该群体体育思想形成的基石。毛泽东对体育的热爱和对体育的深入研究奠定了他在现代湖南人才群体育思想创建时的领导地位。此外，贺龙、徐特立、彭德怀、蔡和森、刘少奇等对现代湖南人才群体育思想的形成也做出了较大贡献。二是对群体体育观点的侧重程度也存在个体差异。由于受时代影响和所处的地位不同，现代湖南人才群不同成员对体育思想体系中的不同观点有其侧重点。毛泽东青年时代关注的是体育本身，因此强身观是主导；投入革命后，着眼的是国家命运和民族未来，因此强军观、兴国观、教育观与民众体育观得以放大，成为主导。贺龙、彭德怀等长年从事革命武装斗争，统领军队，因此对于体育强军观特别强调。徐特立是一位教育家，对体育教育颇有研究。刘少奇长期领导白区工作，因此对民众体育颇为关注。

---

① 曹国智，孟湘砥. 徐特立教育思想讲座 ［M］. 长沙：湖南科学教育出版社，1983：88.

第十九章　现代湖南人才群的
体育思想成因

　　以毛泽东、蔡和森、刘少奇、彭德怀、贺龙、徐特立为代表的现代湖南人才群在长期的革命生涯中形成了由体育强身观、体育教育观、体育强军观、民众体育观和体育兴国观共同组成的体育思想体系，这一思想体系助推他们的革命事业取得了史无前例的伟大胜利。毛泽东人才群的体育思想内容丰富、功能强大，其产生和发展的原因可采用"缘分析"方法从时代缘、文化缘、教育缘、事业缘、情感缘和地缘等六个方面加以揭示。

一、时代缘：共同的时代背景

　　现代湖南人才群的主要成员出生和成长在 19 世纪末或 20 世纪初，驰骋于中国大地超过半个世纪，成就了非凡的事业。从 1919 年五四运动到 1949 年中华人民共和国成立，该群体共同面对着中国数千年从未有过的民族危机和历史变革。这一时代背景是该群体体育思想形成的深刻的历史渊源。

　　从国际环境看，自鸦片战争以后，西方列强对中国的侵略与控制越来越全面与深入，特别是日本帝国主义逐步成为中华民族最危险的敌人。此时的湖南虽是一个内陆省份，但物产丰富，成为帝国主义重点掠夺的省份之一，总体表现为以下四个方面。一是倾销商品，霸占市场。五四运动之后，各帝国主义国家疯狂涌入湖南，大量倾销商品，挤垮中国民族工业，而后独占市场。二是操纵财政金融。帝国主义国家通过开银行、掌管海关、借贷款等操纵了湖南的财政金融。三是大肆掠夺湖南的矿产和物质，控制湖南的工业和交通。四是日本帝国主义对湖南的掠夺和直接占领。1938 年 10 月，武汉失守后，湖南成为抗日战争的最前线，日本军队在湖南实施了残酷的武力屠杀和疯狂的经济掠夺。面对上述中华民族生死存亡的巨大危机，生于斯长于斯的湖南仁人志士团结在毛泽东的周围，在中国共产党的领导下以大无畏的英雄气概走上了武装抗日的革命道路。

　　从国内情况来看，辛亥革命的成功虽然推翻了长达两千多年的封建王朝统治制度，但并未改变中国半殖民地半封建的社会性质。长达多年的军阀混战使广大人民群众仍然生活在苦难之中。1913 年 10 月，时任大总统的袁世凯任命海军次长汤芗铭为湖南都督。汤芗铭残忍嗜杀，人称"汤屠夫"。汤除了动辄杀人外，还压制舆论，压制教育发展，无所不用其极。从 1913 年 10 月至 1916 年 7 月，汤芗铭在湖南近三年的残暴统治，使得民怨沸腾，骂汤之声遍于街巷。国民党政府上台之后，外有帝国主义掠夺，内有反动军阀统治，社会动荡，民不聊生，封建割据更甚。仅就湖南此时的情况看，国民党、反动军阀对湖南的争夺和统治长达三十年之久，先后统治湖南的军阀达数十人之多。这些军阀走马灯似的上台，以各种方式加大对湖南人民的剥削，人民生活苦不堪言。加之鸦片遗毒，致使国民体质低下。中国人被殖民主义者讥笑为"东亚病夫"，国人与国家的尊严丧失。幸得十月革命一声炮响，给中国送来了马克思主义。以毛泽东为核心的湖南有志青年自觉地接受了马列主义的思想洗礼，积极参加中国共产党的创建，开始了救国图存、建立新中国的漫漫革命征程。

面对如此严酷的中国社会内外环境，以毛泽东、蔡和森、刘少奇为核心的现代湖南人才群成员深知只有以强健的身体作为基础，才能实现他们的革命理想，才能彻底改变中国人民的悲惨命运。正是在他们求索与革命的长期实践中，该群体的体育思想得以形成。所以，共同的时代背景是促使该群体的体育观产生与发展的一个重要因素。

二、文化缘：相近的文化影响

文化熏陶，潜移默化；文化影响，作用巨大。从文化缘分析，现代湖南人才群的体育思想受到的文化影响可概括为以下四个方面。

其一是湖湘文化的长期熏陶。毛泽东、蔡和森、刘少奇、彭德怀、贺龙、徐特立等现代湖南人才群的成员在湖湘文化的孕育下成长，刚烈强悍的湖南古代民风培养了他们的"尚武尚勇"精神，养成了他们进取、执着、倔强的品格，使他们从小就热爱体育。湖湘文化的经世致用思想培养了他们实事求是的务实作风，养成了他们积极入世的人生态度，使他们重视锻炼实效。这不仅促成了该人才群对体育内涵和体育功能的深入思考，而且促成了他们在体育实践中注重发挥体育的功能作用，使之成为他们完成革命大业的有力推手。

其二是前辈人才群的思想影响。现代湖南人才群的体育思想直接受到其前辈人才群的体育观影响，后者的体育观是现代湖南人才群之体育思想形成的思想渊源之一。近现代湖南人才群之所以能前仆后继、接连兴起，就在于这些人才群能以爱国思想为主线，实现代际之间的思想传承与创新。现代湖南人才群的体育思想亦是在这一传承机制的作用下，受惠于前四个人才群的体育思想的传递而逐步发展起来的。陶澍人才群的养生观可以跨越数代影响到毛泽东人才群的强身观；曾国藩人才群的体育强军观受到毛泽东人才群的高度赞赏；谭嗣同人才群和黄兴人才群的体育教育观与体育救国观更是为毛泽东人才群所景仰与吸纳。在一定意义上而言，现代湖南人才群体育思想是对前辈人才群的体育观传承与创新的结果。

其三是西方先进体育文化的影响。西方强国对中国的文化入侵以及中国留学生的学成归来，不仅带来了西方科技文明，而且把近代西方体育文化的思想和内容引入中国学校、军队乃至社会。毛泽东人才群的成员有比魏源"师夷制夷"更开阔的爱国胸怀和国际视野，对西方先进的体育文化采取了"洋为中用"的尊重态度与合理吸纳的务实作风，结合中国革命斗争的需要加以运用与发扬。西方体育文化的先进思想使毛泽东人才群的体育思想更加科学与先进，西方先进的体育内容使现代湖南人才群成员的体育强身、体育教育、体育强军与体育兴国实践更加合理与完善。

其四是马克思主义全面发展理论的引领。马克思主义关于人的全面发展学说的要点是全面发展的人是精神和身体、个体性和社会性都得到充分而自由发展的人。以毛泽东为领袖的无产阶级革命家人才群的成员是坚定的马克思主义者。将马克思主义与中国革命实践相结合而产生的毛泽东思想，就是马列主义中国化的产物。马克思主义关于人的全面发展理论是毛泽东人才群体育思想产生和发展的最为重要的思想文化基础。毛泽东人才群"三育并重，全面发展"的体育教育观形成虽然受到严复、蔡锷等人相关观点的一定影响，但该群体的体育教育思想受到马克思全面发展理论的影响更大。由此可见，马克思主义思想文化不仅对毛泽东人才群的政治、军事、经济、文化、教育等观念具有整体上的影响，而且对该群之体育思想形成具有直接作用。

综上所述，以毛泽东为领袖的现代湖南人才群之体育思想的产生与发展受到湖湘文化特别是湖湘体育文化的培育，受到前辈人才群体之体育观的影响，受到西方先进体育文化的作用，更受到马克思关于人的全面发展理论的引领。所以，文化因素是该群体的体育思想演化的一个重要成因。

三、教育缘：相近的教育背景

按照马克思关于人的全面发展学说，教育对人才的成长特别是人的全面发展具有不可替代的作用，是每个人接受新知识新理论形成人生观、价值观和世界观的重要途径之一。教育对现代湖南人才群体育思想的影响，可以从其主要成员所接受的本土教育和西方教育两方面进行追踪。

在辛亥革命中，湖南地方重视新式教育，兴办新式学堂。新式学堂是在旧式学堂的基础上发展起来的。二者之间最大的区别是，新式学堂较之旧式学堂在教育理念上注重培养经世致用的人才；在教学内容上引进西方或日本现代先进的科学技术，其中也包括体育教育内容，如各种新式兵操、新兴的体育运动项目、军事运动项目等；在课程设置上开设了"体操科"。新式学堂的出现，为大批有志青年提供了接受新思想新知识的良好机会。此时，湖南青年毛泽东、蔡和森、李立三、李维汉等都在新式学堂接受了新式教育，并在新式学堂中快速成长。1902 年，清政府颁布了《钦定学堂章程》，在这个章程中首次以政府行政命令的形式将"体育科"纳入全国各级各类学校的教学科目体系之中，体育由此在学校教育中占有一席之地。这为现代湖南人才群代表人物接触体育、思考体育创造了条件。在湖南第一师范学校学习期间，毛泽东、蔡和森、萧子升等人对体育的认识有了很大的提高，在该方面尤其受他们尊敬的杨昌济老师的影响最大。在新式学堂开办的同时，中国教育现代化进程的另一件大事就是派遣留学生，其中不少湘籍青年知识分子也走出国门，学习现代科学技术。据有关资料统计，五四运动后的短短三年内，湘籍青年赴法国留学人数就高达四百多人，其中徐特立、蔡和森、李维汉、向警予、何长工等湖南人就在其中。去前苏联学习马克思主义基本理论和考察社会主义制度的湘人有林伯渠、何叔衡、左权等。这些湘籍青年知识分子在国外不仅学到了现代科学技术，而且在思想观念上也发生了较大的变化，其中也包括对体育认知的变化。

由于特定的历史环境与社会需求，当时湖南对军事教育比较重视，军事体育也比较发达。湖南巡抚陈宝箴于 1898 年开办了武备学堂即后来的湖南陆军小学堂，学员主要是湖南青年，其中包括唐生智、陶峙岳、贺耀祖、陈欲新等。这个学堂为社会培养了一大批军事人才，许多学员后来成为著名将领。进入民国后，湖南的军事教育又有了新的发展，1917 年在原湖南陆军小学堂的基础上又创办了湖南陆军讲武堂。一大批有志从军的青年进入该校学习军事，其中包括彭德怀、黄公略、张子清、王劲修、唐生明等，这些学生后来有许多人成为国共两党的高级将领。在湖南军校学习的湘籍青年，一方面学习军事理论与技能，另一方面也接触到了军事体育项目和现代体育运动项目，这无疑对他们的体育观形成有重要影响。

由此可见，该群体成员是通过各种教育认知体育与研究体育的，所以教育是促进现代湖南人才群体育思想形成的一个重要因素。

四、事业缘：共同的革命理想

人才群的形成是以志同道合为基础的。现代湖南人才群是一个无产阶级革命派团体，他们有着共同的革命事业和革命理想，即建立一个民主、自由、共和的新民主主义中国。这一崇高理想的实现过程也伴有该群体之体育思想的参与及贡献。

　　五四运动前后，在国家外遭强敌欺凌，内有阶级压迫，民众悲苦，人心涣散的危急存亡关头，如何带领积贫积弱、饱受屈辱的中国人民争取民族独立、摆脱贫穷落后、迅速发展崛起就成为毛泽东人才群成员的共同革命理想。在中国共产党成立之前，以毛泽东、蔡和森等为代表的现代湖南人才群就特别重视体育，认识到体育强身对于他们实现人生理想的重要性。当他们成为共产党人之后，毛泽东等人不仅对中国革命的出路有了新的共识，而且也对中国的科学、文化、教育与体育发展方向有了更多的新思考。他们共同认识到，推翻帝国主义、封建主义和官僚资本主义三座大山是他们共同的革命任务。为了实现这一共同的历史使命，他们不仅要改造旧的社会制度，而且要培养与造就无产阶级的一代新人。这些人不仅要有"健美的体格"，还要有强健的体魄和精神，有工作的知识和技能，有服务人民的理想和才干。为了实现共同的革命理想，他们不仅形成了相同的体育强身与体育教育认知，而且逐步建立了体育强军观、民众体育观和体育兴国观。

　　由此可见，在辛亥革命和五四运动的影响下，以毛泽东、蔡和森、刘少奇等为代表的现代湖南人才群对体育的认识逐步深入，认识到只有强国强民才能带领积贫积弱、饱受屈辱的中国人民争取民族独立，实现他们建立新中国的革命理想。所以，共同的革命理想对毛泽东人才群之体育思想形成具有催化作用。

五、情感缘：深厚的同学师生情谊

　　现代湖南人才群的形成以各种情缘为团结纽带，他们之间大多有同乡、同族、同学、朋友、亲戚等人际联系，有着共同的乡土之情和同学师生情谊。

　　徐特立、杨昌济、方维夏、黎锦熙、王季范等曾在湖南省第一师范学校担任教师。其中杨昌济、徐特立对当年在一师求学的青年影响最大。杨昌济、徐特立倡导的体操、冷水浴、游泳、风浴、雨浴、日光浴、登山、露营、远足等体育活动在学生中备受欢迎。在杨昌济和徐特立的提倡和带动下，一师的许多学生都十分重视身体锻炼，仿效他们进行远足、冷水浴等。毛泽东在坚持体育锻炼的同时，悉心研究其理论，对老师的体育思想观点有进一步的发挥，撰写了著名的《体育之研究》，后由杨昌济推荐，发表在《新青年》第三卷二号上。另外，陈章甫、萧三、蔡和森、张昆弟、周世钊、罗学瓒、李维汉、何叔衡、谢冰莹等都是一师学生；任弼时、毛泽民、毛泽覃等曾在一师附小学习。毛泽东在第一师范读书时，假日常与蔡和森、何叔衡、李富春等人到橘子洲头聚会，谈论国事，填词赋诗，有时下江击水，锻炼身体。为了团结更多的同学向黑暗的教育制度做斗争，毛泽东、萧三、蔡和森、陈昌甫和萧子升等，发起组织了"学生自治会"。自治会的会员除一师的一些进步青年外，还包括在一师附中的一些青年学子。毛泽东在"学生自治会"会下设 15 部，其中体育就占了 8 个。"学生自治会"的宗旨之一就是"锻炼身体"。

由此可见，现代湖南人才群成员之间深厚的同学师生情谊是其体育思想形成的一个不可忽视的人际因素。

六、地理缘：相近的地理历史环境

自然地理环境、社会地理环境和人文地理环境是地理历史环境的三个重要组成因素，对文化的形成与发展具有较大的影响。毛泽东人才群之体育思想的形成也受到地理历史环境的一定影响。湖南无产阶级革命家群体人数众多，这种情况的出现与湖南的地理历史环境不无关系。

从自然地理环境的角度看，现代湖南人才群成员生于湖南长于湖南，湖南是他们成长的共同空间。湖南的自然地理环境较为封闭，处于中国内陆且三面环山，交通不便，唯有北部的洞庭湖与湖北相连，为当时湖南与外省联系的主要通道。湖南的气候环境亦较为恶劣，这种封闭且恶劣的自然地理环境锻造了湘人忍耐、坚韧、务实的品性。从社会地理环境看，当时湖南为各派军阀争夺的战略要地，各种势力在湖南实行封建割据，战事连连，帮会盛行，社会治理出现真空地带，这为新思想的传播带来了有利契机。从人文地理环境看，当时湖南新武学堂兴起，派遣出国留学生剧增，湖南军事学校发达等，形成了有利于湖南人才成长的人文地理环境。各级各类学校培养了一大批社会需求的人才，其中有教育家杨昌济、徐特立、李文照、王文清、罗典等，有军事家彭德怀、唐生智等，有无产阶级革命家与政治家毛泽东、蔡和森、刘少奇等。

由上可见，湖南艰苦的自然环境锻造了毛泽东人才群成员的坚毅品格和尚武精神；湖南特殊的社会环境为他们提供了接受马克思列宁主义思想的有利空间；湖南人文教育环境的改善，使毛泽东人才群成员获得"睁眼看世界""时势造英雄"的有利机会。毛泽东等才可能从湖南出发，走出省门，走向全国，登上中国政治的历史舞台，成就一番惊天动地的辉煌事业。因此，从地缘角度看，相近的地理环境亦是现代湖南人才群之体育思想形成的不可忽视的一个重要因素。

第二十章　现代湖南人才群的体育思想评述

　　以毛泽东、蔡和森、刘少奇、彭德怀、贺龙、徐特立为代表的现代湖南人才群之体育思想涵盖了体育强身、体育教育、体育强军、民众体育、体育兴国等五个具体观点，这些观点的产生与形成受到时代背景、文化因素、教育因素、事业追求、人际关系和地理环境等多重因素制约。该群体的体育思想一旦定型，就会遵循"主观对于客观的反作用规律"，对当时社会政治、军事、教育、民众体育及体育本身产生影响作用。结合毛泽东人才群体育思想的内容及实践，可对该群体之体育思想的历史贡献及其局限做一全面评述。

一、现代湖南人才群体育思想的历史贡献

（一）倡导体育强身，提高国民体质

　　现代湖南人才群的体育强身观是其体育思想体系中的核心观点，亦体现着体育的本质观点。毛泽东很早就对体育作出了"人类自养其身之道"的科学界定，所以该群体的体育强身观必定与人的"健康"与"体质"相联系。脱离了这一点，体育观就失去了存在的价值与意义。毛泽东人才群的体育强身观彰显了体育的本质属性与功能，对当时提高国民体质具有重要的导向作用。其历史贡献主要体现在以下三个方面。

　　其一，抵制传统陋习。五四运动之前，由于受传统思想观念的影响，"万般皆下品，唯有读书高""重文轻武"的文弱之风盛行，人们对体育的本质缺乏深刻认识，对体育的功能也缺乏充分的了解，以至于认为从事体育活动是一件"不上台面，不够品味"之事。大部分民众缺乏进行体育锻炼的动机，参加锻炼的积极性低下。毛泽东撰文严厉批评重文轻武的落后观念，大力宣传"尚武论"，他认为"欲图体育之有效，非动其主观，促其对于体育之自觉不可"①，并通过理论辨析和事例举证，证明了体育存在的价值与意义，最后得

---

　　① 毛泽东. 体育之研究［M］. 北京：人民体育出版社，1979：1.

出结论："体育之效,至于强筋骨,因而增知识,因而调感情,因而强意志,……故夫体育非他,养乎吾生、乐乎吾心而已。"① 蔡和森、徐特立等也撰文反对重文轻武,倡导文武并重。在他们的大力宣传下,对当时社会上重文轻武的陋习进行了有效的抵制。

其二,提倡终身锻炼。毛泽东在《体育之研究》中指出"盖生而强者,滥用其强……尚待锻炼?故至强者或终转为至弱。至于弱者……勤自锻炼,增益其所不能。久之逐变而为强矣。故生而强者,不必自喜也,生而弱者不必自悲也"②,从而阐明了他"凡事皆宜有恒,运动亦然"的终身锻炼思想。刘少奇一生坚持体育锻炼,他每日坚持散步,风雨无阻,终成一生的生活习惯。他幼时习武,爱打太极,亦将此锻炼方法贯穿终生。徐特立一生献身教育事业,他主张人生就是要战斗一辈子,锻炼一辈子。他的这种终身锻炼思想值得后人效仿。徐特立年龄很大时还跟毛泽东学会了游泳,和朱德等老人登上了桂林叠彩山明月峰,后来,还和青年人在延安一起参加一百米比赛。贺龙从小习武,他也长期坚持体育锻炼,并且他走到哪里就把体育运动开展到哪里,所以他率领的部队一直坚持开展体育运动与竞赛。由于以毛泽东等为代表的现代湖南人才群的集体示范,广大民众与部队官兵的终身锻炼意识得到了有力加强。

其三,提高国民体质。毛泽东在其著名论文《体育之研究》开篇就说"国力苶弱,武风不振,民族之体质日趋轻细,此甚可忧之现象也"③。可见他对当时的国民体质文弱现象甚为关注与担忧。毛泽东深知,要改变国家的面貌就必须从体育抓起,着力于提高民族体质水平。在他看来,民族体质与体力提升是提高国力的重要途径之一。后来,毛泽东在中华人民共和国成立后曾号召并题词"开展体育运动,增强人民体质",这与他早期的体育思想是一脉相承的。刘少奇主张体育是全民的事业,就是因为这个事业关乎国民体质的增强。贺龙在部队号召官兵参加军事体育活动,意在锻炼官兵的体魄。总之,该群体认为体育的本质功能是增强体质、增进健康,倡导体育强身的目的,最终是要落实到提高国民体质这一点上。在该群体的体育强身观影响下,处在艰苦的战争环境条件下的苏区、抗日根据地和解放区的官员与民众都积极参加体育锻炼,使部队将士和广大民众的体质得到了增强,亦使体育的强身功能得到发挥。

---

① 毛泽东. 体育之研究 [M]. 北京:人民体育出版社,1979:9.
② 毛泽东. 体育之研究 [M]. 北京:人民体育出版社,1979:6-7.
③ 毛泽东. 体育之研究 [M]. 北京:人民体育出版社,1979:1.

（二）倡导体育教育，助推教育发展

现代湖南人才群历来对教育与体育高度重视。他们的体育教育观既受到前辈人才群"文武兼备"育才观的直接影响，又受到马克思主义全面发展学说的理论引领。这一观点既聚焦于学校教育领域，亦辐射到社会教育领域。该群体的体育教育观不仅帮助体育本身在教育领域获得了重要位置，而且对助推教育发展起到了关键作用。其体育教育观的传播对当时教育发展的贡献集中在以下三个方面。

其一，倡导三育并重的教育方针。三育并重的教育方针是现代湖南人才群之体育教育思想中的核心观点之一。毛泽东早在 1917 年的《体育之研究》一文中就对三育并重方针有过精辟的阐释，他说"体育一道，配德育智育；而德智皆寄于体，无体是无德智也"，不仅明确了三育的内容而且论述了三育的关系。徐特立一直是三育并重教育方针的主张者、宣传者与实践者，他认为"学校应该全面贯彻党的教育方针，使学生在德智体几方面得到健康发展"。德智体三育并重的方针，明确了体育教育在学校教育中的地位，具有重大的历史意义。这一教育方针的提出，对发展其时苏区、抗日根据地和解放区的学校教育和体育教育起到了积极的推动作用。

其二，优化体育教学内容与方法。五四运动前，各类学堂虽然将"尚武"精神的培育纳入了教育宗旨，但主要教学内容仍然以各种旧式兵操为主，内容呆板枯燥，久而久之为学生所厌倦，严重影响学堂体育的顺利发展。目睹这一现实状况，徐特立提出必须要对这种现象予以重视。他认为体操课的要旨是要使学生在身体上得到全面而均衡的发展；在修身方面使学生"全身活泼"，养成守规律、尚协同之习惯；在教学方法上要多种多样，要根据不同的教育内容和教育对象，确定不同的教学方法。例如，对于低年级的游戏，因为"游戏尚自由，故大概规律宜遵守。而细事若加束缚，则必抑其自由之活动，而愉快少矣"。毛泽东也指出，"凡静者不能自动，必有所以动之者，动之无过于兴味"[①]，辩证地分析了运动、兴趣、快乐的关系。在他们这些思想的指导下，抗日根据地与解放区的学校在艰苦的战争环境中也对体育教育内容与方法进行了力所能及的优化，如开展了篮球、田径、游泳等现代体育项目。此外，学校在体育教学中也更加注意培养学生的体育兴趣。

其三，开办体育专业教育。贺龙对兴办教育与体育一贯给予了高度重视，并且身体力行、践行于实践。早年，他成立过随营学校、随军"学生队"、党

---

① 范宏伟. 毛泽东学校体育思想论略［J］. 解放军体育学院学报，2005（1）：3.

校和干校等。之后，他于 1945 年创立了著名的"贺龙中学"，这是一所培养军事干部和地方干部的学校。1948 年"贺龙学校"扩编为西北人民军政大学。贺龙创办的这些学校既培养了一批军政干部和地方干部，也为社会培养了一批体育师资。这批体育师资的培养是我党早期创办体育专业教育的主要成果之一。

（三）倡导体育强军，助推军队建设

现代湖南人才群成员自走上武装革命的道路就对体育与军事的关系进行了深入思考。根据军事斗争的需要，他们提出了"体育为军事斗争服务"的方针，体育特别是军事体育成为提升部队战斗力的有力工具之一。该群体的体育强军观在助推部队建设方面所做出的主要贡献可归纳为以下三个方面。

其一，促进军事体育开展。对于部队体育的开展，毛泽东、贺龙等无产阶级革命家一直予以高度关注。毛泽东于 1942 年就号召部队"锻炼体魄、好打日本"，并号召官兵"学习军事体育来武装我们的手足"。毛泽东的号召对当时部队体育的开展起到了有力的推动作用。1937 年，贺龙在《新中华报》上发表文章，提出了"开展体育运动，为打败日本法西斯服务"的口号。在毛泽东、贺龙等领导人的号召下，八路军新四军部队的体育活动得到广泛开展，部队的体育比赛经常进行。贺龙的"战斗篮球队"在奔赴延安的途中先后同沿途地方和兄弟部队的球队比赛了 18 场；部队基层运动会也频繁举行，如八路军三五九运动会、抗日军政大学运动会、鹿甘警备区"九一八"运动会以及新四军"五卅"运动会。这些运动会的举行代表着我军部队体育已形成雏形并具有一定特色。

其二，提高军队战斗力。1942 年，贺龙在《延安日报》上发表"体育运动军事化"的题词。[①] 1942 年 10 月，毛泽东在《解放日报》上发表的《开展部队中的军事体育运动》一文中明确指出：目前我们训练部队的迫切任务之一就是要开展军事体育运动。他认为部队战斗力的形成有赖于军事体育运动的开展。军事体育运动对于官兵的身体素质、心理素质和军事素质的提高都有极大的帮助。所以，毛泽东将开展军事体育运动这一要求视为部队的建军方针之一。在这一方针的指引下，解放区的部队开展了轰轰烈烈的练兵高潮，官兵们练射击、拼刺刀、投手榴弹、过独木桥、越障碍、跳木马，通过各种军事体育锻炼，使官兵素质得到大幅度提高，精神状况为之一振，部队的战斗力水平得到极大提升，在战斗中发挥了巨大的威力。

---

① 江涛. 毛泽东和贺龙的体育观 [J]. 浙江体育科学, 1998 (5): 7.

其三，培养军事人才。全国胜利之前，由于客观物质条件的限制，我军建设又尚处于比较低级的阶段，装备简单低劣，正规化程度低，军事人才奇缺，为了强化军队的战斗力和正规化，毛泽东在军队中大力推行正规的体育训练。1932 年，毛泽东指示，应该把苏区的体育很好地开展起来。他对红军战士说："你们要加强训练，打好野操，要锻炼好身体，才能打敌人"①，并且利用开办短期训练班的方法促进官兵研究军事理论。在贺龙的号召和主持下，先后成立了随营学校、随军"学生队"、湘鄂川黔边区省委党校和干校，1945 年成立了著名的"贺龙中学"。这些学校都积极开展军事体育课程，为当时部队和学校培养了许多军事人才和体育专业人才。

（四）倡导民众体育，助推社会体育

现代湖南人才群之民众体育观的提出是基于他们对当时民族体质虚弱的担忧，亦源于他们对体育本质功能的认知。该观点的提出实现了对前四个人才群之体育思想在质量与数量上的超越，表明了中国共产党人对广大人民群众身体健康的热切关心。该群体的民众体育观对当时社会体育的开展做出的贡献可归纳为以下三个方面。

其一，大兴民众体育。在旧中国，广大民众的健康状况堪忧。为改变这种状况，保障人民大众的健康，以毛泽东等为核心的现代湖南人才群对广大人民的健康给予了极大的关注。中华苏维埃共和国赤色运动会的召开、中华苏维埃共和国赤色体育运动委员会的成立，是我党领导人对早期大众体育运动开展的努力例证。1952 年，毛泽东为新中国体育工作题写了"开展体育运动，增强人民体质"十二个大字，从而把开展体育运动的重点投向了广大民众。在毛泽东、贺龙、刘少奇、李富春、徐特立等的大力宣传与带动下，苏区、解放区的民众体育得到大力发展，人民群众健康状况有所好转。

其二，开展工农体育运动会。1933 年 5 月，中华苏维埃共和国中央政府举办了苏区境内"第一届五卅赤色体育运动会"。时任中央政府主席的毛泽东，以中央政府的名义为"五卅"运动会的召开题词——"锻炼工农阶级的筋骨，战胜一切敌人"②。苏区体育方针提出后，部队与学校都热烈响应毛泽东同志的号召，广泛开展各种各样的体育活动。刘少奇也十分重视广大劳动人民尤其是青少年一代的健康，主张体育是全民的事业，并多次强调开展农民体育运动。刘少奇说："工人农民劳动之余，也要进行一些体操等运动，对锻炼

---

① 徐思光. 毛泽东军体观的形成 [J]. 解放军体育学院学报，2004 (4)：7.
② 陕甘宁边区体育史编审委员会. 陕甘宁边区体育史 [M]. 西安：陕西人民出版社，1990：14.

身体有好处。"① 在毛泽东、刘少奇等领导的关心下，工人体育与农民体育作为民众体育的主体逐步开展起来。

其三，成立民众体育组织。1933 年，中华苏维埃共和国中央教育人民委员部在发布的第二号《关于建立和健全俱乐部的组织和工作》的训令中明确指出，俱乐部是一切乡村、一切城市、一切机关、一切部队广泛进行社会教育的机关。1934 年，中央教育人民委员部制定了《俱乐部纲要》。在陕甘宁边区，基本上是按中央苏区创建的俱乐部组织开展体育活动的。俱乐部是利用各种场所，采用不同的方法，向群众进行经常性社会教育的一种形式。边区各市镇、各乡村，只要人口比较稠密的地区都有俱乐部组织，因为它不仅是边区人民进行军事教育、政治教育、文化教育、娱乐教育、体育教育的机关，同时又是宣传鼓动、布置工作的场所。1937 年上半年，成立了红色政权领导下的体育组织"陕甘宁边区体育运动委员会"，1940 年成立"延安体育会"，1942 年成立"延安新体育学会"。中华人民共和国成立前，在职工体育方面，建立基层体育协会 2.5 万个，会员达 168 万人；在农村，建立起 3 万多个基层体育协会，会员 90 多万人。全国解放区参加"劳卫制"锻炼和广播体操的有近亿人。由此可见，以毛泽东等为代表的现代湖南人才群始终非常重视和关注人民大众的体质与健康，他们是我国现代民众体育的倡导者和推动者。

（五）倡导体育兴国，助推革命成功

现代湖南人才群的体育兴国观与曾国藩人才群、谭嗣同人才群、黄兴人才群的尚武救国观虽然在爱国思想方面基本趋同，但在阶级属性和目的指向上却有较大区别。曾国藩人才群的救国观是为了挽救封建王朝的统治，与毛泽东人才群的兴国观大相径庭。谭嗣同人才群的救国观是为了改良封建王朝的政治制度，亦与毛泽东人才群的观点相左。黄兴人才群的尚武救国观是为了推翻清政府，建立资产阶级共和国，虽然在推翻封建政权上与毛泽东人才群的观点一致，但却与毛泽东人才群要建立无产阶级及劳苦大众的新政权的思想不一致。所以现代湖南人才群的体育兴国观不仅在阶级属性上特色鲜明，而且符合社会发展的大趋势，其先进性不言自明。该群体的体育兴国观在助推建立中华人民共和国的过程中做出的贡献可概括为以下三个方面。

其一，振奋民族自强精神。民族自信与自强是建立一个强大新中国的重要标志和必然要求。而中国沦为半殖民地半封建社会的重要原因之一就是民族精神的丧失与堕落。清朝晚期，政府无能，腐败横行，中国"积弱"之状况凸

① 黄裕冲.伟人刘少奇：下［M］.北京：红旗出版社，1998：2310.

显。特别是鸦片战争之后，吞食鸦片使广大民众遭到毒害，国民体质虚弱，士兵体力不支，国危民衰之问题异常严重。针对这一现实，毛泽东曾通过撰文等方式，呼吁人们崇尚武勇，积极参与体育运动，以振奋自强精神。1913年，入湖南省立第四师范（后并入省立第一师范学校）后，毛泽东、萧三、蔡和森等长期坚持进行"冷水浴""日光浴""风浴""雨浴"，他们还经常一起中流击水、浪遏飞舟。其主要目的是想通过非常严酷的锻炼方式来培养意志力。徐特立认为："体育锻炼不仅能使人身体健康，而且能使人心情舒畅，保持健康的心态、旺盛的斗志和不屈不挠的精神。"[①] 他们的这些体育认知及其体育实践为当时的广大民众所称道，对于振兴民族自强精神起到了较大的推动作用。

其二，消除中国积弱。毛泽东人才群对中国积弱积贫的现实状况早已目睹。他们在寻找救国图存的良方时亦曾有过迷茫，直到他们接触到马克思列宁主义，成为坚定的马克思主义者后，才找到了消除中国积弱的有效方法。中国积弱由来已久，主要的积弱可分为两大类。第一类是国家积弱，包括政治无能、政府腐败、制度落后、经济贫困、人民苦难等。第二类是国民积弱，主要指民族自卑与国民文弱。对于国家积弱，必须用武装革命的方式推翻旧有政权与旧有制度，建立一个全新的国家。对于国民积弱，则应通过宣传教育和体育参与的途径逐步实现民族自信的回归和国民体质的增强。可见，体育在铲除中国积弱的过程中具有极为重要的作用。从这层意义上看，该群体的体育兴国思想可为恢复民族自信、改善民族体质提供有力的思想武器，从而助推"建立新中国"的伟大理想早日实现。

其三，助推革命成功。毛泽东、蔡和森、刘少奇、彭德怀、贺龙、徐特立等现代湖南人才群的成员一生为革命所系，是当之无愧的无产阶级革命家。毛泽东为革命牺牲了六位亲人；蔡和森为革命壮烈就义；刘少奇为革命"一生忘我"；彭德怀为革命转战南北；贺龙为革命身先士卒；徐特立为革命奉献一生。对于体育与革命的关系，毛泽东指出，有志参加革命工作的人必须锻炼身体，使身体强健，才能担负起艰巨复杂的工作。这清楚地说明了身体健康是进行革命的基础条件之一，体育可以为革命成功发挥重要的作用。因此，不难理解，该群体的体育兴国观对助推中国革命的最终胜利与成功发挥了积极作用，并做出了重要贡献。

---

① 涂光辉. 周树森. 徐特立基础教育实践与理论［M］. 长沙：湖南师范大学出版社，1998：312.

二、现代湖南人才群的体育思想局限

以毛泽东、蔡和森、刘少奇为核心的现代湖南人才群的体育思想在新民主主义时期，对于"提高国民体质""助推教育发展""助推军事建设""促进社会体育"和"助推建国成功"等起到了目标导向作用，发挥了积极影响并做出了积极贡献。但囿于特殊的战争年代和当时的科技水平，仍然存在着一定的局限。

（一）体育政治化军事化倾向

体育为政治与军事服务，这是以毛泽东、贺龙等为代表的现代湖南人才群的一贯主张。在革命战争年代，毛泽东就强调体育运动为革命战争服务。1942年9月9日，毛泽东在《新华日报》上刊发"锻炼体魄，好打日本"的指示。1937年，贺龙提出"开展体育运动，为打败日本法西斯服务"。1942年，贺龙在《延安日报》上刊发"体育运动军事化"的题词，明确提出体育服务于革命战争，教育战士"练好身子，战胜敌人"。这些例子都证明，在当时革命压倒一切、战争压倒一切的条件下，体育也必须为革命政治与革命战争服务。体育作为政治斗争与军事斗争的工具，对社会变革与进步具有积极意义。但是，过度宣传体育政治化与军事化也存在一定的负面作用，这势必影响人们对体育强身这一本质功能的认识，影响民众投入体育活动的积极性，也为中华人民共和国成立以后一段时期内所流行的"体育为阶级斗争服务""体育要政治挂帅"等埋下了伏笔。

（二）自然科学基础较为薄弱

深入分析现代湖南人才群体育思想的理论基础可以发现，其体育思想的形成主要受传统文化理论、政治革命斗争、军事战争理论等影响较大。如毛泽东、贺龙、徐特立等早期对体育的认知，主要来自传统体育文化的影响。在新民主主义革命时期则主要依据政治与军事斗争的需求，他们提出了"体育政治化"与"体育军事化"的观点。由于在革命战争时期，以毛泽东为领袖的现代湖南人才群专心致力于革命事业，无暇对体育的科学基础理论做出专深的研究，致使其体育思想的自然科学基础显得较为薄弱，这具体表现为对与体育相关的人体生理解剖机制未见阐述等。

综上所述，尽管在今人来看，现代湖南人才群的体育思想由于受当时社会现实、革命战争、科学水平、教育发展与体育发展等因素的制约，存在着上述局限，但相对于其体育思想对促进我国社会发展、变革与进步所做出的巨大历史贡献而言，这些不足影响有限但需正视。

第六编　近现代湖南人才群体育思想的演进、比较与启示

　　自鸦片战争前后到中华人民共和国成立，湖南人才兴起，如灿烂群星活跃在中国社会的历史舞台上。按时间顺序，先后出现的人才群有鸦片战争前后（道光年间）的以陶澍、贺长龄、魏源为代表的湖南第一个人才群；湘军兴起前后（咸同年间）的以曾国藩、左宗棠、胡林翼、郭嵩焘为代表的湖南第二个人才群；维新运动前后（光绪年间）的以谭嗣同、唐才常、熊希龄为代表的湖南第三个人才群；辛亥革命前后的以黄兴、宋教仁、蔡锷为代表的湖南第四个人才群；新民主主义革命时期的以毛泽东、蔡和森、刘少奇、彭德怀、贺龙、徐特立为代表的现代湖南人才群即湖南第五个人才群。这五个人才群分别在不同的历史时期对中国社会发展起到了极为重要的推动作用，其功业之盛为"湖南人才半国中"这一著名论断做出了最好的注释。在他们驰骋于湖湘大地，转战于东西南北建功立业的过程中，这五个人才群形成了各群体的政治观、军事观、经济观、文化观和教育观，亦形成了各个群体的体育观。在分别对这五个人才群的体育观进行了专题研究之后，有必要从整体上进一步对近现代湖南人才群之体育思想的演进轨迹与代际比较做出概括性结论，以期为今人吸取前辈人才群的体育思想营养、推动当代中国体育发展提供思想理论依据。

第二十一章 近现代湖南人才群体育思想的演进轨迹

近现代湖南人才群的体育思想演进既包括代表人物、阶级属性、成员关系和目标指向上的演进，更包括思想观点、时间影响和空间辐射等方面的演进，前者可以用近现代人才群体育思想的演进状况加以描述，后者可以用近现代湖南人才群体育思想的演进轨迹加以揭示。

一、近现代湖南人才群体育思想的演进状况

近现代湖南人才群体育思想的演进状况和演进轨迹主要包括湖南五个人才群之体育思想的代表人物、阶级属性、成员关系、目标指向、思想观点、时间影响和空间辐射等内容，可用表 6-1 的综合概述予以呈现。

表 6-1 近现代湖南人才群体育思想的演进状况与演进轨迹

内容要素	近代第一个人才群	近代第二个人才群	近代第三个人才群	近代第四个人才群	现代人才群
代表人物	陶澍、贺长龄、魏源	曾国藩、左宗棠、胡林翼、郭嵩焘	谭嗣同、唐才常、熊希龄、樊锥	黄兴、宋教仁、蔡锷	毛泽东、蔡和森、刘少奇、彭德怀、贺龙、徐特立
阶级属性	地主阶级	官僚地主阶级	资产阶级	资产阶级	无产阶级
成员关系	较为紧密但未结社	紧密，主要因湘军	紧密，主要因维新派	紧密，主要因华兴会与同盟会	非常紧密，主要因无产阶级政党
目标指向	助力经世改革，兴利除弊	助力创办湘军和洋务运动	助力维新变法	助力辛亥革命，建立共和国	助力新民主主义革命，建立中华人民共和国

续表

内容要素	近代第一个人才群	近代第二个人才群	近代第三个人才群	近代第四个人才群	现代人才群
思想观点	养生观、育才观、武备观	养生观、育才观、强军观、报国观	体育强身观、体育教育观、体育强军观、尚武救国观	体育强身观、体育教育观、尚武强军观、尚武救国观	体育强身思想、体育教育思想、体育强军思想、民众体育思想、体育兴国思想
时间影响	鸦片战争前后的道光年间（约1820—1850）	湘军兴起前后的咸同年间（约1851—1880）	维新运动前后的光绪年间（约1880—1900）	辛亥革命前后（约1900—1919）	新民主主义革命时期（约1919—1949）
空间辐射	湖南及江苏、江西、安徽等辖内省份	湖南、湖北及山东、江苏、江西、安徽等辖内省份	湖南及北平等地	湖南及湖北、云南、广东、上海、香港、日本等	湖南及苏区、解放区、全国各省

　　从表6-1可见，五个人才群之体育思想演进状况包括代表人物、阶级属性、成员关系、目标指向等四个因素。从代表人物看，每个群体都有着领袖人物和核心人物。近代第一个人才群的领袖是陶澍，核心人物有贺长龄、魏源；第二个人才群的领袖是曾国藩，核心人物有左宗棠、胡林翼、郭嵩焘；第三个人才群的领袖是谭嗣同，核心人物有唐才常、熊希龄、樊锥；第四个人才群的领袖是黄兴，核心人物有宋教仁、蔡锷；现代人才群的领袖是毛泽东，核心人物有蔡和森、刘少奇、彭德怀、贺龙、徐特立等。从阶级属性上看，第一个和第二个人才群的体育思想代表着地主阶级或官僚地主阶级的利益；第三个和第四个人才群的体育思想反映资产阶级的需要；现代人才群的体育思想则体现着无产阶级及劳苦大众的利益。从群体成员之间的关系上看，陶澍人才群成员之间虽然比较紧密，但并无结社；曾国藩人才群的成员之间关系紧密，主要依靠湘军的任务与纪律维护；谭嗣同人才群的成员之间很团结，主要基于维新派及南学会的支持；黄兴人才群的成员之间关系紧密，主要依靠华兴会和同盟会；毛泽东人才群的成员之间非常团结，主要是基于无产阶级政党的共同信念。群体成员的关系紧密与否，对该群体之体育思想的形成速度与趋同方向具有一定

意义。从目标指向上看，各群体的体育思想除指向养生强身外，更多的是助推他们不同的政治事业。以上四个要素与体育思想的演进虽无直接关系，但却是群体体育思想演进的背景因素，不可或缺。

表 6-1 中，能直接体现近现代湖南人才群体育思想演进轨迹的因素主要有三个方面：一是思想观点。第一个人才群的体育思想有养生、育才和武备等三个观点；第二个人才群的体育思想有养生、育才、强军、报国等四个观点；第三个人才群有强身、教育、强军、救国等四个观点；第四个人才群有强身、教育、强军、救国等四个观点；现代人才群有强身、教育、强军、民众体育与体育兴国等五个观点。这表明近现代湖南人才群之体育思想在观点数量上呈现了由少到多的演进轨迹。但必须指出，数量对于思想观念的演进并不具有决定意义，只有通过对这些群体的体育观进行深入的内涵分析，才能把握湖南人才群之体育思想演进的真实方向及特质。二是时间影响。从道光初年始至新民主主义革命胜利，在一百多年之间五个人才群相继出现，邻代之间互有交集，存在着互相影响甚至面对面交流的可能性。事实上，第二代人才群核心人物左宗棠就曾师从贺长龄之弟贺熙龄，并受到贺氏兄弟的当面教诲。所以，时间要素是影响湖南人才群体育思想演进的重要因素之一。三是空间辐射。这五个人才群之体育思想的影响范围与他们的出生地湖南、任职地或革命地是基本一致的。他们的活动范围越大，其体育思想的影响就有可能越大。在同等宣传力度的情况下，空间因素与思想影响存在着正比关系。换言之，当一个人才群的社会存在空间越大，其思想对社会所起到的作用就越大。在五个人才群中，曾国藩率领湘军从湖南打到天京（南京），其忠君护国思想就会在相邻数省产生影响。毛泽东率领红军进行二万五千里长征，途经十几个省，其影响力肯定大大超过他们的前辈。所以，毛泽东人才群之体育思想的影响力在五个人才群中是最大的。可见，空间因素亦是揭示湖南人才群之体育思想演进轨迹的一个重要方面。

综上，反映湖南人才群之体育思想演进状况和演进轨迹的七个因素主要由两类要素组成：一类是间接要素或背景要素，主要有代表人物、阶级属性、成员关系和目标指向等四个因素。鉴于体育思想的演进状况都是以这四个因素作为前提或背景的，因此它们的作用具有间接性和基础性。二是直接要素或核心要素，主要由思想观点、时间影响、空间辐射等三个要素组成。鉴于体育思想的演进轨迹是由这三个要素发生发展的轨迹来加以揭示的，因此它们的作用具有核心性和直接性。

二、近现代湖南人才群体育思想的演进轨迹

如前所述，反映湖南人才群体育思想演进的思想观点、时间影响、空间辐射等三个核心要素，相互组合、不断发展，就形成了近现代湖南人才群体育思想的演进轨迹。这一演进轨迹是由思想内容演进轨迹、时间演进轨迹、空间演进轨迹组合而成的，其中思想内容演进轨迹起关键作用。

从思想内容发展演进轨迹看，思想观点的内容变化是近现代湖南人才群之体育思想演进轨迹中最为重要的因素，离开了思想内容的演进则上述时间轨迹和空间轨迹就失去了存在的价值或意义。近现代湖南人才群之体育思想的内容演进轨迹可以概括为以下四个方面：一是数量增多。从陶澍人才群的养生、育才、武备三个体育观，到曾国藩人才群、谭嗣同人才群和黄兴人才群的养生、育才、强军、报国等四个体育观，再到毛泽东人才群的体育强身、体育教育、体育强军、民众体育与体育兴国等五个体育观，说明近现代湖南人才群的体育思想演进，在数量上显现出由少到多的发展轨迹。二是内涵加深。近现代湖南人才群体育思想的内容发展轨迹不仅体现在观点数量增多上，更体现在观点的内涵加深上。例如，在养身或强身观的认知上，第一个人才群强调的是"动静交相养"；第二个人才群强调的是"身勤则强"；第三个人才群强调的是"主动体育"；第四个人才群强调的是"强身而有为"；第五个人才群则强调的是"健康体魄"。这表明五个人才群对体育强身方面的不同看法，经历了由方法到本质的认识加深过程。毛泽东人才群提出的健康体魄的认识，是基于他们对体育本质认识不断增强的结果。在对体育教育观的认识上，前四个人才群虽在认知程度上稍有差异，但总体上都停留在"文武兼资"或"文武兼备"的认知上，毛泽东人才群却提出了"三育并重"的体育教育观，亦是对体育教育内涵的一种深化认识的结果。此外，在体育强军观、体育救国论的认知上亦表现出内涵深化的特点。所以，内涵加深是湖南五个人才群之体育思想演进最为重要的标志。三是强度加大。近现代湖南人才群之体育思想内容的强度加大与其内涵加深有关，更与体育思想功能作用的发挥和对社会的影响力有关。从陶澍人才群体的"武备观"，到后几个人才群的体育强军观，近代军事体育内容的引入使体育在强军中的作用愈来愈重要，这是军事体育思想在治军中强度不断加大的结果。所以，强度加大亦是近现代湖南人才群体育思想内容发展轨迹的一个明显特征。四是异化尚存。近现代湖南人才群体育思想内容发展轨迹并不是一帆风顺的，而是曲折或波浪式前进的。每个群体都因各种主客观条件限制而存在一定的局限性。其中异化现象对一些人才群体育思想的演化方向存在着干扰作用。陶澍人才群的体育思想呈现"封建倾向"；曾国藩人才群的体

育思想更有"忠君封建""功利主义"的色彩；谭嗣同人才群反对传统养生；黄兴人才群与毛泽东人才群亦有"体育工具化""体育政治化军事化"的不足。这些不足或局限所形成的思想异化在一定程度上制约了近现代湖南人才群体育思想演进的速度和方向。

从时间演进轨迹看，以陶澍、贺长龄、魏源为代表的"湘系经世派"人才群在中国历史上活动于鸦片战争前后的道光年间（约 1820—1850），时间长达三十年左右，他们的体育思想亦在这段时间定型并发挥影响。以曾国藩、左宗棠、胡林翼、郭嵩焘为代表的湘军集团人才群，在中国历史上活动于太平天国起义前后的咸同年间及光绪初年（约 1850—1880），时长亦有三十年左右，其体育思想的影响主要发生在此段时期。以谭嗣同、唐才常、熊希龄、樊锥等为代表的维新派人才群主要活动于维新变法运动前后的光绪年间（约 1880—1900），时长约二十年，他们的体育思想对当时社会的影响主要在此段时期。以黄兴、宋教仁、蔡锷为代表的辛亥革命人才群主要活动于辛亥革命前后（约 1900—1919），时长约二十年，该群体的体育思想在此段时期发挥的作用最大。以毛泽东、蔡和森、刘少奇、彭德怀、贺龙、徐特立等为代表的无产阶级革命派人才群主要活动于新民主主义革命时期（约 1919—1949），时长三十年左右，他们的体育思想在此时期对于助推革命成功与解放全中国起到了积极的作用，对后来中国社会主义革命和建设亦产生了重大影响。对于上述体育思想的时间演进轨迹需要明确以下三点：一是群体活动的时间越长，体育思想对当时社会的影响越大。二是群体之间会出现交集、叠加的时间，这个时间往往是体育思想继承与传递的有利时机。三是群体体育思想对当时社会的影响作用主要发生在其活动时间内，但群体的体育思想不会因群体活动的结束而结束，它们会继续以新的方式影响后世。

从空间演进轨迹看，陶澍人才群的活动空间主要是湖南、江苏、江西、安徽等省，这些省份是该群体之体育思想的主要辐射空间。曾国藩人才群的活动空间主要有湖南、湖北、江西、山东、江苏、安徽等省份，这些省份当时受该群体之体育思想的影响较大。谭嗣同人才群的主要活动空间是湖南、北平等地，其体育思想在湖南、北平得到较快传播。黄兴人才群的主要活动地方有湖南、湖北、广东、云南、上海、香港等地，其体育思想在这些地方有较大影响。毛泽东人才群活动的区域最大，早期有湖南、江西、上海等地，后长征又经过十几个省，抗日战争十四年与解放战争四年，其活动空间覆盖全国各地，故其体育思想在全国范围内都有重要影响。关于近现代湖南人才群体育思想的空间演进轨迹必须明确以下两点：一是群体体育思想的影响程度与群体活动空间范围有比较紧密的关系，活动空间越大，影响程度也越大。毛泽东人才群在中国活动的空间最大，因而其体育思想的影响程度也最大。二是人才群的活动空间只是其思想影响的一个充分条件。思想影响并不因活动空间的关闭而停止发生作用。换言之，思想是可以跨越空间对后世发挥作用的。

综上所述，近现代湖南人才群之体育思想的演进轨迹主要由时间演进轨迹、空间演进轨迹与思想内容演进轨迹所组成，三条轨迹以思想观点为纽带相互结合，形成了体育思想演进的整体轨迹。把握湖南人才群体育思想的演进轨迹对于从整体上阐释近现代湖南人才群的体育思想传承与发展具有重要意义。

第二十二章 近现代湖南人才群体育思想的代际比较

近现代湖南人才群之体育思想的形成从宏观上看，受时代、环境、文化、教育、事业及人际关系等多种因素制约；从微观上看，不同群体之间的代际传承是更为直接并更具可能实现传承的一个重要机制。"代"指的是"辈"或"辈分"。上代与下代的关系可称之"邻代"，相隔一代或几代可谓之"跨代"。在体育思想传承的过程中，邻代传承与跨代传承都可能发生，这应视上代与下代的思想吻合度而定。进行不同人才群之体育思想的代际比较，不仅可以呈现出群体之间体育思想的异同，而且可以深度揭示近现代湖南人才群的体育思想演进轨迹。

一、近现代湖南人才群体育思想的邻代比较

（一）第一代与第二代人才群的体育思想比较

陶澍人才群是湖南第一代人才群，曾国藩人才群是第二代人才群。他们之间的关系就是邻代关系。这两个人才群之间在时间上有交集。曾国藩未成名时，特意去拜访过时任两江总督的陶澍，虽未谋面，但他对陶十分仰慕。曾国藩在北京时，曾师从第一个人才群中的著名学者唐鉴。在西安，曾氏受到第一个人才群中的李星沅的特殊照顾，还曾得到贺长龄兄弟的培养和教育。后曾氏之子娶贺长龄之女为妻，二人结为儿女亲家。左宗棠师从贺熙龄。左宗棠与陶澍相交甚好，后结儿女亲家。可见，这两代人才群体的主要代表人物之间有相当深入的交往和非常亲密的关系。他们都位居高官，为朝廷效命，忠诚不渝。在体育思想方面，有着许多共同点。表6-2列举了这两个人才群的体育观点。

表6-2　第一代与第二代人才群的体育思想比较

序号	第一代人才群的体育观点	第二代人才群的体育观点
1	"动静交相养"的养生观	"身勤则强"的养生观
2	"文武兼资"的育才观	"文武兼备"的育才观

续表

序号	第一代人才群的体育观点	第二代人才群的体育观点
3	"不可一日不厉"的武备观	"练心练技"的强军观
4	——	"尚武尚勇"的报国观

从表 6-2 可见，由于这两个群体的代表人物服务于朝廷，思想倾向相同，私人交往时间较长，因此在体育思想上相似程度较高。他们的体育思想的相同之处主要反映在两个方面：一是都有相似的养生观，强调动静结合或"身勤则强"；二是有相同的体育育才论，人才的规格都是"文武兼资"。不同点亦体现在两个方面：一是在体育强军观上侧重点略有差别，前者主要强调的是军队训练要经常，后者则强调的是军队训练要讲质量、有规格，这可能与曾国藩人才群引入西方军事训练方法有关；二是第一个人才群尚未建立起体育救国观，而第二个人才群却提出了体育救国观。这与两个人才群所面临的社会局势危急程度有较大的关系，也与曾国藩人才群对体育与护国的关系认识较为深刻有关。

（二）第二代与第三代人才群的体育思想比较

曾国藩人才群是近代湖南第二代人才群，谭嗣同人才群是第三代人才群。前者主要是由于创建湘军镇压农民起义而兴起的，后者却是由于维新变法建立君主立宪制而兴起的。前者代表的是地主阶级利益，后者却是代表新兴资产阶级改良派的意志，所以这两个人才群在政治理念上是相悖的。虽然这两个人才群在阶级属性与政治目标上存在不同，但这并不妨碍第三代人才群受到第二代人才群甚至第一代人才群传承的经世致用的改革思想和向西方学习的思想的影响。表 6-3 呈现的是第二代与第三代人才群的体育思想比较。

表 6-3　第二代与第三代人才群的体育思想比较

序号	第二代人才群的体育观点	第三代人才群的体育观点
1	"身勤则强"的养生观	"主动"强身观
2	"文武兼备"的育才观	"科学上位"体育教育观
3	"练心练技"的强军观	"中西合璧"的强军观
4	"尚武尚勇"的报国观	尚武救国观

从表 6-3 可见，第二代与第三代人才群都有四个名称几乎相同的体育观点，但在各个体育观点上存在着一定差异。在体育养生观上，曾国藩人才群主

张动静结合，比较倾向静养；而谭嗣同人才群却强调"主动"强身，对静养予以排斥。在体育教育观上，曾国藩强调的是"文武兼备"；而谭嗣同则更强调"科学上位"，即在体育课程地位、体育教育内容、学习西方体育等方面要讲究科学。在体育强军观上，第二代人才群强调的是"练心练技"；而第三代人才群更加强调"中西合璧"，即军事训练要保持传统武学内容又要引进西方军事体育的先进手段。在体育救国观上虽提法一致，但曾国藩人才群的救国是为了维护清朝的封建统治；而谭嗣同人才群却要用激烈的方式维新变法，改革封建统治制度。可见，上述两个人才群的体育思想趋同虽多，但存在差异。

（三）第三代与第四代人才群的体育思想比较

谭嗣同人才群是近代湖南第三个人才群，黄兴人才群是第四个人才群。这两个人才群的共同点是在阶级属性上同属资产阶级改革派或革命派，有着强烈的爱国主义精神和自我牺牲精神。这两个人才群的代表人物有着较为密切的联系，黄兴、蔡锷等受到过谭嗣同、唐才常等人的直接教育和影响。黄兴与唐才常是两湖书院的同学，蔡锷特别崇仰谭嗣同与唐才常，加入过唐才常的自立会，并参加过唐才常组织的自立军起义。因为这种关系，自立军失败后许多维新派人士都转向革命派，支持并参加推翻封建王朝的辛亥革命。在对待体育的看法上，这两个人才群的观点虽有差异但大体一致。表 6-4 呈现的是第三代与第四代人才群体育思想的比较。

表 6-4　第三代与第四代人才群的体育思想比较

序号	第三代人才群的体育观点	第四代人才群的体育观点
1	"主动"强身观	"强身而有为"的体育强身观
2	"科学上位"体育教育观	"尤重体育一端"的体育教育观
3	"中西合璧"的强军观	"武事为先"的尚武强军观
4	尚武救国观	"共济时艰"的尚武救国观

从表 6-4 可知，谭嗣同人才群与黄兴人才群同样具有四个名称匹配的体育观点。但在体育强身观上，谭嗣同等人强调的是"主动"，黄兴等人则强调"强身而有为"，后者有体育工具化的倾向。在体育教育观上，第四个人才群持有的观点与第三个人才群的观点在强调的重点上有差异。在体育强军观上，第四个人才群强调的"武事为先"亦与第三个人才群倡导的"中西合璧"在认知角度上有不同。在尚武救国观上，这两个群体的观点基本相同。通过上述分析可知，这两个群体由于相互影响较深，所以在体育观上基本一致，但认识

角度和侧重点略有差别。

（四）第四代与现代人才群的体育思想比较

以毛泽东为领袖的现代人才群是无产阶级革命家群体，亦被称为湖南第五个人才群。这个群体的思想形成一方面受马克思列宁主义思想的引导，另一方面亦受近代湖南人才群的思想影响。近代湖南人才群对毛泽东等人的思想影响具体可归纳为五个方面：一是一脉相承的爱国主义思想；二是经世致用的思想；三是反帝反封建的思想；四是实干苦干的精神；五是军事思想与体育思想。毛泽东在青年时代非常敬佩前辈湖南人才群的领袖与代表人物。他非常赞赏反对封建道德的谭嗣同，亦高度评价曾国藩的学问根底和军事才能，曾说"愚于近人，独服曾文正"。毛泽东对黄兴、蔡锷予以高度赞许，称"黄、蔡邦之楷模"。毛泽东热爱体育，早在1917年就撰写了名篇《体育之研究》，这使得毛泽东成为当之无愧的体育理论家与体育实践家。表6-5呈现的是黄兴人才群与毛泽东人才群的体育思想比较。

表6-5　第四代与现代人才群的体育思想比较

序号	第四代人才群的体育观点	现代人才群的体育观点
1	"强身而有为"的体育强身观	"健康体魄"的体育强身观
2	"尤重体育一端"的体育教育观	"三育并重"的体育教育观
3	"武事为先"的尚武强军观	服务战争的体育强军观
4	—	促进普及的民众体育观
5	"共济时艰"的尚武救国观	"动以卫国"的体育兴国观

从表6-5可见，现代人才群与第四代人才群的体育观在体育强身、体育强军等观点上从命名到内容大体上是一致的。在体育教育观上，黄兴人才群强调的仍然是前辈人才群的"文武兼备"之观点，而毛泽东人才群却以更为科学的"三育并重"取而代之。在体育救国或体育兴国观上，前者为"救国"，后者为"兴国"，一字之差却表达了毛泽东人才群对建立新的国家更有信心。同时，两个人才群欲建立的国家政体亦有区别。前者是资产阶级共和国，后者是代表无产阶级及劳苦大众利益的人民民主共和国。在民众体育观上，黄兴人才群与前三个先辈人才群一样，虽有关心民众体育的想法及活动，但尚未形成有关民众体育的独立之观点。毛泽东人才群却对民众体育有更加深入的认识，并有相关实践，形成了相对独立的民众体育观。可见毛泽东人才群的体育思想较之前四个先辈人才群更加完整、更趋进步。

综上所述，近现代湖南五个人才群之体育思想的邻代比较表明，相邻群体之体育思想的传承表现充分，基本观点大致趋同，但亦存在认知上、深度上或角度上的差异性，这些差异正是促使湖南人才群体育思想代代相传、不断进步的内在动因之一。

二、近现代湖南人才群体育思想的跨代比较

湖南五个人才群体育思想的跨代比较不仅有助于了解相隔一代或一代以上的不同人才群之间体育思想传承状况，而且能够证明体育思想的演进是能跨越时空而进行的。毛泽东人才群是近现代人才群序列中的最后一个人才群，尽管该人才群在中国社会发展中的历史贡献远远超越了前四个人才群的所有贡献，其体育思想亦居于领先地位，但毛泽东人才群的体育思想形成亦受到前四个人才群的思想影响。事实上，思想领域的跨代传递是一种普遍现象，思想观念的形成不能一蹴而就，必须经过感性认识的不断积累，从而产生飞跃，最终形成理性认识即思想观念。表6-6呈现的是陶澍人才群即湖南第一代人才群与毛泽东人才群即现代人才群之体育思想的比较。

表6-6　第一代与现代人才群的体育思想比较

序号	第一代人才群的体育观点	现代人才群的体育观点
1	"动静交相养"的养生观	"健康体魄"的体育强身观
2	"文武兼资"的育才观	"三育并重"的体育教育观
3	"不可一日不厉"的武备观	服务战争的体育强军观
4	—	促进普及的民众体育观
5		"动以卫国"的体育兴国观

从表6-6可见，以陶澍为核心的第一个人才群和以毛泽东为领袖的现代人才群之间跨越了三个人才群，时间相隔近一个世纪。他们不可能在人世间相见，只可能在思想的自由王国中交流。毛泽东等人自青年时期起受陶澍的经济改革思想，贺长龄的经世思想，魏源的"师夷长技以制夷"思想影响很大，对他们的学问与人品非常景仰，从而逐步养成了自身务实的入世态度和实事求是的作风，立志于解决中国的现实问题，最终创建了最为壮丽的辉煌事业。可见，陶澍人才群及其他人才群的思想是现代人才群的思想渊源之一。在体育思想方面，第一个人才群具有养生、教育与武备等三个体育观，并与现代人才群的体育强身、体育教育与体育强军等三个观点相对应，但前者三个观点的内涵明显狭窄，说明毛泽东人才群的这三个体育观念随时间的推移在内涵上不断加

深，在外延上不断拓展。同时，陶澍人才群在当时尚未建立起理论化的体育强国观和民众体育观，这表明陶澍人才群相对于毛泽东人才群在这两个观点上的思考明显缺乏或落后。造成上述差异的主要原因与陶澍等人所处时代的文化教育与体育发展水平有关。由此可见，跨代比较相对于邻代比较可以发现不同年代人才群体育思想上更多的差距，亦能发现上代的体育观念仍能跨越时间长河以核心价值观的形式传递和影响到下一代。类似的情况亦发生在第四个与第一个人才群、第三个与第一个人才群、第二个与现代人才群、第三个与现代人才群的体育思想比较上。一般而言，跨代越多则体育思想比较的结果差异越大。值得进一步指出的是，体育的生物学观点即体育养生、强身的观点，反映着体育的本质功能，是所有人才群体都持有的观点，亦是生命力最强的观点；而体育的社会性观点即体育强军、体育强国等观点反映着体育的社会功能，它们随社会的变化而变化，容易产生异化现象而对体育强身这一体育本质观形成干扰。

第二十三章　近现代湖南人才群体育思想的当代启示

时间荏苒，斗转星移。从陶澍人才群、曾国藩人才群、谭嗣同人才群和黄兴人才群到毛泽东人才群的体育思想作为一笔笔珍贵的思想文化遗产仍然历久弥新，对当代中国体育发展具有重要启迪作用。特别是毛泽东人才群的体育思想，不仅继承了前辈人才群的体育思想精华，成为新民主主义革命时期中国体育发展的一种主流思想；而且在中华人民共和国成立后这一思想成为中国社会主义体育事业发展的指导方针，至今仍引领着当代中国体育的发展方向。可见，近现代湖南人才群的体育思想非常深沉与伟大，令人敬畏与景仰。尽管当代中国体育的发展环境与条件已发生了翻天覆地的变化，其发展水平也远远超过了近现代湖南人才群所处的时代，但在思想渊源上，当代中国体育的发展思路与近现代湖南人才群的体育思想仍一脉相承，具有深刻的内在联系。以史为鉴，眺望未来，当代中国体育如何从体育大国迈向体育强国，如何在实现中国梦的伟大历史任务中承担应有的使命，学习与传承近现代湖南人才群的体育思想应是一项不可或缺的工作，因为先辈们的睿智思想定会给今人许多重要的启迪。

一、传承体育强身观，关注人的发展，回归生命生活

近现代湖南人才群的成员对体育养生或强身高度重视，每个人才群都有自己独立的养生或强身观，并且一以贯之，相互传承，这表明他们对体育的本质功能即强身健体作用有十分清醒的认知。毛泽东说"体育者，人类自养生之道"①。这句话一方面说明了体育的本质，另一方面则表明体育在很大程度上是人们为了长寿与健康而采取的个人行为，其目的是"维护生命，幸福生活"。但在当代中国体育发展过程中，体育曾经历了"为无产阶级政治服务""为阶级斗争服务"等曲折历程，承载了过多的政治重任，体育一度离人的生命与生活越来越远。当今，"以人为本"的思想越来越深入人心，传承近现代

---

① 毛泽东. 体育之研究 [M]. 北京：人民体育出版社，1979：3.

湖南人才群的体育强身观，使体育回归到对人的生命生活的关注，成为今后我国体育发展与改革的一个重要思路。结合当下体育改革的实际，可从如下五个方面入手。

其一是锁定"增强体质，增进健康"的目标。毛泽东曾号召"开展体育运动，增强人民体质"，习近平总书记指出"增强人民体质是体育工作的根本任务"。这当然是针对全局性的体育大政方针而言的，但亦是在告诫人们：每个人的体育行为都应围绕"增强体质，增进健康"而展开。无论全体公民还是每个公民，将体育强身的目标定位于"增强体质，增进健康"，本身就体现着对人的生命和生活的尊重，是"以人为本"的思想在体育价值观上的重要呈现。

其二是推行终身体育。终身体育是20世纪90年代提出的一个新概念，指的是一个人终身进行身体锻炼和接受体育教育。实施终身体育能让体育重新关注人的生命和生活，能让体育的强身功能得到更大的发挥。近现代湖南人才群中不乏力行终身体育的榜样，毛泽东一生热爱游泳，曾国藩一生注重养生，谭嗣同一生以武为体，都表明他们是终身体育的先行者。所以，要实现体育对人的生命和生活的回归，就必须大力倡导终身体育观念，养成终身体育的良好习惯。

其三是提高公民素养。公民素养是人的生命与生活质量的重要标志之一，它既包括人的知识修养、道德素养与精神素养，也包括人的身体素养。它是当代公民在生活中必须具备的生活技巧、素养和能力，具有良好的公民素养对于人的日常生活具有重要意义。近现代湖南人才群成员对自身修为高度重视，就是一种"提高公民素养"的行为。当前我国大力推行的社会主义核心价值观教育，其中重要的目标之一就是要提高我国人民的公民素养，而体育在这种教育中可以发挥很大的作用。

其四是优化人力资源。对社会而言人力资源是能够对国家建设做出贡献的人口之和；对个人而言就是一个人的能力、经验和体力的总称。体育在人力资源的开发方面无疑是一个极为重要的方式，它通过对人力资源中身体素质的培养使人力资源得到优化，使人的生命价值与生活质量得到提升。

其五是建立健康的生活方式。生活方式是人在日常生活中的活动形式与行为特征。体育生活方式则是一种与体育锻炼、增进健康相联系的生活方式，这种生活方式之所以为当代人所推崇与倡导，就在于它对人的生命与生活具有良好的影响作用。近现代湖南人才群中许多杰出人才无论公务或战事多繁忙，始终坚持身体锻炼、注重生活作息时间，养成了良好的生活方式，这对他们的事业成功无疑有重要帮助。可见，建立健康的生活方式可以让体育尽快地回归到关注人的生命与生活上来。

由上可见，要继承近现代湖南人才群的养生或强身观，就必须从锁定"增强体质，增进健康"目标、推行终身体育、提高公民素养、优化人力资源、建立健康的生活方式等方面入手，实现体育向人的生命和生活的回归。

二、传承体育教育观，倡导"健康第一"，强化学校体育

近现代五个人才群对体育教育或体育育才都给予了高度重视，从陶澍人才群的"文武兼资"育才观到毛泽东人才群的"三育并重"体育教育观，始终是一以贯之、相互传承。黄兴人才群在体育教育思想上强调"尤重体育一端"；谭嗣同人才群强调的是"科学上位"即讲究体育教育的科学性；毛泽东对体育教育的地位更有深刻的论述，他说"体育一道，配德育与智育；而德智皆寄于体，无体是无德智也"，极为贴切地揭示了三育之间的关系，其中亦包含体育优先、健康第一的思想内涵。中华人民共和国成立后，毛泽东曾多次明确要求青少年要做到"身体第一""健康第一"，这与他早期的体育思想是完全一致的。尽管中华人民共和国成立以来我国学校体育的发展取得了重大成就，但是由于种种主客观原因，中国学校体育的地位始终未摆脱"配角"的"阴影"，学校教育的指导思想并未将"健康第一"摆在首位，以致形成对学校体育发展的阻滞。近十余年以来，随着"健康第一"思想的广泛传播，特别是"健康第一"被明确为学校教育的宗旨，学校体育迎来了高速发展的春天。近现代湖南人才群的体育教育思想对当下我国学校体育发展的启示可概括为如下五个方面。

其一是倡导"健康第一"的理念。健康包括身体健康、心理健康、社会适应和道德健康等内容，不仅身体强健，而且心理健康、社会适应能力强。"健康第一"的理念就是要求国家、社会与个人都应将维护健康置于各项工作和人民生活的重要位置。学校教育将"健康第一"摆在首要位置更是责无旁贷。要真正落实学校教育"把健康第一放在首位"，强化学校体育势在必行。毛泽东说的"身体第一"，黄兴讲的"尤重体育一端"，就是要在教育领域倡导"健康第一"的理念。对先辈们的这种体育认知，后人应结合当下对"健康第一"的推行予以传承与光大。

其二是坚持"三育并重"的教育方针。"三育并重、全面发展"的教育方针是毛泽东人才群在继承和创新前四个先辈人才群"文武兼备"之体育教育观的基础上提出来的。这一教育方针在引导中华人民共和国成立后的学校教育与学校体育发展方面起到了重大作用，至今仍不失为我国教育发展的正确选择。"三育并重、全面发展"有利于提高学校体育在学校教育中的地位，有助

于"健康第一"思想在学校教育领域的落地，因此必须予以坚守与维护。

其三是强化体育课、课外锻炼与学校运动训练。倡导健康第一，坚持三育方针要具体落实到体育课程、课外体育锻炼和学校运动训练的改革实践中。这是因为体育课、课外体育锻炼与学校运动训练是达成学校体育目标的基本组织方式或途径。在该方面主要应抓好以下四方面工作：一是完善体育课程。要执行国家规定的体育与健康课程标准，丰富体育课程的教学内容，保证体育课的时间，上好体育课。二是提高教学水平。要重视体育与健康的知识理论教育、运动技能培养，养成终身体育锻炼的意识与习惯。三是注重体育锻炼。课外体育锻炼是体育课程在时间上的延续，要将课外体育锻炼纳入教学计划，安排好活动内容和场地，切实保证学生每天锻炼一小时。四是除强化学校体育课程和课外体育锻炼外，还应注重教体结合，完善学校运动训练和竞赛体系。当下办好"校园足球"就是一项可以期待的学校运动训练改革的重要工作。

其四是强化学校体育的基础能力。要在学校领域实现"健康第一"，除进行强化体育课程、课外体育锻炼和学校运动训练之外，还应特别重视学校体育基础能力的提高。该方面的工作主要有：加强体育教师的队伍建设、加强学校体育设施的建设、加大学校体育的经费投入、健全学校体育风险管理制度、完善体育考试评价方法、加强学校体育质量监测、整合学校体育的各种资源等。通过对上述反映学校体育基础能力的因素进行强化，使我国学校体育的保障水平迈上新的台阶。

其五是提升学生体质与健康水平。倡导"健康第一"，坚持"三育方针"，加强体育教学、锻炼与训练改革，完善保障条件等，最终的目标要体现在学生体质与健康水平的提升上。这与近现代湖南人才群在书院体育与学堂体育中特别强调体育"实效"的观点是一致的。当下我国大中小学生的体质与健康状况不容乐观，学生体质健康整体水平出现了滑坡现象，肥胖者、心理障碍者、青年性高血压者、青少年型糖尿病患者逐年增多，引起了党和国家的高度关注。所以，采取有力措施提高我国学生的体质与健康水平，不仅是学校教育与学校体育工作者的一种神圣职责，而且是各地政府的一个重要任务。

由上可见，近现代湖南人才群的体育教育观对当下我国学校体育发展的重要启示主要有：倡导"健康第一"理念；坚持"三育并重"方针；加强体育课程、课外体育锻炼与学校运动训练改革；提高学校体育的基础能力；提升学生体质与健康水平等。

三、传承体育强军观，发展军事体育，推动国防建设

近现代湖南五个人才群都对体育与军事的关系有深刻的认知，都形成了与

体育强军相关的思想观点。陶澍人才群的"不可一日不厉"强军观；曾国藩人才群的"练心练技"强军观；谭嗣同人才群的"中西合璧"强军观；黄兴人才群的"武事为先"强军观；毛泽东人才群的"服务战争"强军观等都反映出以军事体育为基本手段提高军队战斗能力的思想。当下，我国军事能力与国防建设状况早已步入了现代化进程，并已成为世界上的军事强国之一。在中国国防现代化过程中，军事体育仍然是促进国防建设的一个有力手段。近现代湖南人才群的体育强军思想仍然具有现实价值。结合中国军队建设的实际，可将近现代湖南人才群之体育强军观的现实启示概括为以下五个方面。

其一是树立"强军必强体"的观念。强军必强体的思想历来为近现代湖南五个人才群所共同认可，亦为现代军事理论所主张。这也是体育参与军队建设最重要的原因。事实证明，任何一支军队战斗力的提升，没有军事体育的参与都难以形成有效的战斗力，所以"强军必强体"。不久前中央军委总参谋部、总政治部、总后勤部、总装备部联合颁布的《军事体育训练改革发展纲要（2015—2020年）》明确指出，军事体育训练要向科学化、体系化、专业化和实战化发展。这充分反映了军事体育训练在我国部队建设中的突出地位，亦充分体现了树立"强军必强体"思想的必要性与合理性。

其二是大力发展军事体育。在军事领域推行军事体育自古有之，但在近现代五个湖南人才群出现的时期其发展最为兴盛。自魏源提出"师夷长技以制夷"的口号以来，中国军队向西方强国学习引进了先进的军事体育内容和方法，形成了中西合璧的军事体育训练方式，自此军事体育在部队建设中占据了重要地位。当下，随着现代军事思想的深入发展，军事体育训练已成为部队训练的主要内容之一，其地位不断上升，形成了大力发展军事体育的新局面。

其三是培养军事体育人才。开展军事体育，需要专业的军事体育人才。在大兴军事体育的过程中，我国曾一度出现了军事体育人才匮乏的现象，这妨碍了军事体育科学化与专业化的进程。对此，可从以下两个途径入手加以解决：一是我国军事院校应在已有的军事体育机构上进一步开办或增加军事体育专业及扩大招生规模，为军队输送军事体育专业的高级专门人才。二是对现役部队的教官采用进修、轮训等方式进行军事体育知识理论和技能的继续教育，使之符合或胜任军事体育训练教学的要求。

其四是规范"选兵择将"的体育标准。近现代湖南五个人才群的体育强军观与他们的"选兵择将"思想紧密相关。"爱国""体力充沛""技艺娴熟""胆大""会用人""有头脑"等都成为其时"选兵择将"的重要标准。当下，我国军队虽已建立了更加完备的"征兵"和"提干"的"选兵择将"标准，并在实践中发挥了重要作用，但是现有的相关"提干"标准在执行过程中对体力体魄因素有所忽略，这应引起人们的重视，从而进一步规范和把控相关体育标准。

其五是继续开展国防教育。国防教育是针对国民而进行的军事体育教育，所以它是军事体育的一个重要分支，其教育雏形可在左宗棠的"农隙讲武，勤以练兵"中寻找到有关踪迹。蔡锷的名作《军国民篇》更是现代国防教育形成的重要思想渊源之一。国防体育的项目包括跳伞、滑翔、航模、射击、摩托车、无线电等项目，主要任务是对广大群众进行军事知识和军事技能的训练，以培养后备兵员。我国在二十世纪五六十年代由于备战需要曾大行国防教育，虽矫枉过正，但亦成果甚大。近三十年来国防体育热潮似乎悄然褪去，但国防体育仍为国家所需要，它将以新的形式和途径继续在中国大地上推行。

由上可见，近现代湖南人才群的体育思想对当代我国国防建设的启示有：建立"强军必强体"的理念；大力发展军事体育；培养军事体育人才；规范"选兵择将"的体育标准；继续开展国防体育教育等。

四、传承民众体育观，实施全民健身，发展群众体育

近现代湖南五个人才群虽然分别具有地主阶级、资产阶级和无产阶级的阶级属性，但他们都代表了当时的先进文化发展方向，具有先进的民本主义思想。即使是陶澍人才群和曾国藩人才群这两个代表地主阶级利益的开明群体，亦对广大民众抱有体恤的态度，对人民的疾苦予以关心。在民众体育方面，前四个人才群尚未建立独立的民众体育观，但亦有关注民众体育的相关言论和实践，如左宗棠设"武牟月课"是为娱乐与安抚民众而组织的。毛泽东人才群是首个关注民众体育并形成了民众体育观的无产阶级革命家群体。毛泽东早在1934年就提出了"群众的红色体育运动"的概念；刘少奇主张"全民的体育事业"，并强调开展农民体育与工人体育。他们的群众体育思想后来成为指导全国群众体育的工作方针，至今仍影响中国群体体育的演进方向。结合当代中国群众体育发展的实际，毛泽东人才群的民众体育观对我国群众体育发展的启示可概括为以下四个方面。

其一，贯彻全民健身纲要，大力推行全民健身活动。《全民健身计划纲要》是中国政府于1995年发布的旨在全面提高中华民族体质与健康水平、建设具有中国特色的全民健身体系的战略性与纲领性文件，是中国群众体育改革与发展的重要标志性成果。这一纲要的形成及全民健身热潮的掀起自然离不开毛泽东人才群的民众体育观的引领。

其二，推进"健康中国"建设。《"健康中国2030"规划纲要》是为了推进健康中国建设、提高人民健康水平，由中共中央、国务院于2016年10月颁

布并实施的，是继《全民健身计划纲要》之后一个级别更高、领域更宽、目标更远的全国性与全局性的纲领性文件，其内容不仅涉及医疗卫生的改革，亦涉及群众体育的发展，对新形势下我国群众体育的发展方向做了具体部署。所以，中国群众性体育运动要在建设健康中国的目标指引下积极行动起来，做出重大成绩，以促使健康中国的目标早日达成。

其三，发展休闲娱乐体育。休闲娱乐体育的早期形态从近现代湖南人才群成员的休闲方式中可以窥见，陶澍以旅游休闲为乐，魏源喜登山，曾国藩以下棋、临帖作为休闲，刘少奇以散步为乐等，说明休闲娱乐早已是人们的体育活动方式之一。当今社会，随着经济水平的提升，人们对体育的需求越来越高，休闲娱乐体育逐渐成为广大民众喜闻乐见的体育内容，其知识理论成为一个专门的学科，其运作方式亦成为一个独立的产业。休闲娱乐体育的开发为广大人民群众开展体育活动拓展了新空间，成为民众体育最有前途亦最受欢迎的新领域。

其四，加强国民体质监测。推动全民健身，建设健康中国，发展休闲娱乐体育的根本任务是提升人民群众的体质与健康水平。要衡量群众体育的实际效果，就必须加强国民体质的检测工作。为此，国家建立了国民体质监测中心和机构，定期对公民进行抽样调查，内容包括身体形态、机能和素质方面的监测，以分析国民体质的变化情况和规律，为全民健身的推行提供参考依据。此外，与之相关的国民体质监测标准和专业器材也得到研制，并投入使用。但就目前实际情况看，国民体质监测的网络尚未完全形成，有待进一步完善。

由上可见，近现代湖南人才群的民众体育思想是当代大众体育思想形成的渊源之一。当下中国群众体育的发展在毛泽东人才群的民众体育观引领下取得了重大成就，主要表现在推进全民健身、建设健康中国、发展休闲娱乐体育和加强国民体质监测等四个方面。中国群体体育的发展依然在上述各个方面有进一步完善与提升的空间。

五、传承体育兴国观，构筑体育强国，实现中国梦

近现代湖南五个人才群以爱国主义思想为主要线索实现了他们之间的代际传承，亦包括他们之间体育思想的传承与创新。从陶澍人才群的"师夷长技以制夷"思想，到曾国藩、谭嗣同、黄兴人才群的尚武救国论，再到毛泽东人才群的"动以卫国"的体育兴国思想，无一不渗透着他们的爱国情怀。当代中国体育发展传承近现代湖南人才群的体育兴国观，提出了"从体育大国向体育强国迈进"的改革目标，并自觉地围绕党中央提出的实现中华民族伟大复兴中国梦的目标去认识体育的地位和历史使命。结合当前中国体育发展的

具体情况、近现代湖南人才群的体育思想对当下构筑体育强国、实现中国梦的启示可包括以下六方面内容。

其一是构筑体育强国梦。近现代湖南人才群的体育救国和兴国观与当下中国体育的强国梦在爱国、护国、强国的基本思想上是一致的，都是民族情怀与爱国情结的思想结晶。前者讲的是用武力手段去挽救民族挽救国家，后者讲的是用体育手段去使国家和民族变得强大。当下，中国体育强国梦的构筑主要源自两个方面：一是以习近平同志为核心的党中央两个一百年的奋斗目标和实现中华民族伟大复兴中国梦的提出；二是 2008 年北京奥运会后我国体育学术界提出的"从体育大国迈向体育强国"的发展新思路，这一发展思路为构筑中国体育强国梦奠定了基础。北京奥运会上中国竞技体育夺得了辉煌胜利，中国能不能就此称为体育强国？这引起了中国体育界的深思。一致的结论是中国竞技体育的成功并不等于中国从此进入了世界体育强国的行列，充其量也只能算作一个体育大国，距离体育强国还有很长的路要走。这主要是因为中国的学校体育与群众体育的发展水平还居于落后状态；中国体育发展的基础能力和保障条件较之国际体育发达国家更是相距甚远；反映体育强国的重要指标即人民群众的体质与健康水平亦未达到应有的标准，所以中国体育要走"从体育大国向体育强国迈进"的发展道路，这一客观分析为中国民众构筑体育强国梦提供了理论基础。

其二是承担实现中国梦的历史使命。中国梦的核心内容是国家富强、民族振兴、人民幸福。体育强国梦是中国梦的一个重要组成部分。习近平总书记指出，"中国政府从全面建成小康社会、实现中华民族伟大复兴的战略高度重视体育事业""努力提高人民健康水平，同步发展群众体育和竞技体育，由体育大国向体育强国迈进"，清楚地阐释了体育强国梦与中国梦的关系，亦对体育强国梦的内涵及其历史使命做出了科学界定。体育应承担的实现中国梦之历史使命是为国争光，提高中华民族的整体素养，保障人民群众的身心健康，加速中华民族伟大复兴的进程。这个使命是当代中国人民的共同责任，亦是近现代湖南人才群的理想。

其三是弘扬社会主义核心价值观。"社会主义核心价值观的三个层次：富强、民主、文明、和谐属于国家层面……；自由、平等、公正、法治属于社会层面……；爱国、敬业、诚信、友善属于个人层面"[1]。它传承着中国优秀传统文化的基因，也寄托着近现代湖南人才群的理想与信念。体育的固有特点包

---

[1]　杨晓峰. 社会主义核心价值观视域下的大学生党建工作研究 [J]. 华北水利水电大学学报：社会科学版，2016（6）：58.

括公正、公平、诚信、民主、竞争、合作等，这与社会主义核心价值观体系中的众多因素完全一致，所以开展体育运动是弘扬社会主义核心价值观的一个有效手段，体育有望以其特有的精神对践行社会主义核心价值做出较大的贡献。特别重要的是，大力弘扬社会主义核心价值观能为中国人民实现体育强国梦，进而实现中华民族伟大复兴中国梦提供良好的环境，并起到保驾护航的重要作用。

其四是提升中国体育文化软实力。文化软实力是民族凝聚力和创造力的重要源泉，中国体育文化软实力是实现中国体育强国梦的重要保障与动力机制之一。就当前中国体育文化软实力的发展情况看，提升体育文化软实力的内容及途径主要有以下五个方面：一是要大力弘扬中华民族优秀传统体育文化，并将之纳于中国体育文化软实力的范畴。二是要继续吸纳西方体育发达国家的先进体育文化，并使之与中国体育文化相融合，成为中华体育文化的内容。三是要大力倡导中华体育的精神，使公平、公正、尚武、尚力、竞争、合作成为中国体育文化软实力的重要标志。四是要倡导生态体育，使体育在我国生态建设中发挥重要的作用。五是要大力推动体育法制建设，使法制意识与规则意识成为中国体育文化软实力的显著特色。

其五是发展体育产业，促进体育消费。在实现体育强国梦的征途中，发展体育产业、促进体育消费是建设体育强国的必由之路。体育产业是指为社会提供体育产品的同一类经济活动的集合，其产品的功能在于提高人民的身体素质，发展社会生产，振奋民族精神，实现人的全面发展和社会文明的全面进步。体育消费则是指人们用于体育活动及其相关方面的消费。包括购买体育产品等实物型消费、观看比赛等观赏性支出和参加各种训练的参与性消费。体育产业的发达程度与体育消费占个人收入的比重是衡量体育强国的两个重要指标。因此，大力发展新兴的体育产业和促进体育消费是当代中国体育发展的必然趋势之一。

其六是丰富体育文化，促进民族健康。要实现近现代湖南人才群的体育兴国之凤愿，同时实现当代中国人民打造体育强国的愿景，就必须丰富体育文化活动内容，促进中华民族的集体健康。民族健康是相对于个人健康而言的，由庞大的个体健康累加而成。健康不仅仅是个体的也是群体的，更是社会的和民族的。民族健康亦指全民健康，只有实现了民族健康，才能达到体育强国的基本标准，才算完成了体育强国的根本任务。所以，民族健康既是打造体育强国的出发点又是其归宿或落脚点。实现民族健康必须以丰富多彩的体育文化活动内容作为手段或方法。这些手段与方法的创新亦成为迈向体育强国的一种标志。当下，我国民众采用的体育手段较为多样，既包括中国传统体育的各种方法又包括现代体育的各种手段。但从满足广大人民群众的体育文化需求看，现有的体育内容与方法尚不能满足人民的需要，亦尚未达到体育强国对该方面的要求。因此，要努力创新新兴的体育形态和体育手段，如休闲体育及其方法、娱乐体育及其方法、生态体育及其方法、旅游体育及其方法、体验体育及其方法等，从而使体育文化内容更加丰富，吸引并促进全民健身，从而达成民族健康的目的。

　　由上可见，近现代湖南人才群对体育兴国的美好愿景历史性地将由当代中国人民去共同实现。在实现这一愿景的过程中，中国体育从近现代湖南人才群的体育思想中汲取了丰富的营养，构筑了独具特色的中国体育强国梦，并承担起实现中华民族伟大复兴中国梦的历史使命；弘扬社会主义核心价值观，提升中国体育文化软实力，发展体育产业促进体育消费，丰富体育文化内容促进各族人民身心健康发展，从而使中国体育踏上"从体育大国向体育强国迈进"的正确道路。

参考文献

[1] 辞海·历史分册·中国古代史 [M]. 上海：上海辞书出版社，1981.

[2] 辞海·历史分册·中国近代史 [M]. 上海：上海辞书出版社，1982.

[3] 辞海·历史分册·中国现代史 [M]. 上海：上海辞书出版社，1984.

[4] 邹华亨. 当代湖南人名辞典 [M]. 长沙：湖南出版社，1995.

[5] 陶澍. 陶澍集 [M]. 长沙：岳麓书社，1998.

[6] 陶用舒. 陶澍评传 [M]. 长沙：湖南师范大学出版社，2007.

[7] 贺长龄，贺熙龄. 贺长龄集　贺熙龄集 [M]. 长沙：岳麓书社，2010.

[8] 魏源. 魏源全集 [M]. 长沙：岳麓书社，2004.

[9] 魏源. 魏源集 [M]. 北京：中华书局，1976.

[10] 李汉武. 魏源传 [M]. 长沙：湖南大学出版社，1988.

[11] 魏源. 海国图志 [M]. 长沙：岳麓书社，1998.

[12] 陈其泰，刘兰肖. 魏源评传 [M]. 南京：南京大学出版社，2005.

[13] 夏剑钦. 魏源传 [M]. 长沙：岳麓书社，2006.

[14] 刘默. 曾国藩全书 [M]. 北京：中国华侨出版社，2013.

[15] 贺长龄. 耐庵奏议存稿 [M]. 台北：文海出版社，1969.

[16] 贺长龄. 清朝经世文正续编 [M]. 扬州：广陵书社，2011.

[17] 蔡冠洛. 清代七百名人传 [M]. 北京：北京图书馆出版社，2008.

[18] 李鼎芳. 曾国藩及其幕府人物 [M]. 长沙：岳麓书社，1985.

[19] 曾国藩. 曾国藩全集 [M]. 长沙：岳麓书社，2011.

[20] 黎庶昌. 曾国藩年谱 [M]. 长沙：岳麓书社，1986.

[21] 曾国藩. 曾国藩全集奏稿（一）[M]. 长沙：岳麓书社，1987.

[22] 成晓军. 曾国藩与中国近代文化 [M]. 长沙：湖南出版社，1991.

[23] 曾国藩. 曾国藩治家全书 [M]. 长沙：岳麓书社，1996.

[24] 史林，迟云飞. 曾国藩大传 [M]. 北京：中国经济出版社，2001.

[25] 秦翰才. 左宗棠逸事汇编 [M]. 长沙：岳麓书社，1986.

[26] 罗正钧. 左宗棠年谱 [M]. 长沙：岳麓书社，1983.

[27] 张振佩. 左宗棠传 [M]. 海口：海南国际新闻出版中心，1993.

[28] 左宗棠. 左宗棠全集 [M]. 长沙：岳麓书社，1996.

[29] 胡林翼. 胡林翼集 [M]. 长沙：岳麓书社，1999.

[30] 胡林翼. 胡林翼全集（足本）[M]. 上海：大东书局，1936.

[31] 郭嵩焘. 郭嵩焘日记 [M]. 长沙：湖南人民出版社，1982.

[32] 郭嵩焘. 郭嵩焘奏稿 [M]. 杨坚，点校. 长沙：岳麓书社，1983.

[33] 郭嵩焘. 郭嵩焘诗文集 [M]. 杨坚，点校. 长沙：岳麓书社，1984.

[34] 郭嵩焘. 礼记质疑 [M]. 长沙：岳麓书社，1992.

[35] 王晓天. 郭嵩焘与近代中国对外开放 [M]. 长沙：岳麓书社，2000.

[36] 丁平一. 谭嗣同与维新派师友 [M]. 长沙：湖南大学出版社，2004.

[37] 贾维. 谭嗣同与晚清士人交往研究 [M]. 长沙：湖南大学出版社，2004.

[38] 谭嗣同. 谭嗣同全集 [M]. 北京：生活·读书·新知三联书店，1954.

[39] 王建华. 谭嗣同传 [M]. 合肥：安徽人民出版社，1997.

[40] 周振甫. 谭嗣同文选注 [M]. 北京：中华书局，1981.

[41] 谭嗣同. 谭嗣同全集 [M]. 北京：中华书局，1981.

[42] 唐才常. 唐才常集 [M]. 长沙：岳麓书社，2011.

[43] 宋梧刚，潘信之. 唐才常传 [M]. 长春：吉林人民出版社，1997.

[44] 周秋光. 熊希龄传 [M]. 北京：华文出版社，2014.

[45] 周秋光. 熊希龄集 [M]. 长沙：湖南人民出版社，1985.

[46] 湖南省社会科学院. 黄兴集 [M]. 北京：中华书局，1981.

[47] 刘泱泱，陈珠培，刘云波. 黄兴集外集 [M]. 长沙：湖南人民出版社，2002.

[48] 毛注青. 黄兴年谱 [M]. 长沙：湖南人民出版社，1980.

[49] 林增平，杨慎之. 黄兴研究 [M]. 长沙：湖南师范大学出版社，1990.

[50] 石彦陶，石胜文. 黄兴传 [M]. 北京：人民出版社，2004.

[51] 萧致冶. 黄兴评传 [M]. 南京：南京大学出版社，2001.

[52] 李晓峰. 左宗棠之忠介人生 [M]. 武汉：长江文艺出版社，2000.

[53] 梅英杰. 湘军人物年谱 [M]. 长沙：岳麓书社，1987.

[54] 宋教仁. 宋教仁集 [M]. 北京：中华书局，1981.

[55] 曾业英. 蔡松坡集 [M]. 上海：上海人民出版社，1984.

[56] 谢本书. 讨袁名将：蔡锷 [M]. 兰州：兰州大学出版社，1997.

[57] 谢本书. 蔡锷传 [M]. 天津：天津人民出版社，1983.

[58] 任光椿. 将军行：蔡锷传 [M]. 北京：北京团结出版社，1996.

[59] 蔡锷. 蔡锷集 [J]. 北京：文史资料出版社，1982.

[60] 邓江祁. 蔡锷思想研究 [M]. 长沙：湖南师范大学出版社，2006.

[61] 毛注青. 蔡锷集 [M]. 长沙：湖南人民出版社，1983.

[62] 陈天华. 陈天华集 [M]. 长沙：湖南人民出版社，1982.

[63] 李兴，孙思白. 民国人物传：第一卷 [M]. 北京：中华书局，1978.

[64] 毛泽东. 毛泽东选集 [M]. 北京：人民出版社，1977.

[65] 中共中央文献研究室. 毛泽东文集 [M]. 北京：人民出版社，1993.

[66] 毛泽东. 毛泽东军事文集 [M]. 北京：中央文献出版社，1993.

[67] 彭大成. 湖湘文化与毛泽东 [M]. 长沙：湖南人民出版社，2003.

[68] 逢先知，金冲及. 毛泽东传：1949—1976（上） [M]. 北京：中央文献出版社，2003.

[69] 逄先知，金冲及. 毛泽东传：1949—1976（下）[M]. 北京：中央文献出版社，2003.

[70] 蔡和森. 蔡和森文集 [M]. 北京：人民出版社，1980.

[71] 王继平，李永春，王美华. 蔡和森思想论稿 [M]. 长沙：湖南人民出版社，2003.

[72] 金冲及. 刘少奇传 [M]. 北京：中央文献出版社，1998.

[73] 王爱玲. 刘少奇的思想概述 [M]. 长沙：湖南人民出版社，1988.

[74] 陈君聪. 刘少奇的思想理论研究 [M]. 北京：华夏出版社，1988.

[75] 中共汨罗县委宣传部. 任弼时 [M]. 长沙：湖南人民出版社，1979.

[76] 肖铁肩. 彭德怀军事思想研究 [M]. 长沙：湖南师范大学出版社，1999.

[77] 顾永忠. 贺龙的非常之路 [M]. 北京：人民出版社，2004.

[78] 周怀贺. 贺龙的故事 [M]. 北京：中国少年儿童出版社，1979.

[79] 贺龙传编写组. 贺龙传 [M]. 北京：当代中国出版社，1993.

[80] 林伯渠. 林伯渠日记 [M]. 长沙：湖南人民出版社，1984.

[81] 曹国智，孟湘砥. 徐特立教育思想讲座 [M]. 长沙：湖南科学教育出版社，1983.

[82] 易永卿，陶用舒. 现代湖南人才群体研究 [M]. 长沙：湖南人民出版社，2005.

[83] 方克立，陈代湘. 湘学史 [M]. 长沙：湖南人民出版社，2008.

[84] 王永均，刘建皋. 中国现代史人物传 [M]. 成都：四川人民出版社，1986.

[85] 中共党史人物研究会. 中共党史人物传 [M]. 西安：陕西人民出版社，1980.

[86] 邓小平. 邓小平文选 [M]. 北京：人民出版社，1993.

[87] 中共中央文献研究室编辑委员会. 朱德选集 [M]. 北京：人民出版社，1983.

[88] 湖南省地方志编纂委员会. 湖南省志·人物志 [M]. 长沙：湖南出版社，1992.

[89] 湖南省志编纂委员会. 湖南省志·地理志 [M]. 长沙：湖南人民出版社，1982.

[90] 湖南省地方志编纂委员会. 湖南省志·共产党志 [M]. 长沙：湖南人民出版社，1998.

[91] 罗兴国. 湖南体育史资料 [M]. 长沙：湖南人民出版社，2010.

[92] 崔乐泉，杨向东. 中国体育思想史 [M]. 北京：首都师范大学出版社，2008.

[93] 崔乐泉. 中国体育通史 [M]. 北京：人民体育出版社，2008.

[94] 张伟然. 湖南历史文化地理研究 [M]. 上海：复旦大学出版社，1995.

[95] 郑焱. 近代湖湘文化概论（修订版）[M]. 长沙：湖南师范大学出版社，2008.

[96] 湖南省志编辑委员会. 湖南省志·湖南近百年大事记述 [M]. 长沙：湖南人民出版社，1980.

[97] 王闿运，郭振墉，朱德裳. 湘军志 [M]. 长沙：岳麓书社，1983.

[98] 陈谷嘉. 岳麓书院名人传 [M]. 长沙：湖南大学出版社，1988.

[99] 罗尔纲. 湘军兵志 [M]. 北京：中华书局，1984.

[100] 陶用舒. 近代湖南人才群体研究 [M]. 长沙：岳麓书社，2000.

[101] 朱汉民. 湖湘学术与文化研究 [M]. 长沙：湖南大学出版社，2005.

[102] 伍新福，刘泱泱，宋斐夫. 湖南通史. 现代卷 [M]. 长沙：湖南出版社，1994.

[103] 伍新福，刘泱泱，宋斐夫. 湖南通史. 近代卷 [M]. 长沙：湖南出版社，1994.

[104] 吴东平. 走进现代名人的后代 [M]. 武汉：湖北人民出版社，2006.

[105] 谷世权. 中国体育史 [M]. 北京：北京体育大学出版社，1997.

[106] 马积高. 湖湘文史丛谈 [M]. 长沙：湖南大学出版社，2001.

[107] 梁启超. 饮冰室合集 [M]. 北京：中华书局，1936.

[108] 中国人民大学清史研究所. 中国近代史论文集 [C]. 北京：中华书局，1979.

[109] 吕万和. 简明日本近代史 [M]. 天津：天津人民出版社，1984.

[110] 陈学恂. 中国近代教育文选 [M]. 北京：人民教育出版社，1983.

[111] 潘懋元. 中国高等教育百年 [M]. 广州：广东高等教育出版社，2003.

[112] 朱汉民. 湖湘学派史论 [M]. 长沙：湖南大学出版社，2004.

[113] 林聚任，刘玉安. 社会科学研究方法 [M]. 济南：山东人民出版社，2004.

[114] 曾飙. 苏区体育资料选编 [M]. 合肥：安徽体育史志编辑室（编印），1985.

[115] 苏肖晴. 新民主主义体育史 [M]. 福州：福建教育出版社，1999.

[116] 拉尔夫·尔·鲍威尔. 中华民国史资料丛稿译稿·第一辑·1895—1912 年中国军事力量的兴起 [M]. 陈泽宪，陈霞飞，译. 北京：中华书局，1978.

[117] 埃德加·斯诺. 西行漫记 [M]. 董乐山，译. 北京：东方出版社，2005.

后 记

21 世纪初以来，区域体育特别是区域体育文化思想研究日渐成为体育学界的热门话题和新的研究领域之一。正是在这一研究热潮的推动下，加之我长期对湘籍名人的崇敬使然，亦受到陶用舒教授与易永卿教授所撰的两本相关著作的启迪，触发了我进行近现代湖南人才群体育思想研究的冲动。于是就有了2010 年的国家社会科学基金项目的申报与立项；于是就有了湖南大学体育学院体育思想研究团队的建设及协同努力；于是就有了这本《近现代湖南人才群体育思想研究》的面世。

本书稿各编的主要撰写人分别是：绪论（张子沙）；第一编（张子沙）；第二编（张子沙）；第三编（张子沙）；第四编（马纯英）；第五编（姜自立）；第六编（张子沙）。

在课题的研究过程中，湖南大学体育学院张外安教授、李晓东教授、黄文武教授以及研究生王瑧瑧、曾俊、李胜前、贺志琼、覃章晟等为课题的完成付出了辛勤的劳动；在本书的成书过程中，湖南理工学院体育学院周次保教授、王哲涛、蒋家柳、王贝贝、严叶、杨一夫等同学在引文查证与文字打印等方面提供了有力的帮助。在此，谨向他们表达由衷的感激！

在本书撰写过程中，借鉴或引用了省内外许多专家学者的相关研究成果或研究资料。其中湘籍学者陶用舒与易永卿两位教授在其著作中有关近现代湖南人才群的构成及历史背景的分析，对本书的撰写帮助颇大。在此，谨向所有资料提供者特别是陶用舒、易永卿两位教授表达深切的谢意！

本书的出版得到了湖南大学出版社图书出版基金的全额资助，亦得到了湖南大学出版社有关领导和饶红霞、王桂贞编辑的指导与支持。在此，一并表达衷心的感谢！

此书的完成虽历时八年，但成书仍显仓促，错漏之处在所难免，敬请读者予以指正！希冀此书能对体育界青年学子有所裨益，亦希冀此书能为我的职业生涯画上一个圆满的句号。

张子沙

2020 年 1 月 15 日于长沙